国家职业资格考试试卷

真题汇编(一)

职　　业：企业人力资源管理师
等　　级：国家职业资格四级
卷 册 一：职业道德
　　　　　理论知识

注意事项：1. 考生应首先将自己的姓名、准考证号等用钢笔、圆珠笔等写在试卷册和答题卡的相应位置上，并用铅笔填涂答题卡上的相应位置处。

2. 本试卷册包括职业道德和理论知识两部分：
第一部分，1～25小题，为职业道德试题；
第二部分，26～125小题，为理论知识试题。

3. 每小题选出答案后，用铅笔将答题卡上对应题目的答案涂黑。如需改动，用橡皮擦干净后，再选涂其他答案。所有答案均不得答在试卷上。

4. 考试结束时，考生务必将本卷册和答题卡一并交给监考人员。

5. 考生应按要求在答题卡上作答。如果不按标准要求进行填涂，则均属作答无效。

姓　　名：____________________

准考证号：____________________

卷册一：职业道德　理论知识

·第一部分　职业道德·

(第1~25题,共25道题)

一、职业道德基础理论与知识部分(第1~16题)

答题指导

该部分均为选择题,每题均有四个备选项,其中单项选择题只有一个选项是正确的,多项选择题有两个或两个以上选项是正确的。

请根据题意的内容和要求答题,错选、少选、多选,则该题均不得分。

(一)单项选择题(第1~8题)

1. 下列选项中,职业化的核心层是(　　)。
A. 职业化素养
B. 职业化理念
C. 职业化流程
D. 职业化作风

2. 职业纪律具有(　　)的特点。
A. 制定上的人为性
B. 广泛的社会性
C. 执行上的客观性
D. 理解上的主观差异性

3. 关于节俭,你能够认可的说法是(　　)。
A. 节俭是建设节约型社会的需要
B. 会花钱才能挣钱,无须大力倡导节俭
C. 节俭需因人而异,因个人或企业不同而有所区别
D. 节俭绝不会促使企业增值,不应成为企业文化建设的内容

4. 传统道德所谓"见利思义"的意思是(　　)。
A. 见到利益时,不要犹豫,应立即获取
B. 见到利益时,首先需要思考是否合乎情义
C. 见到利益时,要讲义气,把好处让给朋友
D. 见到利益时,在考虑经济成本后决定是否获取

5. 根据《中国商业企业诚信公约》,下列说法中正确的是(　　)。
A. 加强商品源头管理,建立健全商品进货免检制度
B. 履行"三包"规定,对售出商品实行商品质量先行负责制
C. 除了商品促销外,杜绝其他活动中的价格欺诈和虚假宣传广告
D. 限制消费者合法权益必须事先征得消费者或其代理组织的许可

6. 核心体现爱岗敬业精神的典故是(　　)。
A. 刻舟求剑
B. 三顾茅庐
C. 庖丁解牛
D. 买椟还珠

7. 关于职业化管理,正确的说法是(　　)。
A. 职业化管理是倡导并要求从一而终的职业生涯状态的管理模式
B. 职业化管理日益趋向宏观管理,不再像以往那样强调过程管理
C. 职业化管理不是靠直觉和灵活应变,而是靠职业道德、制度和标准
D. 职业化管理是根据从业人员各自的聪明才智建立起来的人力资源管理体系

8. 下列选项中,关于纪律说法正确的是(　　)。
A. 管理的人性化趋势,将逐步消除人为的纪律约束
B. 对违背职业纪律的行为,要通过法律途径加以惩处
C. 纪律的人性化与严肃纪律执行之间不是不可调和的矛盾
D. 纪律的存在逐渐成为某些单位,例如知识公司创新发展的阻力

(二)多项选择题(第9~16题)

9. 下列做法中,属于敬业的是(　　)。

A. 业精于勤荒于嬉
B. 近墨者黑,近朱者赤
C. 板凳须坐十年冷,文章不写半句空
D. 发愤忘食,乐以忘忧,不知老之将至

10. 下列选项中,关于如何培养职业情感正确的认识是(　　)。
A. 时时反思自己的不足,有利于强化职业情感
B. 向英雄模范人物学习,有助于培养职业情感
C. 只有从事符合个人兴趣的工作,才能激发职业情感
D. 以小“善”去小“恶”,坚持点滴积累以巩固职业情感

11. 根据比尔盖茨确立的十大优秀员工准则,要使员工与公司制定的长期目标保持一致,需要把握的事情主要包括(　　)。
A. 帮助老板成功,你才能成功
B. 根据上司的指令采取行动,不擅自作为
C. 跟随公司的目标,把握自己努力的方向
D. 以奖金和薪水作为激发员工上进的根本动力

12. 下列选项中,属于职业纪律特点的是(　　)。
A. 制定上的人为性
B. 广泛的社会性
C. 执行上的强制性
D. 理解上的主观差异性

13. 下列选项中,符合忠诚所属企业要求的做法是(　　)。
A. 不管发生怎样的变化,只在一个单位工作
B. 敢于批判所在企业的弊端
C. 按照与企业签订的合同和契约,开展各种职业活动
D. 在产品生产上,用一些略次一点的材料,以降低生产成本

14. 根据《公民道德建设实施纲要》,从业人员职业道德要求包括(　　)。
A. 以人为本
B. 爱国创新
C. 奉献社会
D. 服务群众

15. 下列做法中,违背办事公道要求的是(　　)。
A. “请大家排队,不分男女,先来后到,依次购物”
B. “一个巴掌拍不响,两个人都写检查,各扣半个月奖金”
C. “这个人虽然穿着一般,但看起来好像很有钱,我们不能怠慢”
D. “看装束,你是个学生,但如果你拿不出证件,就只能购买全价票”

16. 关于创新,正确的认识是(　　)。
A. 创新是个人事业成功的保障
B. 创新之中蕴含着很大的经济价值
C. 创新完全取决于个人的才智状况
D. 时时、事事、处处存在着创新的机遇

二、职业道德个人表现部分(第 17 ~25 题)

答题指导

该部分均为选择题,每题均有四个备选项,您只能根据自己的实际状况选择其中一个选项作为您的答案。

17. 假如你有这样一个同事:他工作努力突出,学问丰富,但人品较差,那么,你会(　　)。
A. 杜绝和他来往
B. 和他正常来往
C. 多与他来往,提高自己
D. 事除非不得已,否则不和他来往

18. 下列选项中,属于职业“忌语”的是(　　)。
A. “同志”
B. “请谅解”
C. “请稍候”
D. “等会儿再说”

19. 下列选项中,上司对待下属的正确做法是(　　)。
A. 下属工作出错时,上司要给予严厉的处罚
B. 关心下属的成长,遵守与下属约定的事项
C. 任务繁重时,要求下属无条件服从公司安排
D. 要平等待人,更要特别关照有潜力的下属

20. 你认为,企业员工们是(　　)。

A. 为梦想而走到一起的
B. 为发财而聚集在一起的
C. 为了生活而工作在一起的
D. 为了增长本领来到一起的

21. 美国 IBM 公司宣称,“IBM 就是服务”。你对这句话的感受是(　　)。
A. IBM 公司缺乏创新意识和创新能力
B. IBM 公司对市场经营的理解比较深入客观
C. IBM 公司的战略定位缺乏应有的高度和新意
D. IBM 公司在经营上走的是“服务高于技术”的道路

22. 你认为,朋友之间良好的感情基础是(　　)。
A. 敞开心扉
B. 合作上进
C. 礼尚往来
D. 相互关照

23. 如果公司要你外出进修半年,但进修会导致你的收入减少一些,你会(　　)。
A. 不去进修
B. 进修学习,不想其他
C. 进修,不考虑收入的事情
D. 进修,并寻找增加收入的机会

24. 关于打造品牌,正确的说法是(　　)。
A. 只有价高才能打造品牌
B. 只要掌握了高新技术,就能打造品牌
C. 打造品牌,核心任务是加强广告等媒体宣传工作的力度
D. 员工具有敬业精神和强烈的社会责任感是打造企业品牌的内在力量

25. 假如你在单位的表现已十分优异了,但某个新来的同事的业绩总是比你更突出,这时,你会(　　)。
A. 多少有点忧伤
B. 努力与他做朋友
C. 暗自努力,超过他
D. 产生“既生瑜,何生亮”的感觉

·第二部分　理论知识·

(第 26 ~ 125 题,共 100 道题,满分为 100 分)

一、单项选择题(第 26 ~ 85 题,每题 1 分,共 60 分。每小题只有一个最恰当的答案)

26. 劳动者在就业岗位之间的变换所形成的失业称为(　　)。
A. 技术性失业
B. 结构性失业
C. 季节性失业
D. 摩擦性失业

27. 保护劳动者劳动权时,应该优先保护在劳动关系中事实上处于相对(　　)的劳动者。
A. 弱势地位
B. 特殊地位
C. 优势地位
D. 稀缺地位

28. 劳动法律体系的(　　)包括工作时间和休息休假制度、工资制度、劳动安全卫生制度以及女职工和未成年工特殊保护制度等。
A. 职业培训制度
B. 劳动标准制度
C. 促进就业法律制度
D. 社会保险和福利制度

29. 人本管理认为,企业为人的需要而存在,其中“人的需要”不包括(　　)。
A. 社会的人的需要
B. 企业投资者的需要
C. 企业管理者的需要
D. 企业全体员工的需要

30. 下列选项中,不属于人力资本投资中实际支出的是(　　)。
A. 精神投资
B. 培训支出
C. 教育投资
D. 流动支出

31. 满足权力需要的行为不包括(　　)。
A. 战胜对手或敌人
B. 对资源进行控制
C. 控制他人和活动
D. 比竞争者更出色

32. 教师连续提问两个学生都不能回答某个问题,而第三个学生则对问题进行了分析和解释,尽管他的回答并不完全正确,可是教师还是会认为第三个学生更出色些,这种现象属

于(　　)。

A. 首因效应

B. 刻板效应

C. 投射效应

D. 对比效应

33. 产品组合的(　　)指产品大类中每种产品有多少花色、品种和规格。

A. 宽度

B. 长度

C. 深度

D. 关联性

34. 下列选项中，不属于企业采取撤退战略方式的是(　　)。

A. 特许经营

B. 低成本

C. 卖断

D. 资产互换与战略贸易

35. 我国人力资源社会保障部依据部门职责的规定，应根据实际的需要制定各种相关的(　　)。

A. 国务院劳动行政法规

B. 劳动法规

C. 劳动法律

D. 劳动规章

36. 劳动法的立法宗旨在于(　　)。

A. 保护劳动者的合法权益

B. 规范劳动力市场

C. 规范企业的行为

D. 规范劳动者行为

37. 下列选项中，属于劳动法首要原则的是(　　)。

A. 保障劳动者的报酬权

B. 保障劳动者的劳动权

C. 保障劳动者的物质帮助权

D. 保障劳动者的休息休假权

38. 常用的反映失业程度的两项指标是失业率和失业(　　)。

A. 持续期

B. 稳定期

C. 变化期

D. 波动期

39. (　　)认为，创新就是“建立一种新的生产函数”。

A. 德鲁克

B. 法约尔

C. 泰勒

D. 熊彼特

40. (　　)是指具有法的效力意义和作用的法或法律的外在表现形式。

A. 劳动法

B. 劳动关系

C. 法律渊源

D. 劳动合同

41. 被调查者集中、调查地点固定且采集内容复杂多变的调查应采用(　　)。

A. 直接观察法

B. 问卷调查法

C. 行为记录法

D. 当面调查法

42. 企业组织信息的(　　)是指随着科技的进步和经济活动的发展，企业组织信息不断淘汰滞后的内容，增添新的内容，完成自身的更新与完善。

A. 浓缩性

B. 社会性

C. 不规则性

D. 新陈代谢性

43. (　　)的优点是调查者可以直接、深入地了解到被调查者的真实意见，采集到的资料比较全面、可靠。

A. 当面调查询问法

B. 网上调查法

C. 问卷调查法

D. 邮寄调查法

44. 企业人力资源规划信息采集和处理的基本原则不包括(　　)。

A. 经济性原则

B. 系统性原则

C. 适用性原则

D. 实用性原则

45. 下列选项中，属于工作岗位研究对象的是(　　)。

A. 企业单位中的工作岗位

B. 政府部门中的工作岗位

C. 政府部门中的监督岗位

D. 企业单位中的监督岗位

46. 下列关于工作岗位分析方法表述不正确的是(　　)。

A. 设计信息法有助于掌握现有人—机总体系统的性质和特征

B. 活动记录法是采用现代数字工具记录岗位相关信息的方法

C. 结构调查法采集的信息真实可靠,但投入费用很高

D. 关键事件法有助于鉴别出岗位工作的中心内容和重要项目

47. 制定和修订劳动定额管理制度时,应当坚持(　　)的基本原则,对劳动定额的制定、执行、统计分析和修订等各个环节都作出具体明确的规定。

A. 简练、细致、单一

B. 精简、复杂、全面

C. 简练、细致、全面

D. 精简、细致、单一

48. (　　)主要是为了改进工序作业活动的内容,使操作方法合理化,节约工时消耗,确定先进的劳动定额。

A. 工作岗位写实

B. 岗位抽样

C. 作业测时

D. 工作岗位调查

49. (　　)是指采用多种指标和方法,对各类人员完成技术性、管理性、公务性劳动所规定的限额。

A. 服务定额

B. 人员定额

C. 时间定额

D. 工作定额

50. 下列关于档案记录法的作用选项中,不正确的是(　　)。

A. 文件复杂程度

B. 文件审批效率

C. 决策效率和效果

D. 采集组织过去的决策机构的效率

51. 下列各项属于晋升培训特点的是(　　)。

A. 多种培训方法并用

B. 培训时间短、费用低

C. 以企业发展规划为依据

D. 以一对一指导为主要方法

52. 在下列有关于绩效考评表格设计的说法中,正确的是(　　)。

A. 绩效考评指标包含员工的一些基本信息,还包括绩效考评的日期等信息

B. 为了方便统计和计算,各个指标的权重比例最好设置为10%的整数倍

C. 绩效考评标识主要包括绩效考核表格的名称和编号

D. 绩效考评标识是绩效考评表格的核心内容

53. 在下列企业工资制度的改革热点中,(　　)不在其中。

A. 月薪制

B. 股票期权

C. 员工持股计划

D. 劳动分红

54. 有薪节假属于下列哪一种福利(　　)。

A. 非经济性福利

B. 津贴和补贴

C. 经济性福利

D. 社会保险福利

55. 下列关于劳动力的说法不正确的是(　　)。

A. 其形成具有长期性

B. 存在于人体之中

C. 是雇员赖以谋生的最大的最基本的财产

D. 是劳动权利与劳动义务主体

56. 工作能力向工作业绩转换过程中的调节变量是(　　)。

A. 绩效考核

B. 工作态度

C. 专业技术

D. 科学管理

57. 在下列选项中,外国人在中国就业要具备的条件不包括(　　)。

A. 年满16周岁,身体健康

B. 无犯罪记录

C. 有确定的聘用单位

D. 持有有效护照或能代替护照的其他国际旅行证件

58. 下列选项中,劳动争议仲裁委员会的构成不包括(　　)。

A. 同级工会代表

B. 上级工会代表

C. 劳动行政部门代表

D. 用人单位方面的代表

59. 一名工人的绩效，除了产量指标的完成情况以外，质量、原材料的消耗、纪律意识等各方面的因素都要考虑，这体现了绩效的(　　)。

A. 多维性

B. 动态性

C. 相关性

D. 多因性

60. 对怀孕(　　)个月以上的女职工，用人单位不得延长劳动时间或者安排夜班劳动，并应当在劳动时间内安排一定的休息时间。

A. 8

B. 7

C. 6

D. 5

61. 机械加工中的机床自动走刀时间，属于作业时间中的(　　)。

A. 辅助时间

B. 手动的基本时间

C. 机动的基本时间

D. 机手并动的基本时间

62. (　　)的特点是随轮班而重复出现，如机床设备的试车和加油，整理工夹具，清扫工作地，填写原始记录，办理交接班手续等时间。

A. 交叉的作业宽放时间

B. 技术性的作业宽放时间

C. 组织性的作业宽放时间

D. 个人需要与休息宽放时间

63. 企业人力资源规划信息的处理是指对调查研究所获得的资料进行去粗取精、去伪存真的筛选，并对资料进行科学统计和综合分析的过程。下列(　　)不是企业人力资源规划信息的内容。

A. 信息源的可靠性

B. 企业人力资源规划信息的应用

C. 企业人力资源规划信息分析

D. 撰写人力资源规划信息的调研报告

64. 处理劳动争议的过程中发生的费用称为(　　)。

A. 劳动争议诉讼费用

B. 劳动争议咨询费用

C. 劳动争议赔偿费用

D. 劳动争议处理费用

65. 人力资源管理费用是指企业在(　　)内，人力资源部门的全部管理活动的费用支出。

A. 人工成本

B. 劳动争议处理

C. 企业招聘前后

D. 在一个生产经营周期

66. 招聘工作的实施是整个招聘活动的核心，其步骤不包括(　　)。

A. 准备阶段

B. 招聘阶段

C. 筛选阶段

D. 录用阶段

67. 下列选项中，人员配置应遵循的原则不包括(　　)。

A. 人得其位

B. 岗得其人

C. 人尽其才

D. 适才适所

68. 下列关于人员招聘的意义的描述，不正确的是(　　)。

A. 减少离职，增强组织内部的凝聚力

B. 有效招聘可以扩大组织知名度，树立组织良好形象

C. 有效招聘为组织注入新的活力，增强组织创新能力

D. 有效的人员招聘，能提高招聘成本，从而提高招聘的效率

69. 下列关于人员招聘与配置的概念，描述正确的是(　　)。

A. 人员配置是人力资源管理的首要环节

B. 人员配置是实现人力资源管理有效性的重要保证

C. 狭义的人员招聘包括招募、筛选、录用三个具体步骤

D. 广义的人员招聘包括招聘准备、招聘实施和招聘录用三个阶段

70. (　　)，强调用人要出于“公心”，以事业为重。

A. 用人不疑

B. 任人唯贤
C. 因事择人
D. 严爱相济

71. 培训师考评一般采用(　　)的形式。
A. 问答
B. 问卷
C. 调查
D. 反馈

72. 当公司和个人对某项目的培训需求均高时，该项目的培训是必须进行的；如果公司需求低，而个人需求高，则要视员工的具体情况和培训资源情况而定；如果公司和个人对某项目培训需求均低，就不能进行；如果公司对某项目的培训需求高，而员工需求较低，则先要改变员工的态度，然后再开展培训。体现了培训需求评估与确定的(　　)方面。
A. 培训需求的组织评估与确定
B. 培训需求所涉及的员工数目
C. 培训需求是否和企业文化一致
D. 公司培训需求和员工个人培训需求的一致性

73. 企业为招聘员工、协商相互之间的权利义务而提供的劳动合同文本必须依法具备(　　)。
A. 约定条款
B. 法定条款
C. 保密条款
D. 试用期限

74. 在下列常见的培训需求分析模型中，(　　)是指对于员工培训需求提供一个连续的反馈信息流，以用来周而复始地估计培训需求。
A. 循环评估模型
B. 胜任力特征模型
C. 任务—绩效评估模型
D. 培训需求差距分析模型

75. (　　)不是企业劳动争议调解委员会对劳动争议进行调解的特点。
A. 系统性
B. 自治性
C. 群众性
D. 非强制性

76. 培训需求采集与分析的方法中，(　　)的优点是可以建立和完善管理者与员工的沟通渠道，用“借外脑”的方式从多个角度进行分析。
A. 咨询法
B. 访谈法
C. 问卷法
D. 观察法

77. 当员工与企业之间就最低工资发生争议时，下列说法中不正确的是(　　)。
A. 责令其限期补发所欠劳动者工资，并可责令其按所欠工资的1倍至5倍支付劳动者赔偿金
B. 责令其限期补发所欠劳动者工资，并可责令其按所欠工资的1倍至3倍支付劳动者赔偿金
C. 逾期未改正的，劳动行政主管部门应对用人单位和责任人给经济处罚
D. 企业违反了最低工资制度的规定，劳动行政主管部门应责令其限期改正

78. 绩效管理的目的中包括开发目的。这种目标在一定程度上是依据(　　)的结果得以确定的。
A. 绩效考评
B. 绩效目标
C. 绩效管理
D. 绩效指标

79. 在管理人员的培训中，四级培训的目的是(　　)。
A. 提高参与者的自我管理能力和团队建设能力
B. 让参与者准备好参加初级管理者工作
C. 开发参与者的企业家潜能
D. 塑造领导能力

80. 岗前培训往往有(　　)色彩，如日本丰田公司注重团队精神，沟通技巧是其岗前培训的重要内容。
A. 企业文化
B. 企业业务能力
C. 新员工的素质
D. 企业的生产经营特点

81. 下列培训计划设计的培训对象中，不属于按照“职能别”的培训分类的是(　　)。
A. 营销系统
B. 生产系统
C. 普通操作员级
D. 质量管理系统

82. 最简单的权重确定方法是(　　)。
A. 加权法
B. 排序法
C. 层次分析法
D. 专家经验判定法

83. 截至 8 月，小吴在某企业已工作了 15 个月(其中试用期 5 个月)。因小吴与企业就变更劳动合同不能达成一致意见，企业提前一个月通知小吴后，解除了与小吴的劳动合同。解除劳动合同的前一年小吴的月平均工资为 500 元。则该企业应向小吴支付的经济补偿金为(　　)元。
A. 500
B. 750
C. 1000
D. 1800

84. (　　)可以在订立劳动合同的同时协商确定，也可以在劳动合同的履行期间为满足主客观情况变化的需要而订立。
A. 集体合同
B. 劳务合同
C. 专项协议
D. 补充协议

85. 订立劳动合同所依据的客观情况发生重大变化，致使劳动合同无法履行，应变更相关的内容，下列各项属于可以变更劳动合同的客观情况的是(　　)。
A. 劳动者合同到期续签劳动合同
B. 劳动者严重失职被降职
C. 劳动者被追究刑事责任
D. 企业调整生产任务

二、多项选择题(第 86 ~ 125 题，每题 1 分，共 40 分。每小题有多个答案正确，错选、少选、多选，均不得分)

86. 企业目标管理的特点主要包括(　　)。
A. 更富于参与性
B. 强调自我控制
C. 一种系统化的管理模式
D. 有完善的员工福利计划
E. 有明确的完整的目标体系

87. 以人为本构建企业的组织形态和机构应具有(　　)等基本特征。
A. 集权与分权适宜，管理幅度逐步加大
B. 确立企业员工参与管理的制度与渠道
C. 组织成员在共同利益和目标的基础上相互竞争
D. 满足组织的利益要求，员工自愿接受组织的职权和权威
E. 组织必须为其成员创造利益，并明确组织的宗旨和目标

88. 对领导行为的早期研究显示出(　　)。
A. 组织维度
B. 关怀维度
C. 结构维度
D. 沟通维度
E. 工作满意维度

89. 决策树的构成要素包括(　　)。
A. 决策点
B. 方案枝
C. 概率枝
D. 状态节点
E. 概率收益值

90. 运用实证研究方法研究劳动力市场现场，必须坚持调查研究，一切从实际出发；同时需要(　　)等方法、知识和分析工具。
A. 静态分析方法
B. 动态分析方法
C. 市场非均衡分析
D. 经济学知识和均衡分析
E. 逻辑学、数学、统计学

91. 我国在经济周期与两种劳动参与假说中将劳动力分为(　　)。
A. 一级劳动人
B. 二级劳动人
C. 三级劳动人
D. 四级劳动人
E. 五级劳动人

92. 企业采用稳定战略也有一定的风险，一旦企业外部环境发生较大变化，(　　)三者之间就会失去平衡。
A. 企业实力
B. 企业战略目标
C. 企业战略措施
D. 企业战略方法

E. 企业外部环境

93. 亨利·明茨伯格的经理角色分析中人际关系类角色的工作内容主要有(　　)。

A. 传递信息给他人

B. 激励、控制和影响下属

C. 履行礼仪性或象征性的工作

D. 解决员工或部门中的各种冲突和问题

E. 同组织内外的个人和团体建立联络关系

94. (　　)说明了人力资源开发目标的多元性。

A. 社会发展需要的多元性

B. 不同员工的发展需求不同

C. 个体发展需要的多元性

D. 员工的发展需求可能改变

E. 现有培训机构的多元化

95. 在下列选项中,职业开发内涵的目的在于阐明(　　)等问题。

A. 改进个人职业生涯规划

B. 改善所有职业阶段上的匹配过程

C. 改善组织的人力资源开发与管理活动

D. 在不同的生命阶段,使员工的家务和工作取得均衡

E. 正确处理员工在职业中、晚期出现的落伍退化、激情消失和只求安稳的问题

96. 所谓企业组织规划是有关企业整体组织结构的设计与再造的规划,它主要包括(　　)。

A. 组织结构图的绘制

B. 制度建设的程序和步骤

C. 企业人力资源信息的采集

D. 组织结构的调查、诊断和评价

E. 企业各个层级组织机构的整合与变革

97. 按工日计算的制度工时利用率,反映了下列(　　)的影响程度。

A. 全日缺勤

B. 全日停工

C. 非全日缺勤

D. 全日非生产工日

E. 非全日非生产工时

98. 制定写实工作计划,包括规定好具体的写实程序和步骤,(　　),以及各类工时消耗的代号、编码,以便于登记记录数据资料。

A. 设计出写实调查表

B. 确定培训写实人员

C. 明确规定划分工作事项的标准

D. 向被调查者说明写实的意图和要求

E. 做好书写板、计时器等所需仪器的准备工作

99. 下列关于人力资源管理费用的核算的说法,正确的有(　　)。

A. 某些成本项目部分交叉

B. 在某些直接成本项目中也包括间接成本

C. 人员招聘与人员选拔的成本应按实际报名人数分摊

D. 企业可以根据需要来规定本企业的人力资源管理成本核算办法

E. 人力资源管理成本核算办法,包括核算单位、核算形式和计算方法

100. 下列选项中,(　　)是应聘申请表的优点。

A. 结构完整

B. 直截了当

C. 费用较小

D. 体现应聘者的个性

E. 允许应聘者点缀自己

101. 与当面调查询问法相比,会议调查询问法的优点在于(　　)。

A. 效率高

B. 调查面广

C. 花费时间较低

D. 花费费用较低

E. 采集到的数据便于统计处理

102. 为弄清各种规章制度及其他因素对劳动定额的影响,需要了解(　　)。

A. 劳动组织的状况

B. 劳动纪律的情况

C. 本企业的作息换班制度

D. 工资及奖励制度的推行效果

E. 车间的平面布置及工作地分布情况

103. 在按劳动定额编制的综合程度分类中,时间定额包括(　　)。

A. 工序

B. 工龄

C. 零件

D. 工时

E. 单位产品的时间定额

104. 培训计划设计的要求包括(　　)。

A. 针对性

B. 标准化
C. 系统性
D. 有效性
E. 普遍性

105. 下列选项中，属于常见的培训需求分析模型的是（　　）。
A. PDCA 模型
B. 循环评估模型
C. 胜任力特征模型
D. 任务－绩效评估模型
E. 培训需求差距分析模型

106. 根据培训的目的，企业现场培训不包括（　　）。
A. 以提高企业生产效益为目的的现场培训
B. 以让员工适应新岗位为目的的现场培训
C. 以培养人才改善绩效为目的的现场培训
D. 以增强企业内部凝聚力为目的的现场培训
E. 以提升管理层的管理能力为目的的现场培训

107. 人力资源的开发成本是企业对人力资源进行的投资，主要包括（　　）。
A. 人员评估成本
B. 人员定向成本
C. 脱产培训成本
D. 岗位分析成本
E. 在职培训成本

108. 薪酬政策性信息包括的主要项目有（　　）。
A. 薪酬组合方式
B. 薪酬技术信息
C. 岗位评价方法
D. 薪酬等级评定依据
E. 特殊群体的政策倾向

109. 下列哪项个人所得免征个人所得税（　　）。
A. 福利费
B. 偶然所得
C. 职工安家费
D. 财产租赁所得
E. 特许权使用费所得

110. 下列关于“计时工资制”的说法中，错误的是（　　）。
A. 我国计时工资一般是以年工资制为基准
B. 计时工资制简单易行、适应性强、适用范围广
C. 我国常见的计时工资制形式包括：日工资制、月工资制、年工资制
D. 计时工资侧重以劳动的外延量计算工资，于劳动的内涵量即劳动强度则不能准确反映
E. 计时工资是按计时工资标准：包括地区生活费补贴和工作时间支付给个人的劳动报酬

111. 工资台账的内容包括人员的（　　）。
A. 生活补贴
B. 年度分红
C. 加班补贴
D. 绩效工资
E. 值班补贴

112. 根据我国有关法律、法规规定，劳动者不必缴纳的保险费用有（　　）。
A. 失业保险费
B. 养老保险费
C. 工伤保险费
D. 生育保险费
E. 医疗保险费

113. 国际上通用的就业者的统计标准，把凡是在有关的劳动法规规定的劳动年龄以上，符合下列情况的人统计为就业者（　　）。
A. 有职业但是临时没有工作的人
B. 因公司破产暂时失去工作的人
C. 由于疾病或气候不良等原因而临时停工的人
D. 正在工作中，即在规定时期内，从事有报酬或经营收入的职业且达到一定时间标准以上的人
E. 雇主和个体经营者，或正在协助家庭经营企业而不领取劳动报酬的家庭成员，在规定时期内，从事正常工作时间 1/3 以上者

114. 调解委员会调解劳动争议时贯彻自愿原则，不包括（　　）。
A. 达成协议自愿
B. 申请调解自愿
C. 调解过程自愿
D. 落实协议自愿
E. 调解结果自愿

115. 下列关于“集体合同”的说法中，不正确的是（　　）。

A. 我国集体合同体制以基层个人合同为主导体制
B. 是集体协商双方代表根据劳动法律、法规的规定
C. 在现代市场经济条件下,企业或行业劳动条件由工会决定
D. 是在国家法律、法规的最低标准的基础之上,由劳动关系双方经平等协商确定
E. 集体合同由工会代表职工与企业签订,没有成立工会组织的,由职工代表代表职工与企业签订

116. 下选项中,(　　)情况下,劳动者不可随时单方解除劳动合同。
A. 在试用期内
B. 劳动者违反用人单位劳动纪律
C. 未依法为劳动者缴纳社会保险的
D. 用人单位未及时足额支付劳动报酬的
E. 用人单位未按照劳动合同提供劳动保护或者劳动条件

117. 根据《中华人民共和国劳动合同法》第4条规定,合法有效的企业规章制度必须具备(　　)
的条件。
A. 有效公示
B. 平等协商
C. 民主协商程序
D. 规章制度的内容要合法有效
E. 不得违反国家法律、法规及政策的规定

118. 女职工在孕期禁忌从事的劳动范围包括(　　)。
A. 高处作业分级标准中规定的高处作业
B. 冷水作业分级标准中规定的冷水作业
C. 非密封源放射性物质的操作,核事故与放射事故的应急处置
D. 体力劳动强度分级标准中规定的第三级、第四级体力劳动强度的作业
E. 作业场所空气中锰、氟溴、甲醇、有机磷化合物、有机氯化合物等有毒物质浓度超过国家职业卫生标准的作业

119. 对工时消耗进行分类的目的是(　　)。
A. 掌握工时消耗的构成
B. 减少不必要的工时损失
C. 找出员工工时消耗的数据
D. 找出工时损失的原因以便采取措施
E. 研究员工在工作班内工时消耗的实际情况

120. 工作岗位的调查方法包括(　　)。
A. 日志法
B. 结构调查表
C. 关键事件法
D. 技术会议法
E. 档案资料法

121. 培训目标是将培训目的(　　)。
A. 操作化
B. 具体化
C. 数量化
D. 指标化
E. 标准化

122. 失业保险基金由(　　)三方共同负担。
A. 个人
B. 工会
C. 单位
D. 社区
E. 国家

123. 无论用人单位是法人还是非法人经济组织,都具有(　　)。
A. 自由择业权
B. 休息休假权
C. 职业培训权
D. 劳动权利能力
E. 劳动行为能力

124. 薪酬信息保密的缺点包括(　　)。
A. 缺乏灵活性
B. 谈判耗时较多
C. 可能出现同工不同酬
D. 不符合薪酬基本原理
E. 无法避免薪酬收入差距对员工心理承受力的冲击

125. 企业员工的任职资格应包括(　　)。
A. 资历
B. 身体条件
C. 必须接受过培训
D. 心理品质和能力要求
E. 其他相关的识别信息

国家职业资格考试试卷

真题汇编(一)

职　　业：企业人力资源管理师
等　　级：国家职业资格四级
卷 册 二：专业能力

注意事项: 1. 请按要求在试卷的标封处填写您的姓名、准考证号、身份证号和所在地区。
2. 请仔细阅读各种题目的回答要求,并在规定的位置填写您的答案。
3. 请保持卷面整洁,不要在试卷上做任何与答题无关的标记,也不得在标封区填写无关的内容。

姓　　名:＿＿＿＿＿＿＿＿＿＿

准考证号:＿＿＿＿＿＿＿＿＿＿

卷册二：专业能力

一、简答题(本题共3题,第1小题16分,第2小题14分,第3小题16分,共46分)

1. 请简述在岗培训及其优点。(16分)

2. 起草企业劳动定额管理制度时,需要对哪些事项做出具体而又明确的规定?(16分)

3. 企业人力资源规划信息采集的程序中,非正式调研指什么?(14分)

二、计算题(本题18分。现根据题意进行计算,然后进行必要分析,只有计算结果没有计算过程不得分)

4. 2022年小李的月工资标准为800元/月,10月份,小李请假5天,周末加班12小时,国庆期间加班10小时。

 请问:小李10月份的工资应为多少?

三、综合分析题(本题共2题,每小题18分,共36分)

5. 甲公司是个中等规模的企业,近年来,随着市场竞争的加剧,公司越来越意识到,要想把企业做大做强,必须加强绩效管理。今年,该公司在各部门推行了新的绩效管理制度,希望以此来调动员工的积极性。但是,研发部门的人员对绩效管理方案意见很大。公司对研发部门的考评方法如下:每季度考评一次,主要考核研发人员为企业创收的情况,连续四个季度部门排名在最后两名的员工将被辞退。被考评人平时很难从主管处获得对自己业绩优劣评估的反馈和相关的指导,只是到了季度考评时,部门领导才会对其做一次排序。

   请问:甲公司研发部门的绩效管理存在哪些问题?

6. 某百货公司为提高新入职的员工有效处理顾客投诉的能力,即“康复”能力,计划实施提高服务质量培训的活动。培训部采纳了许多有效的建议,包括:

   (1)让受训者选择一个有关顾客的问题带到课堂上;
   (2)给受训者提供实践机会学会如何应对愤怒的顾客;
   (3)在角色扮演期间向受训者提供反馈;
   (4)让培训教师确认培训目标并将其传达给受训者;
   (5)让培训教师告诉受训者与顾客服务有关特定行为方式。

   培训部关心的是如何保证培训投资能有回报,即很想让员工们能有效地工作,并不断地应用从培训中获得的技能和知识。

   根据以上案例,请分析该项入职培训计划的可行性。

真题汇编(一)参考答案及解析

卷册一：职业道德　理论知识

·第一部分　职业道德·

一、职业道德基础理论与知识部分

(一)单项选择题

1. A　2. B　3. A　4. B　5. B　6. C　7. C　8. C

(二)多项选择题

9. ACD　10. ABD　11. AC　12. BC　13. BC　14. CD　15. BC　16. ABD

二、职业道德个人表现部分

17～25(本部分为主观题,无标准答案,请根据自己的价值观作答。)

·第二部分　理论知识·

一、单项选择题

26.【答案】D　⌊基础 P20－21⌉

【解析】摩擦性失业是指劳动者进入劳动力市场寻找工作直至获得就业岗位时所产生的时间滞差,以及劳动者在就业岗位之间的变换所形成的失业。

27.【答案】A　⌊基础 P30⌉

【解析】所谓优先保护,是指劳动法在对劳动关系当事人的利益都给予合法保护的同时,优先保护在劳动关系中事实上处于相对弱势地位的劳动者。

28.【答案】B　⌊基础 P36－37⌉

【解析】我国劳动法的体系由以下劳动法律制度构成:①促进就业制度;②劳动合同和集体合同制度;③劳动标准制度;④职业培训制度;⑤社会保险制度;⑥劳动争议处理制度;⑦工会和职工民主管理制度;⑧劳动法的监督检查制度。其中,劳动标准制度包括工作时间和休息休假制度、工资制度、劳动安全卫生制度以及女职工和未成年工特殊保护制度等。

29.【答案】C　⌊基础 P193⌉

【解析】人本管理认为,人的需要有:①社会的人的需要,企业不断创造顾客,满足社会消费需求,这是企业所担当的社会责任;②企业投资者的需要,即实现利润最大化;③企业全体员工的需要,一是获取收入最大化;二是施展才干、实现抱负,个人获得全面发展。

30.【答案】A　⌊基础 P203⌉

【解析】人力资本投资中实际支出或直接支出包括学杂费(教育投资)、流动支出(迁移)、培训支出(企业、国家和个人)以及国家用于教育、社会保障方面的支出等。其中属于个人支出的部分被称为个人直接支出,属于国家或社会支出的部分被称为社会直接支出。

31.【答案】D　⌊基础 P152⌉

【解析】满足权力需要的行为包括:影响他人并改变他们的态度和行为;控制他人和活动;占据一个高于他人的权威性的位置;对资源进行控;战胜对手或敌人。

32.【答案】D　⌊基础 P150⌉

【解析】对比效应是指在对两个或两个以上的人进行知觉时,人们会不自觉地在他们之间进行对比,对比的结果可能并不是公平和客观的。

33.【答案】C　⌊基础 P85⌉

【解析】产品组合有一定的宽度、长度、深度和关联性。其中,产品组合的深度是指产品大类中每种产品有多少花色、品种和规格。

34.【答案】B　⌊基础 P56－57⌉

【解析】撤退战略是企业主动从缺乏发展前景的某一市场或行业退出的战略。主要的撤退方式有:①特许经营;②分包;③卖断;④管理层与杠杆收购;⑤拆产为股/分拆;⑥资产互换与战略贸易。

35.【答案】D　⌊基础 P33⌉

【解析】依据《中华人民共和国劳动法》规定,我国人力资源社会保障部主管全国劳动工作,依据部门职责的规定,应根据实际的需要制定各种相关的劳动规章。

36.【答案】A　⌊基础 P28－32⌉

【解析】《中华人民共和国劳动法》开宗明义地规定劳动法的立法宗旨就在于保护劳动者的合法权益,这集中体现在劳动权保障的优先保护方面。

37.【答案】B　⌊基础 P30⌉

【解析】保障劳动者的劳动权是劳动法的首要原则。

38.【答案】A　⌊基础 P21⌉

【解析】常用的反映失业程度的指标有两个:失业率和失业持续期。

39.【答案】D　⌊基础 P219⌉

【解析】西方经济学家熊彼特在“创新理论”中提出,创新就是“建立一种新的生产函数”,把一种从来没有过的关于生产要素和生产条件的“新组合”引入生产体系,包括引进新产品、引用新技术、开辟新市场、控制原材料的新供应来源和实现企业的新组织等五种情况。

40.【答案】C　⌊基础 P32⌉

【解析】法律的渊源是指具有法的效力意义和作用的法或法律的外在表现形式。

41.【答案】C　⌊四级 P7⌉

【解析】行为记录法可以按事先选定的某个地点,对现场随机记录状态的资料进行分析研究,这种方法适用于采集内容复杂多变、被调查者比较集中、调查地点固定的调查。

42.【答案】D　⌊四级 P3⌉

【解析】企业组织信息的新陈代谢性是指随着科技的进步和经济活动的发展,企业组织信息不断淘汰滞后的内容,增添新的内容,完成自身的更新与完善。

43.【答案】A　⌊四级 P6⌉

【解析】当面调查询问法又称面谈调查询问法,指调查者当面向被调查者展开询问的方法,以了解他们的观点,观察他们的反应。这种方法的优点有:①机动灵活,不受时间、地点的限制;②调查者可以直接、深入地了解被调查者的真实观点,采集到的资料比较全面、可靠。

44.【答案】D　⌊四级 P3－4⌉

【解析】企业人力资源规划信息采集和处理的基本原则包括:准确性原则、系统性原则、针对性原则、及时性原则、适用性原则、经济性原则。

45.【答案】A　⌊四级 P20⌉

【解析】工作岗位研究的对象是企业单位中的工作岗位,即在一定时间和空间(生产、技术、组织)条件下,需要由劳动者承担,应严格按照预定标准,保质保量完成的工作任务的总和。

46.【答案】C　⌊四级 P40－41⌉

【解析】活动记录法,即采用现代数字工具,记录岗位相关信息的方法。采用本方法采集的信息真实可靠,但投入费用较高。

47.【答案】C　⌊四级 P50－51⌉

【解析】制定和修订劳动定额管理制度时,应坚持简练、细致、全面的基本原则,对劳动定额的制定、执行、统计分析和修订等各个环节都作出具体明确的规定。

48.【答案】C　⌊四级 P28－29⌉

【解析】作业测时是以工序或某一作业为对象,按照操作顺序进行实地观察记录,研究作业活动的一种方法。总结和推广先进员工的操作方法和先进经验,帮助后进员工改善操作方法,使操作方法合理化,节约工时消耗。

49.【答案】D　⌊四级 P42－43⌉

【解析】工作定额是指采用多种指标和方法,对各类人员完成技术性、管理性、公务性劳动所规定的限额。

50.【答案】A　⌊四级 P5⌉

【解析】档案记录法是指向企业的档案管理部门或档案管理人员了解组织过去的建设、运行状况以及关于重大事件或决策的档案记录的方法。这种方法可用于采集组织过去的决策机构的效率、决策效率、决策效果、执行效率、文件审批效率和文件传递效率。

51.【答案】A　⌊四级 P167－168⌉

【解析】晋升培训是指对拟晋升人员或后备人才进行的旨在使其达到更高一级岗位要求的培训。其特点如下:①以员工发展规划为依据;②培训时间长、内容广;③多种培训方法并用。

52.【答案】C　⌊四级 P243－244⌉

【解析】A 项:绩效考评表格的这部分内容包含员工的一些基本信息,如岗位名称,所属处室、部门和其他工作群体信息,员工人数,薪资级别或薪资等级。此外,在绩效考评表格中常常还包括绩效考评的日期、考评者分管员工或与员工在一起工作的年数或月数、员工进入组织的日期、到当前职位工作的日期、进行绩效考评的原因、当前的薪资水平和在本薪资区间中的位置、预计的下一次考评日期等。B 项:在计算完权重后会对权重进行一些调整,变为 5% 的整倍数,这样便于计算,展示结果也比较直观。D 项:绩效考评指标是绩效考评表格的核心内容。

53.【答案】A　⌊四级 P280－281⌉

【解析】目前,企业工资制度的改革热点是劳动分红、员工持股计划、年薪制、股票期权等。

54.【答案】C　⌊四级 P319⌉

【解析】有薪节假,如节日、假日以及事假、探亲假、带薪休假等,是经济性福利的一种。

55.【答案】D　⌊四级 P341⌉

【解析】劳动法律关系是一种双务关系,雇主(用人单位)、雇员(劳动者)在劳动法律关系之中既是权力主体又是义务主体,互为等价关系。

56.【答案】B 〖四级 P211〗

【解析】态度维度具体表现为员工在工作中所展现的责任感、纪律性以及团队意识等,是工作能力与工作结果之间的调节变量。也就是说,要达成高水平的工作结果,仅仅拥有高能力是不够充分的,还必须具备积极的工作态度,因此也需要对工作态度进行考评。

57.【答案】A 〖四级 P351〗

【解析】外国人在中国就业须具备下列条件:①年满 18 周岁,身体健康;②具有从事其工作所必需的专业技能和相应的工作经历;③无犯罪记录;④有确定的聘用单位;⑤持有有效护照或能代替护照的其他国际旅行证件。

58.【答案】B 〖四级 P345〗

【解析】劳动争议仲裁的组织机构是劳动争议仲裁委员会,它是国家授权、依法独立处理劳动争议案件的专门机构。它由劳动行政部门代表、同级工会代表、用人单位方面的代表三方组成,是劳动关系协调中贯彻“三方原则”在劳动争议处理体制中的具体表现。

59.【答案】A 〖四级 P212〗

【解析】绩效的多维性是指需要从多种维度去分析和考评绩效。例如在考查一名生产工人的绩效时,不仅要看产量指标完成的情况,还应综合考虑产品的质量、原材料的消耗、纪律意识等,通过综合考评各种类型的指标得出最终考评结论。

60.【答案】B 〖四级 P390〗

【解析】对怀孕 7 个月以上的女职工,用人单位不得延长劳动时间或者安排夜班劳动,并应当在劳动时间内安排一定的休息时间。怀孕女职工在劳动时间内进行产前检查,所需时间计入劳动时间。

61.【答案】C 〖四级 P58〗

【解析】机动的基本时间是指在员工的看管下,由设备自行完成基本工艺过程所消耗的时间。如机械加工中的机床自动走刀时间。

62.【答案】C 〖四级 P59〗

【解析】组织性的作业宽放时间是指工作现场组织管理需要所发生的工时消耗。它一般是在工作轮班的开始和结束所进行的准备或结束工作所消耗的时间。其特点是随轮班而重复出现,如机床设备的试车和加油、整理工夹具、清扫工作地、填写原始记录、办理交接班手续等时间。

63.【答案】A 〖四级 P7〗

【解析】企业人力资源规划信息的处理是指对调查研究所获得的资料进行去粗取精、去伪存真的筛选,并对资料进行科学统计和综合分析的过程。包括企业人力资源规划信息分析、撰写人力资源规划信息的调研报告和企业人力资源规划信息的应用三个方面的内容。

64.【答案】D 〖四级 P64〗

【解析】劳动争议处理费用是人力资源管理费用的主要内容之一,它是指处理劳动争议的过程中发生的费用,如法律咨询费。

65.【答案】D 〖四级 P63〗

【解析】人力资源管理费用是指企业在一个生产经营周期(一般为一年)内,人力资源部门的全部管理活动的费用支出,它是计划期内人力资源管理活动得以正常运行的资金保证。

66.【答案】A 〖四级 P75〗

【解析】招聘工作的实施是整个招聘活动的核心,也是最关键的一环,有招聘、筛选、录用三个步骤。

67.【答案】C 〖四级 P70〗

【解析】人员配置是企业为了实现生产经营的目标,采用科学的方法,根据岗得其人、人得其位、适才适所的原则,实现人力资源与其他物力、财力资源的有效结合而进行的一系列管理活动的总称。

68.【答案】D 〖四级 P70-71〗

【解析】人员招聘是企业人力资源管理的起点,按照企业中长期人力资源战略规划和人员招聘的管理制度的要求,有计划、有组织地进行人员招聘才能确保人员招聘的质量,不断提高组织的核心竞争力。①有效的人员招聘,能降低招聘成本,提高招聘的效率;②有效招聘为组织注入新的活力,增强组织创新能力;③有效招聘可以扩大组织知名度,树立组织良好形象;④减少离职,增强组织内部的凝聚力。

69.【答案】C 〖四级 P70〗

【解析】人员招聘是企业为了弥补岗位的空缺而进行的一系列人力资源管理活动的总称。它是人力资源管理的首要环节,是实现人力资源管理有效性的重要保证。从广义上讲,人员招聘包括招聘准备、招聘实施和招聘评估三个阶段;狭义的招聘即指招聘的实施阶段,其中主要包括招募、筛选、录用三个具体步骤。

70.【答案】B 〖四级 P120〗

【解析】任人唯贤,强调用人要出于“公心”,以事业为重,而不是以自己的“小圈子”为重,以“宗派”为重,只有这样,才能做到大贤大用,小贤小用,不贤不用。能否做到任人唯贤,是衡量管理人员是否称职的标准之一。

71.【答案】B ⌊四级 P136⌉

【解析】对培训师的考评是由该培训项目的组织管理责任人组织受训人员对培训师进行考评,以便为下一次选择相同培训内容的培训师做准备。这种考评一般采用问卷的形式,由受训人不记名填写。

72.【答案】D ⌊四级 P158⌉

【解析】公司培训需求和员工个人培训需求的一致性。在培训需求分析过程中,可以发现不同层次人员的培训需求呈现多样化。企业可以设计很多培训项目,但由于培训资源的限制,企业必须做出取舍。其实,在实践中,会遇到组织的培训需求和个体的培训需求不尽相同甚至相互冲突的问题。

73.【答案】B ⌊四级 P357⌉

【解析】劳动合同的内容是当事人双方经过平等协商所达成的关于权利义务的条款,包括法定条款和约定条款。企业为招聘雇员、协商相互之间的权利义务而提供的劳动合同文本必须依法具备法定条款。

74.【答案】A ⌊四级 P151⌉

【解析】循环评估模型是指对于员工培训需求提供一个连续的反馈信息流,以用来周而复始地估计培训需求。在每个循环中,都需要依次从组织整体层面、作业层面和员工个人层面进行分析。

75.【答案】A ⌊四级 P345⌉

【解析】劳动争议处理制度中的调解是劳动关系当事人的一种自我管理形式,其基本特点是:①群众性;②自治性;③非强制性。

76.【答案】A ⌊四级 P148⌉

【解析】咨询法的优点:①可以建立和完善管理者与员工的沟通渠道;②用“借外脑”的方式从多个角度进行分析。

77.【答案】B ⌊四级 P286⌉

【解析】员工与企业之间就最低工资发生争议时,应按照我国《劳动争议调解仲裁法》处理。企业违反了最低工资制度的规定,劳动行政主管部门应责令其限期改正。逾期未改正的,劳动行政主管部门应对用人单位和责任人给予经济处罚,责令其限期补发所欠劳动者工资,并可责令其按所欠工资的1至5倍支付劳动者赔偿金。

78.【答案】C ⌊四级 P224⌉

【解析】绩效管理的目的中包括开发目的。人员开发并不是盲目的开发,而是有目标的开发。这种目标在一定程度上是依据绩效管理的结果得以确定的,通过绩效管理,组织能够发现员工中存在的种种与能力和态度相关的问题。

79.【答案】A ⌊四级 P174⌉

【解析】在管理人员的培训中,四级培训的目的是提高参与者的自我管理能力和团队建设能力。

80.【答案】A ⌊四级 P162⌉

【解析】岗前培训往往有企业文化色彩,如日本丰田公司注重团队精神,沟通技巧是其岗前培训的重要内容。

81.【答案】C ⌊四级 P142⌉

【解析】人力资源开发的培训对象,可依照阶层别(垂直的)及职能别(水平的)加以区分。阶层别大致可分为普通操作员级、主管级及中高层管理级,而职能别的培训又可以分为生产系统、营销系统、质量管理系统、财务系统、行政人事系统等项目。C项属于按照阶层别分类。

82.【答案】D ⌊四级 P237⌉

【解析】专家经验判定法是最简单的权重确定方法。它是决策者个人根据自己的经验和对各项考评指标重要程度的认识,或者从引导意图出发,对各项考评指标的权重进行分配。有时决策者也会召集一些人讨论一下,听取大家的意见,然后由决策者确定权重的大小。

83.【答案】B ⌊四级 P371⌉

【解析】由用人单位提出解除劳动合同的,用人单位应根据劳动者在本单位的工作年限,每满一年支付相当于一个月的工资作为经济补偿金,工作时间满半年不满一年的按一年的标准支付。则本题中,该企业应向赵某支付的经济补偿金为:$500 \times 1.5 = 750$(元)。

84.【答案】C ⌊四级 P356⌉

【解析】所谓专项协议,是劳动关系当事人为明确劳动关系中特定的权利和义务,在平等自愿、协商一致、诚实信用的基础上所达成的契约。专项协议可以在订立劳动合同的同时协商确定,也可以在劳动合同的履行期间为满足主客观情况变化的需要而订立。

85.【答案】D ⌊四级 P370⌉

【解析】订立劳动合同所依据的客观情况发生重大变化,致使劳动合同无法履行,应变更相关的内容。客观情况包括:发生自然灾害或企业事故、企业调整生产任务、迁移厂址,以及劳动者个人情况发生变化要求调整工作岗位或职务等。

二、多项选择题

86.【答案】ABCE 〖基础 P73〗

【解析】企业目标管理的特点主要有:①它是一种系统化的管理模式;②要求有明确完整的目标体系;③更富于参与性;④强调自我控制;⑤重视员工的培训和能力开发。

87.【答案】BDE 〖基础 P195〗

【解析】本题主要考核人本管理的原则。以人为本、以人为中心构建企业的组织形态或结构应具有以下基本特征:①组织必须为其成员创造利益,并明确组织的宗旨和目标;②在组织能为自己创造利益的前提下,员工自愿进入组织,接受组织的职权和权威,称为"职权接受";③组织及其成员在共同利益、共同目标的基础上相互接纳,协同合作;④组织集权与分权的平衡与适宜;⑤组织和地位弹性;⑥管理幅度合理;⑦确立企业员工参与管理的制度与渠道。

88.【答案】BC 〖基础 P171〗

【解析】对领导行为的早期研究显现出以下两个维度:①关怀维度,指领导者尊重和关心下属的看法和情感,更愿意与下属建立相互信任的工作关系;②结构维度,指领导者更愿意界定自己和下属的工作任务和角色,以完成组织目标。

89.【答案】ABCD 〖基础 P69〗

【解析】决策树的构成有四个要素:决策点、方案枝、状态节点和概率枝。决策树是以决策节点为出发点,引出若干方案枝,每条方案枝代表一个方案。方案枝的末端有一个状态节点,从状态节点引出若干概率枝,每条概率枝代表一种自然状态,概率枝上标明每种自然状态的概率收益值。这样层层展开,形如树状,由此得名。

90.【答案】ABCDE 〖基础 P4〗

【解析】运用实证研究方法研究劳动力市场现象,必须坚持调查研究,一切从实际出发。同时,需要经济学知识和均衡分析、市场非均衡分析、静态分析和动态分析方法,还需要逻辑学、数学、统计学等多方面的知识和分析工具。

91.【答案】AB 〖基础 P7〗

【解析】附加性劳动力假说与悲观性劳动力假说的前提观点是相同的,即男性成年人的劳动力参与率与经济周期不存在敏感的反应性。这个劳动力群体不管短期工资和劳动力市场条件如何发生变化,不管是处于就业状态还是处于非就业状态,总是停留在劳动力市场中。他们的流动表现为就业者和失业者间的流动,而不表现为劳动力与非劳动力的流动。这个劳动力群体被称为一级劳动力。与此相对的劳动力群体被称作劳动力市场的二级劳动力。二级劳动力主要由中年妇女构成。二级劳动力的劳参率与经济运行周期存在着较敏感的反应性。

92.【答案】ABE 〖基础 P56〗

【解析】用稳定战略也有一定的风险。一旦企业外部环境发生较大变动,企业战略目标、外部环境、企业实力三者之间就会失去平衡,将会使企业陷入困境。稳定战略还容易使企业减弱风险意识,甚至会形成惧怕风险、回避风险的企业文化,降低企业对风险的敏感性和适应性。

93.【答案】BCE 〖基础 P170〗

【解析】明茨伯格的经理角色分析中人际关系类角色,当管理者在履行礼仪性和象征性的义务时,他们都在扮演"挂名首脑"的角色。几乎所有的管理者都具有"领导者"的角色功能,他们要指挥、协调下属的行动,激励、控制和影响下属。此外,管理者在团体中充当着"联络员"的角色,他们为了获得信息,必须同组织内外的个人和团体建立联络关系。

94.【答案】AC 〖基础 P213〗

【解析】人力资源开发目标的多元性包括人力资源开发目标社会发展需要的多元性和人力资源开发目标个体发展需要的多元性。

95.【答案】ABCDE 〖基础 P222〗

【解析】职业开发的本质在于集中考察个人与组织在一定时期内的相互作用,其目的在于阐明如下具有特殊意义的几个问题:①改善组织的人力资源开发与管理活动;②改进个人职业生涯规划,帮助员工更有效地应付和摆脱工作困境;③改善所有职业阶段上的匹配过程,使处于早、中、晚期职业危机的组织和个人都能更有效地解决这些危机;④正确处理员工在职业中、晚期出现的落伍退化、激情消失和只求安稳的问题;⑤在不同的生命阶段,使员工的家务和工作取得均衡;⑥使所有贡献显著和无意沿岗位阶梯上升的员工保持生产率和动力。

96.【答案】ACDE 〖四级 P2〗

【解析】所谓企业组织规划是有关企业整体组织结构的设计与再造的规划,主要包括企业人力资源信息的采集、处理和应用,组织结构图的绘制,组织结构的调查、诊断和评价，组织结构模式的选择、设计和调整，企业各个层级组织机构的整合与变革，以及各个职能与业务部门职责的划分与设置等内容。

97.【答案】ABD 〖四级 P18〗

【解析】按工日计算的制度工作时间利用率，只反映全日缺勤、全日停工和全日非生产工日的影响程度；而按工时计算的制度工作时间利用率，除了反映上述因素影响外，还反映了非全日缺勤、非全日停工和非全日非生产工时等所占用时间的影响程度。

98.【答案】ACE 〖四级 P30〗

【解析】制订写实工作计划，规定好具体的写实程序和步骤，设计出写实调查表，做好书写板、计时器等所需仪器的准备工作，明确规定划分工作事项的标准，以及各类工时消耗的代号、编码，以便于登记记录数据资料。

99.【答案】ABDE 〖四级 P68〗

【解析】企业可以根据需要来规定本企业的人力资源管理成本核算办法，包括核算单位、核算形式和计算方法等。在核算上述所列项目时应注意以下几个方面：①人员招聘与人员选拔的成本应按实际录用人数分摊；②在某些直接成本项目中也包括间接成本；③某些成本项目部分交叉。

100.【答案】AB 〖四级 P106〗

【解析】应聘申请表的优点包括：直截了当、结构完整、限制了不必要的内容、易于评估。

101.【答案】ACD 〖四级 P6〗

【解析】会议调查询问法是指调查单位或调查者邀请被调查者(一般为 10 个人左右)，在约定的时间、地点集中，以会议的方式展开调查的方法，如座谈会。这种方法的优点是：①调查者可以直接倾听被调查者的观点；②调查双方有互动的机会；③与当面调查法相比，花费的时间和费用较低，效率较高。

102.【答案】BCDE 〖四级 P48〗

【解析】为弄清各种规章制度及其他因素对劳动定额的影响，要了解本企业的作息换班制度，要了解劳动纪律的情况，要了解工资及奖励制度推行的效果，应了解设备的修理制度，以及对于车间的平面布置及工作地分布情况。

103.【答案】ACE 〖四级 P44〗

【解析】时间定额，可具体分为工步、工序、零件、部件(电子产品为元件、器件)、单位产品的时间定额。

104.【答案】BCDE 〖四级 P139 – 140〗

【解析】员工培训与开发计划作为实现企业人力资源开发的目标，满足员工培训需求的活动实施方案，其制订、设计过程必须达到以下四点要求：①系统性；②标准化；③有效性；④普遍性。

105.【答案】BCDE 〖四级 P151 – 154〗

【解析】培训需求分析作为现代培训活动的首要环节，具有很强的指导性，它既是确定培训目标、设计培训计划的前提，也是进行培训评估的基础，常见的培训需求分析模型有：①循环评估模型；②任务—绩效评估模型；③培训需求差距分析模型；④胜任力特征模型。C 项，PDCA 循环图用来表示一个完整的培训流程。

106.【答案】ADE 〖四级 P193 – 194〗

【解析】现场培训方法又称实践法，是指受训者在工作场所边干边学的培训方法。企业现场培训分为两种：一是以让员工适应新岗位为目的的现场培训，二是以改善绩效、培养人才为目的的现场培训。

107.【答案】BCE 〖四级 P201〗

【解析】人力资源的开发成本是企业对人力资源进行的投资，它是真正意义上的人力资源投资。人力资源的开发成本主要包括人员定向成本、在职培训成本和脱产培训成本。

108.【答案】ADE 〖四级 P295〗

【解析】薪酬政策性信息包括的主要项目有：①薪酬等级评定依据；②薪酬组合方式；③特殊群体的政策倾向。

109.【答案】AC 〖四级 P308〗

【解析】《个人所得税法》第四条第一款规定，下列各项个人所得，免征个人所得税：(一)省级人民政府、国务院部委和中国人民解放军以上单位，以及外国组织、国际组织颁发的科学、教育、技术文化、卫生、体育、环境保护等方面的奖金；(二)国债和国家发行的金融债券利息；(三)按照国家统一规定发给的补贴、津贴；(四)福利费、抚恤金、救济金；(五)保险赔款；(六)军人的转业费、复员费；(七)按照国家统一规定发给干部、职工的安家费、退职费、退休工资、离休工资、离休生活补助费；(八)依照我国有关法律规定应免税的各国驻华使馆、领事馆的外交代表领事官员和其他人员的所得；(九)中国政府参加的国际公约、签订的协议中规定免税的所得；(十)经国务院财政部门批准免税的所得。

110.【答案】AC　四级 P301

【解析】我国常见的计时工资制形式包括:月工资制、日工资制、小时工资制。目前,我国计时工资一般是以月工资率为基准。

111.【答案】ABCDE　四级 P332

【解析】工资台账即工资的统计明细。它的内容包括人员的基本工资、年度分红、绩效工资、日常生活补贴(差旅费、通信费、餐补费等)、值班补贴、加班补贴等。

112.【答案】CD　四级 P324－326

【解析】C 项:用人单位应当按时缴纳工伤保险费,职工个人不缴纳工伤保险费。D 项:生育保险根据"以支定收,收支基本平衡"的原则筹集资金,由企业按照其工资总额的一定比例向社会保险经办机构缴纳生育保险费,建立生育保险基金。

113.【答案】ACDE　四级 P346

【解析】国际上通用的就业者的统计标准,把凡是在有关的劳动法规规定的劳动年龄以上,符合下列情况的人统计为就业者:①正在工作中,即在规定时期内,从事有报酬或经营收入的职业且达到一定时间标准以上的人;②有职业但是临时没有工作的人。例如,于疾病、事故、劳动争议、休假,或气候不良、故障等原因而临时停工的人;③雇主和个体经营者,或正在协助家庭经营企业而不领取劳动报酬的家庭成员,在规定时期内,从事正常工作时间 1/3 以上者。

114.【答案】DE　四级 P345

【解析】调解委员会调解劳动争议贯彻自愿原则,即申请调解自愿、调解过程自愿、达成协议自愿、履行协议自愿。

115.【答案】AC　四级 P342－343

【解析】在现代市场经济条件下,企业或行业劳动条件既不是由雇主(用人单位)也不是由雇员或雇员的组织——工会单方面决定,而是在国家法律、法规的最低标准的基础之上,由劳动关系双方经平等协商确定。我国集体合同体制以基层集体合同为主导体制,即集体合同由基层工会组织与企业签订,只对签订单位具有法律效力。

116.【答案】AB　四级 P371

【解析】劳动者随时向用人单位提出解除劳动合同的法定条件包括:①未按照劳动合同约定提供劳动保护或者劳动条件的;②未及时足额支付劳动报酬的;③未依法为劳动者缴纳社会保险费的;④用人单位的规章制度违反法律、法规的规定,损害劳动者权益的;⑤因用人单位的原因,即《中华人民共和国劳动合同法》第二十六条第 1 款规定的情形致使劳动合同无效的。A 项,《中华人民共和国劳动合同法》第三十七条规定,劳动者在试用期内提前三日通知用人单位,可以解除劳动合同。

117.【答案】ACDE　四级 P378－379

【解析】根据《中华人民共和国劳动合同法》第 4 条规定,合法有效的企业规章制度必须具备以下三个条件:①民主协商程序;②规章制度的内容要合法有效,不得违反国家法律、法规及政策的规定;③有效公示。

118.【答案】ABCD　四级 P391

【解析】女职工在孕期禁忌从事的劳动范围:①作业场所空气中铅及其化合物、汞及其化合物、苯、镉、铍、砷、氰化物、氮氧化物、一氧化碳、二硫化碳、氯、己内酰胺、氯丁二烯、氯乙烯、环氧乙烷、苯胺、甲醛等有毒物质浓度超过国家职业卫生标准的作业;②从事抗癌药物、己烯雌酚生产,接触麻醉剂气体等的作业;③非密封源放射性物质的操作,核事故与放射事故的应急处置;④高处作业分级标准中规定的高处作业;⑤冷水作业分级标准中规定的冷水作业;⑥低温作业分级标准中规定的低温作业;⑦高温作业分级标准中规定的第三级、第四级的作业;⑧噪声作业分级标准中规定的第三级、第四级的作业;⑨体力劳动强度分级标准中规定的第三级、第四级体力劳动强度的作业;⑩在密闭空间、高压室作业或者潜水作业,伴有强烈振动的作业,或者需要频繁弯腰、攀高、下蹲的作业。

119.【答案】ABDE　四级 P56

【解析】对工时消耗进行分类的目的是研究员工在工作班内工时消耗的实际情况,掌握工时消耗的构成,找出工时损失的原因以便采取措施,减少不必要的工时损失。

120.【答案】ABCDE　四级 P40－41

【解析】工作岗位的调查方法包括:①技术会议法;②结构调查表;③日志法;④关键事件法;⑤设计信息法;⑥活动记录法;⑦档案资料法。

121.【答案】BCDE　四级 P141

【解析】培训的目标主要是解决员工培训应达到什么样的标准。它是根据培训的目的,结合培训资源配置的情况,将培训目的具体化、数量化、指标化和标准化。

122.【答案】ACE 〖四级 P322〗

【解析】失业保险基金主要来源于社会筹集，由单位、个人和国家三方共负担，缴费比例、缴费方式相对稳定，筹集的失业保险费，不分来源渠道，不分缴费单位的性质，全部并入失业保险基金，在统筹地区内统一调度使用以发挥互济功能。

123.【答案】DE 〖四级 P363〗

【解析】无论用人单位是法人还是非法人经济组织，都具有劳动权利能力和劳动行为能力。

124.【答案】BCD 〖四级 P297〗

【解析】薪酬信息保密的缺点：①可能出现同工不同酬；②员工薪酬水平与谈判能力有关，不符合薪酬基本原理；③谈判耗时较多。

125.【答案】ABCD 〖四级 P81〗

【解析】企业员工的任职资格应包括：资历、工作经验、学历要求、身体条件、心理品质和能力要求、所需知识和技能、必须接受过的培训等。

卷册二：专业能力

一、简答题（本题共 3 题，第 1 小题 16 分，第 2 小题 14 分，第 3 小题 16 分，共 46 分）

1.〖四级 P159－160〗

【答案】在岗培训也称"在职培训""不脱产培训"，是指企业为了使员工具备有效完成工作所需要的知识、技能和态度，在不离开工作岗位的情况下对员工进行的培训。目前，在岗培训已经得到企业的认同，诸多企业都采取在岗培训的方式培训员工。在岗培训的优点是简单易行、成本较低，不需要另外添加设备、场所，有时也不需要专职的培训师，而是利用现有的人力、物力来培训，培训对象不用脱离工作岗位，可以不影响生产或工作。

2.〖四级 P56〗

【答案】起草企业劳动定额管理制度时，应当从以下十个方面逐项作出具体而又明确的规定：①说明劳动定额工作在企业管理中的作用、意义；②规定企业劳动定额工作的机构设置与各级定额人员的职责范围与分工；③明确确定制定劳动定额的依据和一般制定劳动定额的方法（必要时可指出今后改进定额修订工作的方向和实现的途径）；④确定劳动定额修改期限，并明确修改劳动定额的方法以及劳动定额水平调整幅度；⑤明确临时修改劳动定额的依据，即规定在何种情况下可以进行劳动定额的修改，以及处理的方法和步骤；⑥规定劳动定额统计分析工作的报表格式、统计口径、分析方法和上报的期限；⑦规定各种劳动定额的审批权限和工作程序；⑧明确确定劳动定额工作与企业各有关部门资料供需关系及业务联系方法；⑨确定有关产生废品、返修回用等情况下，定额工时的处理和统计计算方法；⑩其他需要明确规定的工作事项。

3.〖四级 P4〗

【答案】非正式调研是指对假设的调研主题展开调查，发现新问题，淘汰旧问题，探求真正的问题所在。调研人员可以调查访问有经验的专业技术人员、相关人员和个别用户，听取他们的一般性意见，进一步明确该调查项目的具体目的和要求，做到有的放矢。

二、计算题（本题 16 分。先根据题意进行计算，然后进行必要的分析，只有计算结果没有计算过程不得分）

4.〖四级 P301－305〗

【答案】月工资制是指依照工资标准按月计发员工工资的形式。实行月工资标准的员工遇有加班或请假需要加发或减发工资时，一般是按日工资标准处理，即以本人月工资标准除以平均每月法定计酬工作天数求得。即每周 40 小时工作制，平均每月法定工作计酬天数为(365－104)÷12＝21.75 天/月

日工资标准＝月工资标准÷21.75＝800÷21.75＝36.78（元/天）

该清洁工实际工作天数（不算加班）＝21.75－5＝16.75（天）

实际工资＝日工资标准×实际工作天数＝36.78×16.75＝616.065（元）

依据《中华人民共和国劳动合同法》规定，用人单位依法安排劳动者在休息日工作，而又不能安排补休的，按照不低于劳动合同规定的劳动者本人日或小时工资标准的 200% 支付劳动者工资；依法安排劳动者在法定休假节日工作的，按照不低于劳动合同规定的劳动者本人日或小时工资标准的 300% 支付劳动者工资。

加班工资＝加班天数×工资倍数×日工资标准＝(12÷8×2＋10÷8×3)×36.78＝248.265（元）

所以该清洁工 10 月份的工资＝实际工资＋加班工资＝616.065＋248.265＝864.33（元）。

三、综合题（本题共 2 题，第 1 小题 18 分，第 2 小题 20 分，共 38 分）

5.〖四级 P244－245〗

【答案】甲公司研发部门的绩效管理存在的问题主要有：

(1)考核指标及标准缺乏科学性，即研发人员的考核不应以其创收情况为主。绩效考评指标是绩效考评表格的核心内容，绩效考评标准用于明确被考评

者的工作目标,引导、规范其绩效行为,同时为绩效考评提供评判依据。细分的考评标准则以指标卡或其他形式展示,以便考评主体能够根据实际绩效结果进行赋分。

(2)主管和被考评者平时缺乏有效的沟通,主管对被考评者缺乏有效的绩效指导和绩效反馈。绩效管理是一个互动的过程,在这个过程中主管需要与下属有效沟通,及时对下属的工作进行必要的指导,帮助下属解决工作中遇到的困难和问题。通过定期的交流,员工不但对自己的长处有了全面、正确的评估,也能清醒、冷静地面对自己的不足和缺陷,这样能激发他们的劳动积极性、主动性和创新性,使他们扬长避短,努力学习,不断进步。

(3)考核周期不合理。研发工作需要较长的周期,研发人员不应实行季度考评,对创收这种长期性的指标更不能以季度为周期进行衡量。绩效考评周期的设置应综合考虑岗位级别、工作性质、组织环境以及具体指标等各种因素。对研发这种创造性的活动,可按产品开发时间规律进行考评。

(4)对考评结果的处理不合理。研发人员工作性质具有长期性,而每年进行排序,辞退员工是不合理的,容易引起研发人员的短期行为。

6.【四级 P137-140】

【答案】该百货公司的培训计划可行之处在于:

(1)该案例中的岗前培训注重培训与实践相结合的方法,具有高效性。比如“让受训者选择一个有关顾客的问题带到课堂上”“给受训者提供实践机会学会如何应对愤怒的顾客”。这种培训方式可以让员工明白培训的实用性,帮助员工形成自己的角色。使员工培训与开发计划经得起培训实践活动的检验,以较少的投入获得最佳的工作成果。

(2)采用角色扮演的培训方式。其优点是:学员参与性强;角色扮演中特定的模拟环境和主题有利于增强培训效果;在角色扮演过程中,学员之间需通过交流、沟通与配合,可增加彼此之间的感情;提高学员业务能力,同时加强其反应能力和心理素质。

(3)培训的内容具有针对性。员工培训与开发计划的设计必须从工作岗位应具备的知识、技能和心理素质出发,根据各类岗位人员的实际需要确定培训范围和对象、培训内容和方式方法。如“让培训师确定培训目标并将其传达给受训者”“让培训教师告诉受训者与顾客服务有关特定行为方式”,这些方法都旨在提高培训内容的针对性,促进培训的有效性。

国家职业资格考试试卷

真题汇编(二)

职　　业：企业人力资源管理师
等　　级：国家职业资格四级
卷 册 一：职业道德
　　　　　理论知识

注意事项：1. 考生应首先将自己的姓名、准考证号等用钢笔、圆珠笔等写在试卷册和答题卡的相应位置上，并用铅笔填涂答题卡上的相应位置处。
2. 本试卷册包括职业道德和理论知识两部分：
第一部分，1～25 小题，为职业道德试题；
第二部分，26～125 小题，为理论知识试题。
3. 每小题选出答案后，用铅笔将答题卡上对应题目的答案涂黑。如需改动，用橡皮擦干净后，再选涂其他答案。所有答案均不得答在试卷上。
4. 考试结束时，考生务必将本卷册和答题卡一并交给监考人员。
5. 考生应按要求在答题卡上作答。如果不按标准要求进行填涂，则均属作答无效。

姓　　名：__________________

准考证号：__________________

卷册一：职业道德　理论知识

·第一部分　职业道德·

(第1~25题,共25道题)

一、职业道德基础理论与知识部分(第1~16题)

答题指导

该部分均为选择题,每题均有四个备选项,其中单项选择题只有一个选项是正确的,多项选择题有两个或两个以上选项是正确的。

请根据题意的内容和要求答题,错选、少选、多选,则该题均不得分。

(一)单项选择题(第1~8题)

1. 下列说法中,包含着创新思想的是(　　)。
A. “与时俱进”
B. “礼之用,和为贵”
C. “民为邦本,本固邦宁”
D. “见利思义”

2. “圣人为政一国,一国可倍也,大之为政天下,天下可倍也。其倍之,非取地也,因其国家,去其无用之费,足以倍之”是说(　　)。
A. 节俭是维持人生存的必需
B. 节俭是持家之本
C. 节俭是安邦定国的法宝
D. 节俭会带来财富大量增加

3. 我们对待封建社会和资本主义社会的职业道德应采取的态度是(　　)。
A. 全面继承和吸取
B. 全面批判不理
C. 取其精华,弃其糟粕
D. 全面摒弃

4. 为人民服务是(　　)。
A. 社会主义道德体系原则
B. 社会主义道德规范
C. 家庭道德的具体要求
D. 社会主义职业道德核心规范

5. 关于职业,正确的说法是(　　)。
A. 职业是责任、权利、利益的有机统一
B. 职业是人们生存的唯一手段
C. 职业是束缚人的自由、权利的锁链
D. 职业是赚取人们剩余劳动价值的方式

6. 我国社会主义职业道德的核心是(　　)。
A. 集体主义
B. 为人民服务
C. 爱国主义
D. 科学发展观

7. 在职业活动中,所谓“理智信任”的意思是(　　)。
A. 相互信任,同时也反对不明是非、不分善恶的盲目信任
B. 既信任,又怀疑
C. 表面上信任,实际上不信任
D. 即使信任,也要加强防范和戒备

8. 要做到遵纪守法,对每个职工来说,必须做到(　　)。
A. 有法可依
B. 反对“管”,“卡”,“压”
C. 反对自由主义
D. 努力学法,知法,守法,用法

(二)多项选择题(第9~16题)

9. 道德品质与道德原则规范的关系表现为(　　)。
A. 道德品质与道德原则规范相互依存
B. 道德品质对道德原则规范的形成具有定向和调节作用
C. 道德原则规范对道德品质的形成具有定向

和调节作用

D. 道德品质具有巩固和强化道德原则的功能

10. 我国在加强社会主义精神文明建设过程中，要培育适应社会主义现代化要求的“四有新人”包括(　　)的新人。

A. 有理想

B. 有道德

C. 有组织

D. 有文化

11. 每个社会成员都应该自觉遵守社会公德，主要因为(　　)。

A. 社会公德是精神文明建设的基本工程

B. 遵守社会公德是成为一个有道德的人的基本要求

C. 遵守社会公德是维护社会公共秩序的必要条件

D. 遵守社会公德是提高民族科技发展水平的重要步骤

12. 从业人员举止得体的要求是(　　)。

A. 随心所欲

B. 大大方方，不拘小节

C. 把握分寸

D. 注意场合

13. 对从业人员来说，诚实守信的要求是(　　)。

A. 除不可抗力因素外，对自己做出的承诺都要兑现

B. 提高职业技能，提高产品质量

C. 正确处理个人利益与集体利益关系

D. 绝不能违背上司的要求

14. 符合爱岗敬业要求的是(　　)。

A. 聚精会神，专心致志

B. 不怠慢

C. 做好自己的事，不管其他

D. 对工作有感情

15. 企业品牌的“必胜战役”主要是指(　　)。

A. 宣传攻势

B. 拓荒战

C. 攻城略地

D. 新产品的研发

16. 关于创新，合乎职业道德要求的是(　　)。

A. 发明一种软件，使竞争对手的计算机不能工作

B. 引入一种消费者不熟悉的新产品

C. 开辟一个新市场，就是使产品进入以前不曾进入的市场

D. 采用过去生产部门未采用过的生产方法

二、职业道德个人表现部分(第 17 ~ 25 题)

答题指导

该部分均为选择题，每题均有四个备选项，您只能根据自己的实际状况选择其中一个选项作为您的答案。

17. 对待“网络”，你的态度是(　　)。

A. 网络是现代科学技术发展的必然结果

B. 网络为人们提供了一种新的娱乐手段

C. 网络为人们提供了一种与朋友联络的渠道

D. 网络为人们提供了一种新的信息搜集途径

18. 你对公司存在的严重问题提出了一些建议，但你的上司没有采纳，你会(　　)。

A. 把你的想法直接汇报给更上一级别的上司

B. 找上司交谈，了解不采用的原因

C. 继续完善自己的想法

D. 放弃这种方法，认为领导不采用自有理由

19. 关于劳动者和用人单位签订劳动合同，违约方要支付违约金的制度，你认为(　　)。

A. 是合理的，这样单位和个人都有保障

B. 是合理的，这样的单位才能留住人才

C. 不合理的，这种制度对员工不公平

D. 不合理，这种制度限制了人的自由

20. 一位营销专家的办公桌和打字员的办公桌相

邻,但这位专家桌上总是乱糟糟的,这给打字员造成了不利的影响。如果你是办公室主任,你会(　　)。

A. 交代打字员注意和帮助专家收拾

B. 婉转的提醒专家,注意收拾办公桌

C. 让打字员自己与专家协调

D. 先不管此事,等两人有矛盾再说

21. 在事情或任务很多的时候,你通常(　　)。

A. 有一种顾上这个就顾不上那个的感觉

B. 把重要而紧急的事情完成,其他事情完不完成都无所谓

C. 分清楚轻重缓急,在规定时间内逐一完成

D. 束手无策,有一种不知道从哪里做起的感觉

22. 公司计划新开一个经营部,需要选拔一位经理。如果你觉得自己有能力担当这一职位,你会(　　)。

A. 找领导说明自己的意愿及理由,希望领导任命自己

B. 向领导建议,按一定的制度和程序,公开选拔

C. 利用与同事的友好关系,让同事们联名举荐

D. 静观其变,坐等领导确定

23. 下列的结论中,你认可的看法是(　　)。

A. 友谊比金钱重要

B. 金钱比友谊重要

C. 友谊与金钱同等重要

D. 友谊与金钱有矛盾

24. 当你心情不太舒畅时,你会(　　)。

A. 找些自己喜欢的事做

B. 始终无法让自己高兴起来

C. 让时间来化解

D. 找个地方发泄一番

25. 关于个人目标,你认为你的现实情况是(　　)。

A. 每个时段都有目标,并且都能实现

B. 计划赶不上变化,因此一般不制定目标

C. 目标很多,但很少能实现

D. 有些时段有目标,一般都能实现

·第二部分　理论知识·

(第26~125题,共100道题,满分为100分)

一、单项选择题(第26~85题,每题1分,共60分。每小题只有一个最恰当的答案)

26. (　　)是指调查者通过信函寄送的方式,把事先设计好的调查表发送给被调查者展开调查的方法。

A. 问卷调查询问法

B. 会议调查询问法

C. 函件调查询问法

D. 当面调查询问法

27. 劳动定额管理制度是企业员工在定额工作方面的行动准则和(　　)。

A. 活动规范

B. 行为规范

C. 行为准则

D. 活动准则

28. 培训费用是(　　)。

A. 工资项目

B. 人力资源管理费用

C. 劳动争议处理费用

D. 人工成本

29. 外部招聘的局限有(　　)。

A. 将不符合条件的人员提拔到他所不能胜任的岗位上工作

B. 可能会在组织中造成一些矛盾,产生不利影响

C. 容易造成“近亲繁殖”

D. 影响内部员工的积极性

30. (　　)属于竞聘上岗的理论基础。

A. 适才适所原理

B. 人得其位原理

C. 能级匹配原理

D. 能岗匹配原理

31. (　　)是以法律共同体的长期实践为前提，以法律共同体的普遍的法律确信为基础。
A. 地方性劳动法规
B. 习惯法
C. 判例法
D. 劳动规章
32. 社会劳动力是指在一定年龄之内，具有劳动能力与就业要求，从事或能够从事某种职业劳动的(　　)人口。
A. 50%
B. 70%
C. 85%
D. 100%
33. 土地、劳动、资本和企业家才能四类生产要素的所有者提供要素服务得到各自对应的报酬，分别是(　　)。
A. 地租、工资、利息、利润
B. 地租、利润、工资、利息
C. 地租、利息、利润、工资
D. 地租、利息、工资、利润
34. 政府购买的具体项目有(　　)。
A. 公共管理服务
B. 社会保险福利
C. 社会优抚
D. 社会救济
35. 紧缩型的货币政策是通过(　　)货币供应量，(　　)利率，以减少总需求的宏观经济政策。
A. 削减；降低
B. 削减；提高
C. 增加；提高
D. 增加；降低
36. (　　)不是劳动法基本原则的内容。
A. 保障劳动者劳动权的原则
B. 劳动关系民主化原则
C. 物质帮助权原则
D. 劳动争议处理原则
37. 消费者市场细分不包括(　　)。
A. 地理细分
B. 心理细分
C. 行为细分
D. 目标细分
38. 在劳动法法律渊源的类别中，(　　)是劳动法的最主要表现形式。
A. 地方性劳动法规
B. 劳动规章
C. 国务院劳动行政法规
D. 劳动法律
39. 以下(　　)不属于新产品定价策略。
A. 撇油定价策略
B. 渗透定价策略
C. 心理定价策略
D. 满意定价策略
40. 财务分析是以企业的资产负债表、(　　)、现金流量表等财务报告资料为基础，对企业的财务状况、经营成果和现金流量进行分析和评价的一种方法。
A. 利润表
B. 利息表
C. 预算表
D. 年金表
41. (　　)是实现财务管理目标的前提，是企业发展生产的必要手段，是降低经营风险的重要方法。
A. 企业获利
B. 企业投资
C. 企业经营
D. 企业管理
42. 组织承诺反应的是员工对组织的(　　)，他们通过组织承诺表达对组织及其将来的成功和发展的关注。
A. 满意度
B. 忠诚度
C. 信仰度
D. 认可度
43. (　　)的人平衡地使用暴露和反馈的方法，

达到最有效的人际沟通。
A. 自我克制型
B. 自我保护型
C. 自我暴露型
D. 自我实现型

44. 人本管理的保障机制主要是指法律保障和(　　)的保障。
A. 社会保障
B. 社会保障体系
C. 法治环境保障
D. 法治环境保障体系

45. 组织开发是提高组织能力的一套技术措施,其基本目标是(　　)组织氛围、组织环境和组织文化。
A. 调解
B. 调整
C. 改变
D. 修改

46. 所谓(　　)是对劳动者权益和权能的保护。
A. 基本保护
B. 优先保护
C. 特殊保护
D. 全面保护

47. 新员工的培训是上岗前的集中培训和(　　)。
A. 上岗后的集中培训
B. 上岗后的分散培训
C. 上岗后的针对性培训
D. 上岗后的综合培训

48. 在以常规性任务为主的生产部门,(　　)结构的领导行为与生产效率成正比,(　　)关怀的领导行为与生产效率成反比。
A. 高;高
B. 高;低
C. 低;低
D. 低;高

49. 有效应用培训需求分析技术不包括(　　)。
A. 明确培训需求调查的参与者
B. 设计合理的调查流程
C. 准确查找绩效差距并分析原因
D. 确立系统化的培训需求分析机制

50. 企业建立(　　)是岗前培训的三阶段培训展开的前提。
A. 两阶培训体制
B. 一阶培训体制
C. 两级培训体制
D. 一级培训体制

51. 培训项目收费标准的核算方法不包括(　　)。
A. 上级拨款实报实销
B. 分期拨款,防止浪费
C. 上级核算一个收费标准,依照每人平均培训费用缴纳
D. 精确计算培训成本,按收支平衡略有盈余的原则收费

52. 对于绩效的含义,概括起来主要有三种典型的观点,下列(　　)不属于这三种观点。
A. 知觉观
B. 结果观
C. 行为观
D. 综合观

53. 绩效考评指标的功能不包括(　　)。
A. 为组织战略的实现提供有效支撑
B. 明确工作重点,突出工作要点
C. 引导绩效行为,形成绩效合力
D. 明确员工绩效

54. 企业在校园招聘面试时,需要处理好(　　)的问题。
A. 招聘人员的错误观念
B. 不切实际地自夸
C. 过分看中专业、分数及学历
D. 可能出现某种歧视

55. (　　)是企业对上岗前的员工进行有关企业历史、企业文化、规章制度、业务知识、业务技能等方面的教育培训时所支出的费用。
A. 人员定向成本

B. 在职培训成本

C. 企业内部脱产培训成本

D. 企业外部脱产培训成本

56. 对于绩效信息失真的处理，包括(　　)方面。

A. 提高绩效信息收集者的职业道德

B. 不断完善绩效信息处理方式

C. 科学构建绩效考评指标体系

D. 提高绩效信息收集者的责任意识

57. (　　)不受企业所有制性质、经济效益和支付能力的影响。

A. 基本福利

B. 补充保险

C. 福利待遇

D. 个人福利

58. 下列不属于影响社会收益率变动的因素是(　　)。

A. 投资成本与收益的大小及其变动关系

B. 各期发生成本的支出规模

C. 宏观经济水平及国家的财政政策、货币政策和分配政策

D. 人力资本投资类型不同

59. 小李在某公司工作了13年，该单位提出双方协议解除劳动合同，按规定，经济补偿金应发放(　　)个月的工资。

A. 8

B. 10

C. 12

D. 13

60. A企业在编写企业简介时，使用光盘和影像资料，并且注意声音与图片的配合，吸引了很多应聘者的关注，这体现了(　　)。

A. 感召性原则

B. 真实性原则

C. 全面性原则

D. 可信性原则

61. 出勤率的计算公式是实际出勤工时/(　　)×100%。

A. 法定工时

B. 制度工时

C. 制度缺勤工时

D. 全勤工时

62. (　　)不属于应聘人员的背景调查的内容。

A. 学历调查

B. 个人资质调查

C. 个人资信调查

D. 工作经历调查

63. 因停工或执行非生产性工作所消耗的时间，称为(　　)。

A. 作业宽放时间

B. 非出勤时间

C. 非定额时间

D. 非工作时间

64. 员工信息管理的步骤是(　　)。

A. 收集—保管—整理

B. 收集—整理—保管

C. 保管—整理—收集

D. 整理—收集—保管

65. 当企业积累的实耗工时统计资料比较多时，可将工时资料先进行适当的分组，然后再采用(　　)求出平均先进值。

A. 加权算术平均法

B. 简单算术平均法

C. 比较算术平均法

D. 分类算术平均法

66. 在制定劳动定额是企业管理对劳动定额工作提出的“快”“准”“全”基本要求中，“准”是(　　)的要求。

A. 效果上

B. 质量上

C. 范围上

D. 定位上

67. (　　)的优点是应用广泛，可用于基层生产工人，如让受训者通过观察指导者工作和实际操作，掌握机械操作技能。

A. 特别任务法

B. 个别指导法

C. 工作指导法

D. 工作轮换法

68. 绩效的(　　)是指员工的绩效随着时间的推移会发生变化,绩效差的可能改进好转,绩效好的也可能退步变差。

A. 多因性

B. 多维性

C. 流动性

D. 动态性

69. (　　)是设计绩效管理系统的重要依据。

A. 绩效诊断的结果

B. 工作分析的结果

C. 绩效沟通的结果

D. 需求分析的结果

70. 在绩效管理中,一般以(　　)为主。

A. 上级考评

B. 下级考评

C. 同级考评

D. 外部考评

71. (　　)是指对薪酬体系运行状况进行控制和监督,以减少或避免薪酬政策贯彻落实过程中与薪酬战略产生偏差。

A. 薪酬体系

B. 薪酬管理

C. 薪酬政策

D. 薪酬战略

72. 员工岗位操作训练记录的查看属于工作岗位调查方法中的(　　)。

A. 日志法

B. 活动记录法

C. 档案资料法

D. 工作岗位写实

73. 用人单位依法安排劳动者在制度工作日工作时间(8 小时)以外延长工作时间的按照不低于劳动合同规定的劳动者本人日或小时工资标准的(　　)支付劳动者工资。

A. 300%

B. 200%

C. 150%

D. 100%

74. 以北京市为例,用人单位按全部职工缴费工资基数之和的(　　)缴纳基本医疗保险费。

A. 2%

B. 5%

C. 8%

D. 9%

75. 企业录用职工的,应当自录用之日起(　　)内到住房公积金管理中心办理缴存登记。

A. 30 日

B. 60 日

C. 90 日

D. 120 日

76. (　　)是指雇员与雇主在实现现实的劳动过程中所形成的雇员与雇主之间的权利和义务关系。

A. 劳动关系

B. 劳动法律关系

C. 劳动关系管理

D. 劳动法律规范

77. (　　)不属于劳动合同常见的约定条款。

A. 培训

B. 工作报酬

C. 保密事项

D. 试用期限

78. 劳动监察制度具有保证(　　)体系全面实施的功能。

A. 劳动合同

B. 劳动法

C. 劳动管理

D. 劳动规则

79. 下列各项属于无形资本费用的是(　　)。

A. 受训者在接受培训期间的工资

B. 设备、器材的购置费用

C. 培训会场地的租赁费

D. 由于管理不善而造成的损失费用

80. (　　)有权代表法人进行活动,是法人的权利能力和行为能力的行使者。

A. 司法机关

B. 法人机关

C. 监督机关

D. 监察机关

81. 任何系统都具有的基本特征是(　　)。

A. 整体性

B. 经济性

C. 动态性

D. 独立性

82. (　　)是指在完成生产作业和零件加工过程中,由于工作现场组织管理和工艺装备的技术需要所发生的间接工时消耗。

A. 作业宽放时间

B. 个人需要与休息宽放时间

C. 基本时间

D. 准备与结束时间

83. SWOT 分析法为企业提供了四种可供选择的战略,其中 SO 是(　　)。

A. 扭转型战略

B. 防御型战略

C. 多种经营型战略

D. 增长型战略

84. (　　)是以某种价值判断为基础,向人们说明经济现象及其运行应该是什么的方法。

A. 实证研究方法

B. 比较研究方法

C. 规范研究方法

D. 调查研究方法

85. 工资指导线的制定要符合国家宏观经济政策和对工资增长的总体要求,坚持(　　)的原则。

A.“两高于”

B.“一高一低”

C.“一低一高”

D.“两低于”

二、多项选择题(第 86 ~ 125 题,每题 1 分,共 40 分。每小题有多个答案正确,错选、少选、多选,均不得分)

86. 工时统计的意义是(　　)。

A. 为企业产品成本核算提供依据

B. 为合理发放工作报酬提供依据

C. 为进行合理奖励提供依据

D. 为进行合理晋升提供依据

E. 为提高工作效率提供依据

87. 下列(　　)属于岗位写实的原则。

A. 写实人员可以向被观察者发出指令

B. 写实人员应以真诚友好的态度和行为善待被观察者

C. 写实人员应与被观察者建立和谐的工作关系

D. 写实人员在观察写实的过程中,应当保留干扰和阻力,以此考验被观察者的真实能力

E. 写实人员往往都会引起被观察者的反感,以致严重影响观察的质量

88. 人力资源管理费用核算的要求是(　　)。

A. 加强费用开支的审核

B. 正确划分各种费用的界限

C. 为节约开支,应尽可能减少费用的开支

D. 适应企业特点、管理要求,采用适当的核算方法

E. 调查成本浪费的原因

89. 根据劳动法律事实是否以当事人的主观意志为转移,法律事实可以分为(　　)。

A. 劳动法律行为

B. 劳动法律主体

C. 劳动法律关系

D. 劳动法律结果

E. 劳动法律事件

90. 在设计应聘申请表时,应充分考虑(　　)的问题。

A. 有关法律和政策

B. 申请表的存储

C. 申请表的检索

D. 根据工作分析的结果来确定申请表

E. 审查已有的申请表

91. 我国劳动法的体系由(　　)等劳动法律制度构成。

A. 促进就业制度

B. 劳动合同和集体合同制度

C. 职业培训制度

D. 工会和职工民主管理制度

E. 劳动法的监督检查制度

92. 与物质资本相比，人力资本的特征包括(　　)。

A. 人力资本具有阶段性

B. 人力资本具有相似性

C. 人力资本具有收益递增性

D. 人力资本可与人体分离

E. 人力资本具有时效性

93. 企业目标管理的实施包括(　　)内容。

A. 经营目标的设定

B. 经营目标体系的建立

C. 经营目标的实施

D. 经营目标的反馈

E. 经营目标的控制

94. 下列选项中，(　　)不是按劳动定额的制定方法分类的定额。

A. 经验估工定额

B. 统计定额

C. 产量定额

D. 现行定额

E. 看管定额

95. (　　)是阿伦(N. J. Allen)和梅耶(J. P. Meyer)进行综合研究后提出的三种形式的承诺。

A. 感情承诺

B. 继续承诺

C. 延续承诺

D. 规范承诺

E. 责任承诺

96. 杰德斯罗姆和麦克英蒂尔(Sundstrom & McIntyre,1994)认为，团队的有效性由(　　)要素组成。

A. 绩效

B. 团队培训

C. 团队学习

D. 成员满意度

E. 外人满意度

97. 人力资源开发的理论体系包括(　　)。

A. 人力资源的心理开发

B. 人力资源的生理开发

C. 人力资源的伦理开发

D. 人力资源的组织开发

E. 人力资源的创新能力开发

98. 现代人力资源管理的测量技术包括(　　)。

A. 工作岗位研究

B. 工作岗位分析

C. 职位说明书

D. 人员素质测评

E. 人力资源供求预测

99. 企业在起草设计企业员工整体培训与开发计划时，应当做好以下(　　)方面的基础工作。

A. 制定培训的总体目标

B. 确定具体项目的子目标

C. 分配培训资源

D. 做好综合平衡

E. 把控培训进程

100. 培训需求产生的原因有(　　)。

A. 战略变化

B. 工作变化

C. 工资变化

D. 管理变化

E. 绩效低下

101. 在岗培训的内容包括(　　)。

A. 在岗人员管理技能培训

B. 在岗人员专业性技能培训

C. 工作能力的提高

D. 培训迁移的有效促进

E. 培训人员的熟悉度

102. 工作岗位写实与作业测时的区别包括(　　)。

A. 两者的研究范围不同
B. 两者观测的精细程度不同
C. 两者的具体作用不同
D. 两者遵循的原则不同
E. 两者的操作方式不同

103. 用人单位在招聘方面经常运用的人事文件包括(　　)。
A. 公告
B. 宣传手册
C. 杂志
D. 招聘广告
E. 招工简章

104. 下列属于绩效管理目的的是(　　)。
A. 战略目的
B. 管理目的
C. 存档目的
D. 沟通目的
E. 组织维系目的

105. 绩效管理四阶段模型之一，包含(　　)环节。
A. 绩效计划
B. 绩效监控
C. 绩效反馈
D. 绩效改善
E. 绩效考评

106. 绩效考评的方法，按照所选择的效标不同，可分为(　　)。
A. 品质主导型绩效考评方法
B. 态度主导型绩效考评方法
C. 行为主导型绩效考评方法
D. 结果主导型绩效考评方法
E. 综合主导型绩效考评方法

107. 工资指导线水平制定的主要依据是(　　)。
A. 劳动力生产价格
B. 本地区年度经济增长率
C. 居民薪酬满意度
D. 城镇居民消费价格指数
E. 人工成本水平

108. 薪酬管理的内容包括(　　)。
A. 薪酬战略
B. 薪酬体系
C. 薪酬日常管理
D. 薪酬制度设计与完善
E. 薪酬结构

109. 下列(　　)属于劳动合同的特点。
A. 特定性
B. 双务合同
C. 隶属关系
D. 经济性
E. 动态性

110. 应聘人员选拔的意义包括(　　)。
A. 保证企业得到高回报
B. 降低员工的辞退率
C. 降低员工的辞职率
D. 为员工提供公平竞争的机会
E. 提高员工的能力

111. 绩效考评表格通常包含(　　)。
A. 绩效考评主体
B. 绩效考评权重
C. 绩效考评标识
D. 审核意见
E. 备注说明

112. 外部薪酬信息采集的方法有(　　)。
A. 网络检索搜寻
B. 标杆企业跟踪
C. 离职分析
D. 市场薪酬调查
E. 薪酬满意度调查

113.《个人所得税法》第四条第一款规定，(　　)免征个人所得税。
A. 退休费
B. 国债和国家发行的金融债券利息
C. 偶然所得
D. 红利所得
E. 特许权使用费所得

114. 以下(　　)构成我国养老保险体系。

A. 员工意外险
B. 基本医疗保险
C. 员工个人储蓄性养老保险
D. 企业年金
E. 基本养老保险

115. 劳动关系的调整方式包括(　　)。
A. 劳动法律、法规
B. 民主管理制度
C. 内部的劳动规则
D. 劳动争议处理制度
E. 国家劳动监督检查制度

116. 国家统计局对于工资总额的组成有明确规定,下列属于工资总额组成的是(　　)。
A. 计时工资
B. 计件工资
C. 奖金
D. 特殊情况支付的工资
E. 保险福利

117.《中华人民共和国劳动合同法》规定,劳动合同应当具备(　　)等法定条款。
A. 社会保险
B. 劳动保护
C. 工作内容
D. 工作时间
E. 奖金

118. (　　)属于女职工劳动保护制度的内容。
A. 产假保护
B. 所有场所的劳动保护
C. 确定女职工禁忌从事的劳动范围
D. 生育保护
E. 哺乳期劳动时间

119. 员工福利的作用有(　　)。
A. 吸引优秀员工
B. 提高员工的士气
C. 激励员工
D. 提高员工的工作能力
E. 降低员工辞职率

120. 在工作量小的情况下,背景调查可以从(　　)入手。
A. 学校学籍管理部门
B. 电话咨询
C. 曾经就职过的公司
D. 档案管理部门
E. 问卷调查

121. 影响课堂培训的因素有(　　)。
A. 培训内容是否多
B. 教学方法
C. 受训者的学习态度
D. 受训者人数
E. 课堂的正式程度

122. 劳动力市场均衡的意义包括(　　)。
A. 劳动力资源的最优分配
B. 同质的劳动力获得同样的工资
C. 充分就业
D. 在高薪资岗位工作
E. 获得丰厚的薪资

123. 法律规制环境包括(　　)。
A. 宪法
B. 法律
C. 行政法规
D. 行政规章
E. 公司法

124. 编制工资表主要包括(　　)。
A. 工资计算
B. 工资明细
C. 工资分类
D. 工资总额
E. 工资汇总

125. 对培训需求的评估与确定通常从以下(　　)方面进行。
A. 培训需求是否和企业的战略目标一致
B. 培训需求是否和企业文化一致
C. 培训需求所涉及的员工数目
D. 培训需求对组织目标的重要性
E. 通过培训,业务水平可以提高的程度

国家职业资格考试试卷

真题汇编(二)

职　　业：企业人力资源管理师
等　　级：国家职业资格四级
卷 册 二：专业能力

注意事项：1. 请按要求在试卷的标封处填写您的姓名、准考证号、身份证号和所在地区。
2. 请仔细阅读各种题目的回答要求，并在规定的位置填写您的答案。
3. 请保持卷面整洁，不要在试卷上做任何与答题无关的标记，也不得在标封区填写无关的内容。

姓　　名：____________________

准考证号：____________________

卷册二：专业能力

一、简答题(本题共3题,第1小题16分,第2小题14分,第3小题16分,共46分)

1. 简述绩效管理的概念及其特点。(16分)

2. 简述薪酬管理的根本目标及基本原则。(14分)

3. 简述如何选择招聘需求信息发布的方式。(16分)

二、计算题(本题16分,现根据题意进行计算,然后进行必要的分析,只有计算结果,没有计算过程不得分)

4. 小刘是某国有企业的一名操作工人,他在9月的工作情况如下:本月制度公休时间为8天,但小刘只休息了2天,其他时间均加班,平均每天工作10小时;用制度工作时间中的1天参加了共青团组织的活动。

请计算小刘在该月的制度工时利用率和工作负荷率。(16分)

三、综合分析题(本题共2题,第1小题18分,第2小题20分,共38分)

5.小王于去年5月份看到某文印厂的招聘启事:本厂招用劳动合同制排版工人6人,男女不限,年龄在23周岁以下,双眼裸眼视力为5.0以上。小王患有视神经萎缩,裸眼视力只能达到4.6,而且不能矫正。为了找工作,小王找人开具了视力为5.0的虚假证明。文印厂根据证明与小王于2018年11月1日签订了为期5年的劳动合同,合同中明确规定试用期为6个月。小王入厂后由于其视力达不到工作要求,经其排版的内容错误很多,工作效率和质量与同期进厂工人的差距很大。经说服教育,小王不得不到医院复查。经查证,小王视力在招工以前即为4.6,与招聘启事中要求的视力不符。2019年3月1日,文印厂通知小王解除劳动合同,限4月10日前离开工厂。小王认为,文印厂与自己签订了劳动合同,在劳动合同履行过程中用人单位单方解除劳动合同,属于违法行为,不同意解除劳动合同,并向当地劳动争议仲裁委员会提出申诉。

您认为当地劳动争议仲裁委员会将如何裁决？为什么？(18分)

6.2020年9月,A公司人力资源部根据本年度公司目标的完成情况,将进行一次为期10天的营销部门员工的培训,目的是提高营销部门同事解答客户问题的能力,以保证更好地完成绩效目标。人力资源部培训经理在制订培训计划方案时,强调在进行培训时,一定要坚持以案例分析法为主、其他方法为辅的原则。

请结合本案例回答下列问题:

(1)简述案例分析法的操作程序。(10分)

(2)案例分析法的实施要点是什么？(10分)

真题汇编（二）参考答案及解析

卷册一：职业道德　理论知识

·第一部分　职业道德·

一、职业道德基础理论与知识部分

（一）单项选择题

1. A　2. C　3. C　4. D　5. A　6. B　7. A　8. D

（二）多项选择题

9. ABD　10. ABD　11. ABC　12. CD

13. AC　14. ABD　15. ABC　16. BCD

二、职业道德个人表现部分

17～25（本部分为主观题，无标准答案，请根据自己的价值观作答。）

·第二部分　理论知识·

一、单项选择题

26.【答案】C　⌊四级 P6⌉

【解析】函件调查询问法又称函件询问法或函件调查法，是指调查者通过信函寄送的方式，把事先设计好的调查表发送给被调查者展开调查的方法。

27.【答案】A　⌊四级 P50⌉

【解析】劳动定额管理制度是企业员工在定额工作方面的行动准则和活动规范。

28.【答案】B　⌊四级 P63⌉

【解析】人力资源管理费用包括三个方面的内容：①招聘费用；②培训费用；③劳动争议处理费用。

29.【答案】D　⌊四级 P73－74⌉

【解析】外部招聘的局限有：①筛选难度大，时间长；②进入角色慢；③招聘成本高；④决策风险大；⑤影响内部员工的积极性。

30.【答案】D　⌊四级 P74⌉

【解析】竞聘上岗的理论基础是能岗匹配原理。

31.【答案】B　⌊基础 P35⌉

【解析】习惯法是以法律共同体的长期实践（习惯）为前提，以法律共同体的普遍的法律确信为基础。

32.【答案】D　⌊基础 P5⌉

【解析】现代劳动经济学所要研究的劳动力是指在一定年龄之内，具有劳动能力与就业要求，从事或能够从事某种职业劳动的全部人口，包括就业者和失业者，即社会劳动力。

33.【答案】A　⌊基础 P15⌉

【解析】生产要素分为四类：土地、劳动、资本和企业家才能。上述四类生产要素的所有者提供要素服务会得到各自的报酬，分别对应为地租、工资、利息和利润。

34.【答案】A　⌊基础 P23⌉

【解析】政府支出包括各级政府支出的总和，主要分为政府购买和转移支付两类。政府购买的具体项目有国防用品、公共管理服务、公共工程项目以及政府雇员和事业单位中劳动者的薪金报酬等。转移支付是政府发挥收入再分配作用的主要手段，是政府在社会保险福利、社会优抚、社会救济以及某些补贴等方面的支出。

35.【答案】B　⌊基础 P25⌉

【解析】紧缩性的货币政策是通过削减货币供应量，提高利率，以减少总需求的宏观经济政策。当经济处于繁荣时期，总需求大于总供给，通货膨胀严重，政府就要实行紧缩性的货币政策。

36.【答案】D　⌊基础 P30－31⌉

【解析】劳动法基本原则的内容包括：保障劳动者劳动权的原则、劳动关系民主化原则、物质帮助权原则。

37.【答案】D　⌊基础 P82⌉

【解析】消费者市场细分包括：①地理细分；②人口细分；③心理细分；④行为细分。

38.【答案】D　⌊基础 P33⌉

【解析】劳动法律是劳动法的最主要表现形式。

39.【答案】C　⌊基础 P92－93⌉

【解析】新产品定价策略包括：①撇油定价策略；②渗透定价策略；③满意定价策略。

40.【答案】A　基础 P100

【解析】财务分析是以企业的资产负债表、利润表、现金流量表等财务报告资料为基础,对企业的财务状况、经营成果和现金流量进行分析和评价的一种方法。

41.【答案】B　基础 P107

【解析】企业投资是实现财务管理目标的前提,是企业发展生产的必要手段,是降低经营风险的重要方法。

42.【答案】B　基础 P148

【解析】组织承诺反映的是员工对组织的忠诚度,他们通过组织承诺表达对组织及其将来的成功和发展的关注。

43.【答案】D　基础 P167

【解析】自我实现型的人平衡地使用暴露和反馈的方法,达到最有效的人际沟通。

44.【答案】B　基础 P197

【解析】人本管理的保障机制主要是指法律保障和社会保障体系的保障。

45.【答案】C　基础 P226

【解析】组织开发是提高组织能力的一套技术措施,其基本目标是改变组织氛围、组织环境和组织文化。

46.【答案】D　基础 P30

【解析】所谓全面保护是对劳动者权益和权能的保护,包括人身权益和财产权益、法定权益和约定权益,无论涉及经济、政治、文化、社会等哪个方面,无论是劳动力的所有、占有、交换、使用等哪种权能,劳动法都给予全面保护。

47.【答案】B　四级 P123

【解析】新员工的培训是上岗前的集中培训和上岗后的分散培训。

48.【答案】A　基础 P171

【解析】研究发现,两个维度的行为表现均高(高关怀－高结构)的领导者,常常比另外三种类型的领导者,即高关怀—低结构、低关怀—高结构、低关怀－低结构的领导者,更能使下属取得高工作绩效和高满意度。但在以常规性任务为主的生产部门,高结构的领导行为与生产效率成正比,高关怀的领导行为则与生产效率成反比;而在非生产性部门,情况正相反。

49.【答案】D　四级 P156

【解析】有效应用培训需求分析技术包括明确培训需求调查的参与者、设计合理的调查流程和准确查找绩效差距并分析原因。

50.【答案】C　四级 P164

【解析】岗前培训的三阶段一般由总部培训、分支机构或部门培训、工作现场培训组成,其前提是企业要建立两级培训体制。

51.【答案】B　四级 P207

【解析】培训项目收费标准的核算方法包括:上级拨款实报实销、上级核算一个收费标准,依照每人平均培训费用缴纳、精确计算培训成本,按收支平衡略有盈余的原则收费。

52.【答案】A　四级 P210

【解析】对于绩效的含义,概括起来主要有三种典型的观点:结果观、行为观、综合观。

53.【答案】D　四级 P226

【解析】绩效考评指标的功能包括:为组织战略的实现提供有效支撑、明确工作重点,突出工作要点、引导绩效行为,形成绩效合力。

54.【答案】B　四级 P116－117

【解析】在校园招聘中进行面试时,应当注意防止以下四种情况的发生:①招聘人员无法胜任面试工作;②面试内容不确定;③滥用压力式面试;④不切实际地自夸。

55.【答案】A　四级 P201

【解析】定向成本也称为岗前培训成本,它是企业对上岗前的员工进行有关企业历史、企业文化、规章制度、业务知识、业务技能等方面的教育培训时所支出的费用。它包括培训者和受训者的工资、教育管理费、学习资料费、教育设备的折旧费等。

56.【答案】C　四级 P257

【解析】对于绩效信息失真的处理,可以从以下方面着手:①科学构建绩效考评指标体系;②不断完善绩效信息采集方式;③健全绩效信息资源开发质量保障体系;④不断提高绩效信息提供者的职业道德和责任意识。

57.【答案】A 〖四级 P318〗

【解析】法定福利亦称基本福利,是指按照国家法律法规和政策规定必须发生的福利项目。其特点是只要企业建立并存在,就有义务、有责任且必须按照国家统一规定的福利项目和支付标准为员工支付,不受企业所有制性质、经济效益和支付能力的影响。其包括社会保险、法定节假日、特殊情况下的工资支付、工资性津贴、工资总额外补贴项目。

58.【答案】B 〖基础 P211〗

【解析】影响社会收益率变动的因素有以下三类:①投资成本与收益的大小及其变动关系;②宏观经济水平及国家的财政政策、货币政策和分配政策;③人力资本投资类型不同,其收益率是不一致的。

59.【答案】C 〖四级 P375〗

【解析】由用人单位提出解除劳动合同的,用人单位应根据劳动者在本单位的工作年限,每满一年发给相当于一个月的工资作为经济补偿金,工作时间不满一年的按一年的标准发放。支付经济补偿的年限最高不超过 12 年。小李在单位工作了 13 年,因此,按照规定经济补偿金应发放 12 个月的工资。

60.【答案】A 〖四级 P103〗

【解析】如果采用光盘等形式,还要注意声音与图像的配合,以期引起应聘者的兴趣和关注;企业发布的音像资料应当对应聘者产生强烈的感召力,对他们的心灵产生震撼,这样才能吸引更多的优秀人才加入到本企业中来。这体现了编写企业简介时的感召性原则。

61.【答案】B 〖四级 P18〗

【解析】出勤率 = 实际出勤工时 ÷ 制度工时 ×100%。

62.【答案】D 〖四级 P109 – 110〗

【解析】应聘人员的背景调查包括以下方面:①学历调查;②个人资质调查;③个人资信调查;④员工忠诚度调查。

63.【答案】C【四级 P59】

【解析】非定额时间是指在工作时间内所发生的无效劳动和损失的时间,如因停工或执行非生产性工作所消耗的时间。具体包括停工时间和非生产时间两种。

64.【答案】B 〖四级 P126〗

【解析】员工信息管理的步骤是:①员工信息的收集;②员工信息的整理;③员工信息的保管。

65.【答案】A【四级 P53】

【解析】当企业积累的实耗工时统计资料比较多时,可将工时资料先进行适当的分组,然后再采用加权算术平均法求出平均先进值。

66.【答案】B【四级 P49】

【解析】"快""准""全"地制定劳动定额是企业管理对劳动定额工作提出的一项基本要求。"快"是时间上的要求;"准"是质量上的要求;"全"是定额制定范围上的要求。

67.【答案】C 〖四级 P192〗

【解析】工作指导法的优点是应用广泛,可用于基层生产工人,如让受训者通过观察指导者工作和实际操作,掌握机械操作技能。

68.【答案】D 〖四级 P212〗

【解析】绩效的动态性是指员工的绩效随着时间的推移会发生变化,绩效差的可能改进好转,绩效好的也可能退步变差。

69.【答案】B 〖四级 P223〗

【解析】工作分析的结果是设计绩效管理系统的重要依据。

70.【答案】A 〖四级 P231〗

【解析】管理人员(上级)是被考评者的上级主管,他对被考评者承担着直接的领导、管理与监督责任,对被考评者是否完成了工作任务,达到了预定的绩效目标等实际情况比较了解,而且在思想上也没有更多的顾忌,能较客观地进行考评。所以在绩效管理中,一般以上级主管的考评为主。

71.【答案】B 〖四级 P278〗

【解析】薪酬管理是指对薪酬体系运行状况进行控制和监督,以减少或避免薪酬政策贯彻落实过程中与薪酬战略产生偏差。

72.【答案】C【四级 P41】

【解析】档案资料法是查阅现存的各种与岗位活动有关的档案资料，采集相关信息的方法。例如，员工岗位操作训练的记录、生产中安全事故的记录、设备故障率的记录、班组工时统计记录、员工劳动纪律执行情况的记录、员工定员定额完成程度的统计等。

73.【答案】C 【四级 P290】

【解析】用人单位依法安排劳动者在制度工作日工作时间(8 小时)以外延长工作时间的按照不低于劳动合同规定的劳动者本人日或小时工资标准的150% 支付劳动者工资。

74.【答案】D 【四级 P325】

【解析】以北京市为例，《北京市基本医疗保险规定》提出基本医疗保险缴费标准为：①职工按本人上一年月平均工资的2% 缴纳基本医疗保险费；②用人单位按全部职工缴费工资基数之和的9% 缴纳基本医疗保险费。

75.【答案】A 【四级 P329】

【解析】企业录用职工的，应当自录用之日起30日内到住房公积金管理中心办理缴存登记，并持住房公积金管理中心的审核文件，到受委托银行办理职工住房公积金账户的设立或者转移手续。

76.【答案】B 【四级 P339】

【解析】所谓劳动法律关系，是指劳动法律规范在调整劳动关系过程中所形成的雇员与雇主之间的权利和义务关系，即雇员与雇主在实现现实的劳动过程中所形成的雇员与雇主之间的权利和义务关系。

77.【答案】B 【四级 P359 – 361】

【解析】劳动合同常见的约定条款有：①试用期限；②培训；③保密事项；④补充保险和福利待遇；⑤当事人协商约定的其他事项。

78.【答案】B【四级 P345】

【解析】劳动监察制度具有保证劳动法体系全面实施的功能。

79.【答案】D 【四级 P202】

【解析】无形资本费用：如培训组织人员、内聘教学人员和受训者因从事培训工作，未能参加企业的生产活动而造成的损失的费用；应当用于租赁或购置场地、设备、器材，购置或印刷教材及外聘培训师的费用，由于管理不善可能造成的损失的费用等。

80.【答案】B 【四级 P363】

【解析】法人机关有权代表法人进行活动，法人机关是法人的权利能力和行为能力的行使者。法人机关通常分为意思机关、执行机关、代表机关和监察机关。

81.【答案】A 【四级 P23】

【解析】系统是指由若干既有区别又相互依存的要素所组成的，处于一定环境条件中，具有特定结构和功能的有机整体。任何一个系统都具有四个基本特征：①整体性；②目的性；③相关性；④环境适应性。

82.【答案】A 【四级 P58 – 59】

【解析】作业宽放时间是指在完成生产作业和零件加工过程中，由于工作现场组织管理和工艺装备的技术需要所发生的间接工时消耗。

83.【答案】D 【基础 P53】

【解析】SWOT 分析法为企业提供了四种可供选择的战略：增长型战略(SO)、扭转型战略(WO)、防御型战略(WT)和多种经营型战略(ST)。

84.【答案】C 【基础 P4】

【解析】规范研究方法是以某种价值判断为基础，向人们说明经济现象及其运行应该是什么的方法。

85.【答案】D【四级 P286】

【解析】工资指导线的制定要符合国家宏观经济政策和对工资增长的总体要求，坚持“两低于”原则。

二、多项选择题

86.【答案】ABCDE 【四级 P14】

【解析】工时统计的意义包括：①为合理安排作业计划和定岗定员提供依据；②为企业产品成本核算提供依据；③为合理发放工作报酬、考核、奖励、晋升提供依据；④为提高工作效率提供依据。

87.【答案】BC 【四级 P28】

【解析】岗位写实的原则包括：①写实人员不能向被观察者任意发号施令；②写实人员应以真诚友好的态度和行为善待被观察者，与其建立和谐的工作关系;③写实人员在观察写实的过程中,应当循循善诱,积极引导,排除各种干扰和阻力,保证写实的顺利进行,以期获得理想的岗位信息。

88.【答案】ABD　〖四级 P67〗

【解析】人力资源管理费用核算的要求包括:①加强费用开支的审核和控制;②正确划分各种费用的界限;③适应企业特点、管理要求,采用适当的核算方法。

89.【答案】AE　〖基础 P43〗

【解析】根据劳动法律事实是否以当事人的主观意志为转移,法律事实可以分为劳动法律行为和劳动法律事件。

90.【答案】ABCE　〖四级 P94-95〗

【解析】在设计应聘申请表时,应充分考虑:①内容的设计都要根据工作岗位说明书来确定,考虑本企业的招聘目标以及欲招聘的岗位,按不同岗位要求、不同应聘人员的层次分别进行设计;②设计时还要注意有关法律和政策;③设计申请表时还要考虑申请表的存储、检索等问题,尤其是在计算机管理系统中;④审查已有的申请表。

91.【答案】ABCDE　〖基础 P36-37〗

【解析】我国劳动法的体系由促进就业制度、劳动合同和集体合同制度、劳动标准制度、职业培训制度、社会保险制度、劳动争议处理制度、工会和职工民主管理制度、劳动法的监督检查制度等劳动法律制度构成。

92.【答案】CE　〖基础 P200-201〗

【解析】人力资本具有一般资本的共性,但是与物质资本相比,它呈现出以下自有特征:①人力资本存在于人体之中,它与人体不可分离;②人力资本以一种无形的形式存在,必须通过生产劳动方能体现出来;③人力资本具有时效性;④人力资本具有收益递增性,其对经济增长的作用大于物质资本;⑤人力资本具有无限的潜在创造性;⑥人力资本具有累积性;⑦人力资本具有个体差异性。

93.【答案】BCE　〖基础 P74〗

【解析】企业目标管理的实施包括:①经营目标体系的建立;②经营目标的实施;③经营目标的控制。

94.【答案】CDE　〖四级 P44〗

【解析】按劳动定额的制定方法分类包括:①经验估工定额;②统计定额;③技术定额;④类推比较定额。

95.【答案】ABD　〖基础 P148〗

【解析】阿伦(N. J. Allen)和梅耶(J. P. Meyer)进行综合研究后提出的三种形式的承诺是:感情承诺、继续承诺、规范承诺。

96.【答案】ACDE　〖基础 P160-161〗

【解析】杰德斯罗姆和麦克英蒂尔(Sundstrom & McIntyre,1994)认为,团队的有效性由绩效、团队学习、成员满意度和外人满意度四个要素组成。

97.【答案】ABCE　〖基础 P217-218〗

【解析】人力资源开发的理论体系包括:人力资源的心理开发、人力资源的生理开发、人力资源的伦理开发、人力资源的创新能力开发。

98.【答案】AD　〖基础 P246-247〗

【解析】现代人力资源管理的两种测量技术是工作岗位研究和人员素质测评。

99.【答案】ABCD　〖四级 P145〗

【解析】企业在起草设计企业员工整体培训与开发计划时,应当做好以下制定培训的总体目标、确定具体项目的子目标、分配培训资源和做好综合平衡四个方面的基础工作。

100.【答案】ABE　〖四级 P146〗

【解析】培训需求产生的原因有战略变化、工作变化、绩效低下和人员变化。

101.【答案】ABD　〖四级 P169〗

【解析】在岗培训的内容包括在岗人员管理技能培训、在岗人员专业性技能培训和培训迁移的有效促进。

102.【答案】ABC　〖四级 P29〗

【解析】工作岗位写实与作业测时的区别包括:两者的研究范围不同、两者观测的精细程度不同、两者的具体作用不同。

103.【答案】DE　〖四级 P41〗

【解析】招聘广告和招工简章是用人单位在招聘方面经常运用的人事文件。

104.【答案】ABCDE 〖四级 P214－215〗

【解析】绩效管理的目的有：战略目的、管理目的、存档目的、沟通目的、组织维系目的和开发目的。

105.【答案】ABCE 〖四级 P219〗

【解析】绩效管理四阶段模型之一，包含绩效计划、绩效监控、绩效反馈、绩效考评四个环节。

106.【答案】ACDE 〖四级 P232〗

【解析】绩效考评的方法，按照所选择的效标不同，可分为品质主导型绩效考评方法、行为主导型绩效考评方法、结果主导型绩效考评方法和综合主导型绩效考评方法四种。

107.【答案】BDE 〖四级 P286〗

【解析】工资指导线水平制定的主要依据是本地区年度经济增长率、社会劳动生产率、城镇居民消费价格指数，并综合考虑城镇就业状况、劳动力市场价格、人工成本水平和对外贸易状况等相关因素。

108.【答案】CD 〖四级 P276〗

【解析】薪酬管理的内容包括薪酬制度设计与完善、薪酬日常管理。

109.【答案】ABC 〖四级 P357〗

【解析】劳动合同的特点：①劳动合同的主体具有特定性，一方是自然人，即劳动者：另一方是法人或非法人经济组织，即用人单位；②由于劳动法律关系是双务关系，故劳动合同属于双务合同：劳动合同主体既是权利主体，又是义务主体，任何一方在自己未履行义务的情况下，无权要求对方履行义务；③劳动合同当事人的法律地位平等，但在组织管理上具有隶属关系；④劳动合同属于法定要式合同。

110.【答案】ABCD 〖四级 P105－106〗

【解析】应聘人员选拔的意义包括保证企业得到高回报、降低员工的辞退率和辞职率、为员工提供公平竞争的机会。

111.【答案】ABCDE 〖四级 P244－245〗

【解析】绩效考评表格的形式多样，但通常都包含绩效考评标识、员工基本信息、考评指标及标准、绩效考评权重、绩效考评周期、绩效考评主体、员工的意见陈述、审核意见、绩效考评跟踪管理记录、备注说明、签字。

112.【答案】ABD 〖四级 P293－294〗

【解析】外部薪酬信息采集的方法有：网络检索搜寻、标杆企业跟踪、购买薪酬数据、利用招聘收集信息、人际关系网络收集和市场薪酬调查。

113.【答案】AB 〖四级 P308〗

【解析】《个人所得税法》第四条第一款规定，下列各项个人所得，免征个人所得税：①省级人民政府、国务院部委和中国人民解放军以上单位，以及外国组织、国际组织颁发的科学、教育、技术、文化、卫生、体育、环境保护等方面的奖金；②国债和国家发行的金融债券利息；③按照国家统一规定发给的补贴、津贴；④福利费、抚恤金、救济金；⑤保险赔款；⑥军人的转业费、复员费、退役金；⑦按照国家统一规定发给干部、职工的安家费、退职费、基本养老金或者退休费、离休费、离休生活补助费；⑧依照有关法律规定应予免税的各国驻华使馆、领事馆的外交代表、领事官员和其他人员的所得；⑨中国政府参加的国际公约、签订的协议中规定免税的所得；⑩国务院规定的其他免税所得。

114.【答案】CDE 〖四级 P321〗

【解析】我国养老保险体系由员工个人储蓄性养老保险、企业年金和基本养老保险构成。

115.【答案】ABDE 〖四级 P342〗

【解析】依据调节手段的不同，劳动关系的调整方式主要分为七种，即通过劳动法律、法规对劳动关系的调整，劳动合同规范的调整，集体合同规范的调整，民主管理制度（职工代表大会、职工大会）的调整，企业内部劳动规则（规章制度）的调整，劳动争议处理制度的调整，国家劳动监督检查制度的调整等。

116.【答案】ABCD 〖四级 P276〗

【解析】国家统计局对丁工资总额的组成有明确规定，工资总额的组成是：工资总额＝计时工资＋计件工资＋奖金＋津贴和补贴＋加班加点工资＋特殊情况支付的工资。

117.【答案】ABCD 〖四级 P358－359〗

【解析】《中华人民共和国劳动合同法》规定,劳动合同应当具备以下法定条款:①用人单位的名称、住所和法定代表人或者主要负责人;②劳动者的姓名、住址和居民身份证或者其他有效身份证件号码;③劳动合同期限;④工作内容和工作地点;⑤工作时间和休息休假;⑥劳动报酬;⑦社会保险;⑧劳动保护、劳动条件和职业危害防护;⑨法律、法规规定应当纳入劳动合同的其他事项。

118.【答案】ACDE 〖四级 P389-390〗

【解析】根据《女职工劳动保护特别规定》,其基本内容如下:①确定女职工禁忌从事的劳动范围;②怀孕、生育、哺乳期保护;③产假保护;④哺乳期劳动时间;⑤女职工特殊保护设施;⑥在劳动场所的劳动保护。

119.【答案】ABCE 〖四级 P319-320〗

【解析】员工福利的作用具体包括:吸引优秀员工、提高员工的士气、降低员工辞职率、激励员工、提高企业经济效益。

120.【答案】ACD 〖四级 P110〗

【解析】背景调查可以委托机构进行,如果工作量较小,也可由人力资源部操作,分头从学校学籍管理部门、曾经就职过的公司、档案管理部门进行。

121.【答案】BC 〖四级 P180〗

【解析】影响课堂培训的因素有:培训师的教学水平、培训内容是否充实、是否符合受训者的需要、教学方法、受训者的学习态度。

122.【答案】ABC 〖基础 P13〗

【解析】劳动力市场均衡的意义包括:劳动力资源的最优分配、同质的劳动力获得同样的工资、充分就业。

123.【答案】ABCD 〖四级 P283-284〗

【解析】法律规制环境包括宪法、法律、行政法规和规章。

124.【答案】AE 〖四级 P311〗

【解析】编制工资表主要涉及两个方面的内容,即工资计算和工资汇总。

125.【答案】ABCDE 〖四级 P157-158〗

【解析】对培训需求的评估与确定通常从以下五个方面进行:①培训需求是否和企业的战略目标一致;②培训需求是否和企业文化一致;③培训需求所涉及的员工数目;④培训需求对组织目标的重要性;⑤通过培训,业务水平可以提高的程度。

卷册二:专业能力

一、简答题(本题共3题,第1小题16分,第2小题14分,第3小题16分,共46分)

1.〖四级 P213〗

【答案】(1)绩效管理的概念:(8分)

绩效管理是指为实现组织发展战略目标,采用科学的方法,通过对员工个人或组织的综合素质、态度行为和工作业绩的全面监测分析与考核评定,不断激励员工,改善组织行为,提高综合素质,充分调动员工的积极性、主动性和创造性,挖掘其潜力的活动过程。

(2)企业员工的绩效管理具有以下五个基本特点:(8分)

1)绩效管理的目标是不断改善组织氛围,优化作业环境,持续激励员工,提高组织效率。

2)绩效管理覆盖组织中所有的人员和所有的活动过程,它是企事业单位全员、全面和全过程的立体性的动态管理。

3)绩效管理是企业人力资源管理制度的重要组成部分,也是企业生产经营活动正常运行的重要支持系统,它由一系列具体的工作环节所组成。

4)绩效管理是指一套正式的、结构化的制度,它通过一系列考评指标和标准,衡量、分析和评价与员工工作有关的特质、行为和结果,考查员工的实际绩效,了解员工可能发展的潜力,以期获得员工与组织的共同发展。

5)绩效管理是以这种绩效考评制度为基础的人力资源管理的子系统。

2.【答案】【四级 P274】

(1)薪酬管理的根本目标包括:(7分)

1)保证薪酬在人力资源市场上具有竞争性,吸引并留住优秀人才。

2)对各类员工的贡献给予充分肯定,使员工及时得到相应的回报。

3)合理控制企业人工成本,提高劳动生产效率,增强企业产品的竞争力。

4)通过薪酬激励机制的确立,将企业与员工长期、中短期经济利益有机地结合在一起,促进企业与员工结成利益关系的共同体,谋求员工与企业的共同发展。

(2)薪酬管理的基本原则包括:(7 分)

1)对外具有竞争性原则。

2)对内具有公平性原则。

3)对员工具有激励性原则。

4)对成本具有控制性原则。

5)对法律法规要遵循合法性原则。

3.〖四级 P84－85〗

【答案】招聘需求信息发布的方式有:

(1)报纸:一般情况下,报纸招聘广告比较适合于在某个特定地区的招聘,适合候选人数量较大的岗位,适合流失率较高的行业或职业。(3 分)

(2)杂志:一般情况下,杂志招聘广告比较适用于寻找的岗位合格候选人相对集中在某个专业领域内的情况,适合空缺岗位并非迫切需要补充且地区分布较广的情况。(3 分)

(3)广播电视:一般情况下,广播电视招聘广告比较适用于当单位迅速扩大影响、需要招聘大量人员时,比较适用于引起求职者关注、将单位形象的宣传与人员招聘同时进行的情况。(4 分)

(4)全媒体招聘:全媒体招聘具有信息传播范围广、速度快、成本低、延续时间长、联系快捷方便等优点,且不受时间、地域的限制,因而被广泛采用。许多大型国企、外商合资企业、高新技术企业在对计算机、通信领域人才及其他领域中高级人才进行招聘时多采用此种方法。(3 分)

(5)招聘需求信息发布的其他方式。海报、公告、招贴、传单、宣传手册等都是在特殊场合有特别效果的方法。这种方法可以在求职者如饥似渴地急切寻找适合自己的工作岗位时,引起他们对招聘单位的兴趣和关注,极富灵活性、机动性和适用性。(3 分)

二、计算题(本题 16 分。先根据题意进行计算,然后进行必要的分析,只有计算结果没有计算过程不得分)

4.〖四级 P16－17〗

【答案】(1)9 月份制度工时 = (30 － 8) × 8 = 176(小时)(4 分)

制度内实际工作时间 = (30 － 8 － 1) × 8 = 168(小时)(4 分)

(2)制度工时利用率 = 制度内实际工作工时 ÷ 制度工作工时 × 100% = 168 ÷ 176 × 100% = 95.5%(2 分)

全部实际工作时间 = (30 － 2 － 1) × 10 = 270(小时)(2 分)

总工作负荷率 = 全部实际工作时间 ÷ 制度工作时间 × 100% = 270 ÷ 176 × 100% = 153.4%(4 分)

三、综合题(本题共 2 题,第 1 小题 18 分,第 2 小题 20 分,共 38 分)

5.〖四级 P370－372〗

【答案】(1)当地劳动争议仲裁委员会将裁决文印厂与小王签订的劳动合同是无效的,所以可以依法解除。(4 分)

(2)劳动合同的解除是指劳动合同签订以后,尚未全部履行之前,由于一定事由的出现,提前终止劳动合同的法律行为。解除劳动合同必须符合法定条件,严格履行法定程序。

用人单位可以随时提出解除劳动合同,且不承担经济补偿的情形如下:

1)在试用期间被证明不符合录用条件的,这个条件仅在试用期间有效,而且用人单位能够举证不符合录用条件。

2)严重违反用人单位的规章制度的。

3)严重失职,营私舞弊,给用人单位造成重大损害的。

4)劳动者同时与其他用人单位建立劳动关系,对完成本单位的工作任务造成严重影响,或者经用人单位提出拒不改正的。

5)劳动者以欺诈、胁迫的手段或者乘人之危,使用人单位在违背真实意思的情况下订立或者变更劳动合同致使劳动合同无效的。

6)被依法追究刑事责任的。(8 分)

(3)在案例中,文印厂的招聘启事中明确要求排版工人双眼裸眼视力为5.0以上,但是小王为了找工作,找人开具了视力为5.0的虚假证明。2018年11月1日,文印厂在不知情的情况下与小王签订了五年的劳动合同,试用期为6个月。在试用期间,由于小王的视力达不到工作要求,经其排版的内容错误多。后经医院查证,其视力在招工以前即为4.6,与招聘启事中要求的视力不符。2019年3月1日,文印厂通知小王解除劳动合同。该情况属于在试用期间被证明不符合录用条件的,且用人单位能够拿出小王不符合录用条件的证据。因此,文印厂可以与小王解除劳动合同,且不承担经济补偿的条件。(6分)

6.〖四级 P189－190〗

【答案】(1)案例分析法的操作程序:(10分)

1)培训前的准备工作

a.培训师根据培训目标和培训对象确定培训课程的具体内容。

b.培训师从平时积累的案例中选择适当的案例作为研讨内容。

c.培训师制订培训计划,确定培训时间、地点。

d.培训师熟悉案例分析法的操作方法,了解实际应用中应注意的问题,掌握案例的选择标准和讨论后进行总结的方法。

2)培训前的介绍工作

a.培训师先自我介绍,然后向受训者介绍培训的目的、培训方式,案例分析法的基本内容、特点,案例分析法应用时应注意的问题及应用后能达到的效果,本次培训课程的计划安排。

b.受训者简单的自我介绍,彼此相互认识以获得基本的了解,从而创造友好、轻松的研讨气氛。

c.将受训者进行分组,确定各组组长。

3)案例讨论

a.培训师展示案例资料,让受训者了解、熟悉案例内容,同时培训师应回答受训者就案例内容提出的问题。

b.各组分别研讨案例,找出所有的问题,并进一步确定核心问题。

c.小组成员提出多种解决方案,通过讨论选择最佳方案。

d.全体讨论解决问题的方案。

4)分析总结

a.培训师就案例内容及解决方案进行总结。

b.培训师就本次培训课程的学习要点进行总结,并对讨论质量作出评价(检查是否达到预期要求,对受训者的发言进行分析)。

(2)案例分析法的实施要点:(10分)

1)培训师应在案例资料展示完毕后,进行必要的解释说明,回答受训者的提问,以尽量保证受训者对案例内容的准确把握,因为案例是从实际工作中收集来的,受训者一般无法完全通过资料了解案例的全部背景和内容。

2)小组讨论中,若发现研讨内容偏离主题,培训师应及时纠正。

3)各小组在提出最佳方案时,若培训师发现各组提出的对策缺乏新意,应给予提示引导,以促使受训者深入思考。

4)集体讨论时,培训师应注意控制时间,并进行适当引导,以使讨论能够深入。

5)培训师进行总结时,既要对案例内容及解决方案进行分析,又要对各组提出的方案作出评价。

6)培训师应在每次案例研讨结束后,对案例研究工作和结果进行记录、整理,一方面可保持、提高案例研究的完整性,另一方面有助于提高组织案例研讨课程的技巧和水平。

国家职业资格考试试卷

真题汇编(三)

职　　业：企业人力资源管理师
等　　级：国家职业资格四级
卷 册 一：职业道德
　　　　　理论知识

注意事项：1. 考生应首先将自己的姓名、准考证号等用钢笔、圆珠笔等写在试卷册和答题卡的相应位置上，并用铅笔填涂答题卡上的相应位置处。
2. 本试卷册包括职业道德和理论知识两部分：
第一部分，1～25 小题，为职业道德试题；
第二部分，26～125 小题，为理论知识试题。
3. 每小题选出答案后，用铅笔将答题卡上对应题目的答案涂黑。如需改动，用橡皮擦干净后，再选涂其他答案。所有答案均不得答在试卷上。
4. 考试结束时，考生务必将本卷册和答题卡一并交给监考人员。
5. 考生应按要求在答题卡上作答。如果不按标准要求进行填涂，则均属作答无效。

姓　　名：____________________

准考证号：____________________

卷册一:职业道德　理论知识

·第一部分　职业道德·

(第1~25题,共25道题)

一、职业道德基础理论与知识部分(第1~16题)

答题指导

该部分均为选择题,每题均有四个备选项,其中单项选择题只有一个选项是正确的,多项选择题有两个或两个以上选项是正确的。

请根据题意的内容和要求答题,错选、少选、多选,则该题均不得分。

(一)单项选择题(第1~8题)

1. 关于道德的说法中,正确的是(　　)。
   A. 道德内含着一种重要的精神力量
   B. 道德是尊长对晚辈、下属进行有效管理的要求
   C. 道德不是"我"的要求,而是社会外加于"我"的规范
   D. 道德是无助者的呼唤

2. 与法律比较,道德(　　)。
   A. 比法律产生得晚
   B. 比法律的适用范围广
   C. 比法律的社会影响力小
   D. 比法律模糊

3. 在中国传统道德中,所谓"礼之用,和为贵"的意思是(　　)。
   A. 礼法的运用,要把求得一团和气作为重点
   B. 道德的根本目的在于增进团结
   C. 讲文明礼貌,没有高低贵贱之分
   D. 以礼待人,促进和谐相处

4. 古人在道德修养方面所倡导的"慎独"的本质要求是(　　)。
   A. 培养独立人格
   B. 无人监督时,依然按道德要求做事
   C. 耐心细致地做好每一件事情
   D. 无论取得多大成就都应谦虚谨慎

5. 下列关于爱岗敬业的说法中,你认为正确的是(　　)。
   A. 市场经济鼓励人才流动,再提倡爱岗敬业已不合时宜
   B. 即便在市场经济时代,也要提倡"干一行,爱一行,专一行"
   C. 要做到爱岗敬业就应一辈子在同一岗位上无私奉献
   D. 在现实中,我们不得不承认,"爱岗敬业"的观念阻碍了人们的择业自由

6. 关于勤劳节俭,正确的是(　　)。
   A. 勤劳节俭仅仅是中华民族的传统美德
   B. 勤劳节俭与扩大消费相矛盾
   C. 勤劳节俭有利于增产增收
   D. 勤劳节俭不能防止腐败

7. 关于合作,不正确的说法是(　　)。
   A. 合作是企业生产经营顺利实施的内在要求
   B. 合作是从业人员汲取智慧和力量的重要手段
   C. 合作是打造优秀团队的有效途径
   D. 合作是确立垄断地位、实现共同利益的需要

8. (　　)不属于"跳槽热"现象出现的原因。
   A. 社会原因
   B. 政治原因
   C. 经济原因
   D. 生活原因

(二)多项选择题(第9~16题)

9. 企业价值观是企业人员共同生活的(　　)。
   A. 价值取向
   B. 文化定势
   C. 心理趋向
   D. 表层意识

10. 对从业人员来说"尊老爱幼"这一民族传统美

德包括(　　)。
A. 没有必要提倡而且在工作中无法具体体现的
B. 建立和谐的人际关系，顺利开展职业活动必不可少的因素
C. 我国宪法规定的每个公民应该履行的一项义务
D. 加强个人修养、促进个人进步的精神力量

11. 关于德才兼备，理解正确的有(　　)。
A. 按照职业道德的准则行动，是德才兼备的一个基本尺度
B. 德才兼备的人应当对职业有热情，参与服从各种规章制度
C. 德才兼备的人只需要有很高的素质
D. 德才兼备中才能具有决定性的作用

12. 市场经济对职业道德的负面影响，在于它有助于增强人们的(　　)。
A. 利己主义
B. 拜金主义
C. 享乐主义
D. 平均主义

13. 当企业利益与公共利益之间出现矛盾和冲突时，企业应该(　　)。
A. 注重当前利益
B. 维护公共利益
C. 维护自身利益
D. 既要考虑眼前利益，也要考虑长远利益

14. 从业人员节约资源，要做到(　　)。
A. 强化节约资源意识
B. 明确节约资源责任
C. 创新节约资源方法
D. 获取节约资源报酬

15. 下列关于奉献与企业健康发展关系的论述中，正确的是(　　)。
A. 奉献是企业发展的道德要求
B. 奉献能够提升企业的道德境界
C. 奉献能给企业带来直接经济效益
D. 奉献与企业的发展关系不大

16. 在职业活动中，从业人员要实践为人民服务，必须(　　)。
A. 树立为人民服务的意识
B. 培育为人民服务的荣誉感
C. 提高为人民服务的本领
D. 增强为人民服务的动力

二、职业道德个人表现部分(第 17 ~ 25 题)

答题指导

该部分均为选择题，每题均有四个备选项，您只能根据自己的实际状况选择其中一个选项作为您的答案。

17. 每次在完成一份年终工作报告总结后，你通常会采取的做法是(　　)。
A. 反复检查，确认没有错误才上交
B. 确信自己已做得很好，不再检查就上交
C. 先让下级或同事检查，然后自己检查后再交
D. 先交给上司，视领导意见而定

18. 当你的工作业绩不如别人时，你会(　　)。
A. 顺其自然
B. 努力想办法改变现状
C. 请同事帮忙
D. 换个工作

19. 在处理公司事务时，我(　　)廉洁公正。
A. 从不
B. 较少
C. 较多
D. 总是

20. 你认同以下哪一种说法(　　)。
A. 现代社会提倡人才流动，爱岗敬业正逐渐削弱它的价值
B. 爱岗与敬业在本质上具有统一性
C. 爱岗与敬业在本质上具有一定的矛盾
D. 爱岗敬业与社会提倡人才流动并不矛盾

21. 我在日常的工作与学习中(　　)勤勉。
A. 从不
B. 较少

C. 较多
D. 总是

22. 当你的同事把公司的实际情况告诉顾客，使得即将签订的一份生意丢失时，你认可的是(　　)。
A. 损害了公司的利益，是一种不敬业的表现
B. 损害了公司的名誉，是一种严重的失职行为
C. 虽然损害了公司的名誉，但是一种诚实行为
D. 虽然损害了公司的利益，但维护了公司信誉

23. 关于人与人的工作关系，你认可的观点是(　　)。
A. 主要是竞争
B. 有合作，也有竞争
C. 竞争与合作同样重要
D. 合作多于竞争

24. 假设你是单位公关部职员，需要经常参加宴请宾客的活动，饭桌上喝酒是少不了的，但你不胜酒力。为了既做好接待工作，又能让客人满意，你通常会选择(　　)。
A. 为了完成工作，不能喝也喝
B. 事先向客人做出解释，获得客人的理解
C. 客人怎么劝也不喝
D. 虽然自己酒量不行，但可以通过展示自己的人格魅力，赢得客人的尊重

25. 当领导交给你一项对你来说比较困难的工作时，你会选择(　　)。
A. 先接受，能否完成再说
B. 接受时向领导说明情况，再想尽办法去完成
C. 接受时向领导说明难度，请求领导多派人手
D. 接受时让领导降低难度

·第二部分　理论知识·

(第 26 ~ 125 题，共 100 道题，满分为 100 分)

一、单项选择题(第 26 ~ 85 题，每题 1 分，共 60 分。每小题只有一个最恰当的答案)

26. 当收入差距的衡量指标—基尼系数接近(　　)时，收入便接近于绝对不平等。
A. 0
B. 0.5
C. 1
D. 0 或 1

27. 货币政策的基本手段是(　　)，直接目的是调控利息率，最终目标是通过利率的变动影响投资、消费和政府支出，达到增加或降低有效需求，使总供给与总需求趋于均衡。
A. 调节征税标准
B. 调节物价水平
C. 调节贸易政策
D. 调节货币供应量

28. 出于工资水平的考虑以及出于岗位技能等级考虑的选择性失业，都有(　　)的色彩。
A. 自愿性失业
B. 周期性失业
C. 摩擦性失业
D. 结构性失业

29. 劳动关系当事人双方有就劳动关系事务和生产经营事务进行平等协商的权利，属于劳动关系(　　)原则。
A. 等效化
B. 协商化
C. 平等化
D. 民主化

30. “安全重于生产”体现了对劳动者权益的(　　)。
A. 全面保护
B. 绝对保护
C. 优先保护
D. 偏重保护

31. 广义的劳动法则是指(　　)以及与劳动关系密切联系的其他一些社会关系的法律规范的总和。
A. 调整经济关系
B. 调整行政关系
C. 调整社会关系
D. 调整劳动关系

32. 根据我国《中华人民共和国劳动法》的规定，

即使依照法定程序延长工作时间，在正常情况下，每月也不能超过(　　)小时。

A. 36

B. 48

C. 12

D. 72

33. 利用收益矩阵进行决策，下列排序正确的是(　　)。(1)通过比较，从中选择一个最佳方案；(2)按客观概率的大小，加权平均计算出各方案的期望收益值；(3)设定各方案在不同自然状态下的收益。

A. (1)(2)(3)

B. (3)(2)(1)

C. (3)(1)(2)

D. (1)(3)(2)

34. 消费者市场是现代营销理论研究的(　　)。

A. 主要内容

B. 主要对象

C. 主要目标

D. 主要参考

35. (　　)是将对企业内外部条件各方面内容进行综合和概括，进而分析组织的优劣势、面临的机会和威胁的一种方法。

A. 数理统计分析

B. SWOT 分析

C. 财务报表分析

D. 市场预测分析

36. 不是影响销售渠道选择的因素的是(　　)。

A. 产品因素

B. 文化因素

C. 市场因素

D. 企业因素

37. 团队成员怎样发现创造性解决问题的方法，如何长期保持高效率以及在外部环境变化时改变程序和规范。属于(　　)。

A. 团队历练

B. 团队磨合

C. 团队学习

D. 团队规范

38. 结构维度是指领导者更愿意界定自己和下属的(　　)和角色，以完成组织目标。

A. 工作任务

B. 工作态度

C. 工作目标

D. 工作绩效

39. (　　)是指企业在一定地区、一定时间内只选择一家中间商经销或代理其产品。

A. 独家性分销

B. 广泛性分销

C. 选择性分销

D. 密集性分销

40. 员工的(　　)作为一种态度，通常表现为保持一个特定组织的成员身份的一种强烈期望。

A. 组织效率

B. 组织承诺

C. 工作绩效

D. 工作分析

41. (　　)是指最先的印象对人的知觉所产生的强烈影响。

A. 光环效应

B. 投射效应

C. 首因效应

D. 刻板印象

42. 在管理体制上，现代人力资源管理属于(　　)。

A. 主动开发型

B. 以事为中心

C. 被动反应型

D. 以人为中心

43. 从规划的期限上看，(　　)年以上属于长期规划。

A. 2 年

B. 3 年

C. 5 年

D. 7 年

44. “薪酬”的英文为(　　)。

A. salary

B. wages

C. compensation

D. earnings

45. 岗位写实的原则不包括(　　)。

A. 写实人员应积极引导被调查者
B. 写实人员应善待被观察者
C. 写实人员不可向被调查者施令
D. 写实人员一般是一线主管

46. 以下关于工作岗位调查的方法,说法不正确的是(　　)。
A. 活动记录法采集的信息真实可靠
B. 操作者所使用的"日志"没有固定的格式
C. 活动记录法的投入费用通常较低
D. 关键事件法有助于鉴别岗位工作中心内容

47. (　　)是指根据过去生产的同类型产品、零件、工序的实耗工时或产量的原始记录和统计资料,经过整理和分析,考虑今后企业的生产、组织、技术条件的变化,制定或修订定额的方法。
A. 经验估工法
B. 统计分析法
C. 类推比较法
D. 技术定额法

48. (　　)可以从成本、产出、效率、效果等多个方面进行衡量,往往采用定量的方式进行考评的指标。
A. 能力指标
B. 结果指标
C. 态度指标
D. 定性指标

49. 在组织内部招聘和选拔时,说法不正确的是(　　)。
A. 全方位发现人才
B. 不要将人才固定化
C. 求全责备
D. 避免长官意志的影响

50. (　　)是统计抽样法在工作岗位调查中的具体运用。
A. 岗位写实
B. 作业测时
C. 岗位抽样
D. 观测法

51. (　　)不是工资指导线水平确定的主要依据。
A. 居民薪酬满意度
B. 本地区年度经济增长率
C. 社会劳动生产率
D. 城镇居民消费价格指数

52. 在人力资源管理成本核算中,分析和计算管理行为失误或不当造成的(　　)比较容易。
A. 直接成本
B. 间接成本
C. 总成本
D. 人工成本

53. 关于外部招募,以下说法正确的是(　　)。
A. 激励性强
B. 适应快
C. 费用较低
D. 带来新思想、新方法

54. 下列各项不属于内部招聘缺陷的是(　　)。
A. 不利于组织的内部团结
B. 可能造成矛盾
C. 筛选难度大
D. 抑制个体创新,组织趋于僵化

55. 企业在组织校园招聘时,需要处理好的问题不包括(　　)。
A. 领导不重视
B. 招聘人员的错误观念
C. 招聘人员素质不高
D. 招聘申请表的发放

56. 应聘申请表的设计依据不包括(　　)。
A. 岗位要求
B. 应聘人员的层次
C. 招聘计划
D. 有关法律和政策

57. 若某公司需要招聘大量人员,并在社会上迅速扩大影响,则该公司应选择(　　)作为招聘信息发布渠道。
A. 报纸
B. 杂志
C. 广播电视
D. 因特网

58. (　　)系统包括两项基本功能:明确培训对象和制定培训标准。
A. 培训需求分析
B. 培训规划

C. 培训组织实施
D. 培训效果评估

59. 岗前培训的优点不包括(　　)。
A. 规范性强
B. 物质条件好
C. 适合技术性强的岗位
D. 有时间保障

60. 根据所采用的培训方式，脱产培训成本可分为(　　)。
A. 分阶层脱产培训成本和分专业脱产培训成本
B. 企业内部脱产培训成本和企业外部脱产培训成本
C. 学历培训成本和更新技能培训成本
D. 短期脱产培训成本和长期脱产培训成本

61. 在现场培训中，适用于一般直线管理人员，而不适用于职能管理人员的培训方式是(　　)。
A. 工作轮换法
B. 工作指导法
C. 特别任务法
D. 个别指导法

62. 组织为使获得的人力资源达到符合具体工作岗位要求的业务水平和提高其工作技能而支付的法定费用指的是(　　)。
A. 招聘成本
B. 选拔成本
C. 录用和安置成本
D. 开发成本

63. (　　)是指让员工在工作现场边工作边学习、锻炼的培训方式，它不需要专门的培训场所和设备，受训者可以兼顾工作和学习。
A. 课堂培训
B. 现场培训
C. 业余自学
D. 情景模拟

64. 在确定培训项目个人收费标准时，考虑到送培单位及学员的承受能力，一般将管理费用系数控制在(　　)。
A. 1% ~2%
B. 3% ~5%
C. 8% ~10%
D. 10% ~20%

65. 下列关于绩效管理的叙述错误的是(　　)。
A. 绩效管理的外延比较宽泛
B. 绩效管理是一个复杂的管理活动过程
C. 绩效管理主要着眼于员工个体绩效的提高
D. 绩效管理包括绩效计划、实施、考评、总结等阶段

66. 在绩效管理系统设计的过程中，(　　)为“定义绩效”提供了内容上的技术支持。
A. 工作标准
B. 工作规范
C. 岗位说明书
D. 企业战略

67. 考核标准应适应相同类型的所有员工，即一视同仁。这符合绩效管理制度的(　　)。
A. 客观性
B. 可操作性
C. 可靠性
D. 有效性

68. 一项工作往往由许多活动构成，但考评不可能针对每一个工作活动进行，一个岗位的工作要项，一般不应超过(　　)个要项。
A. 4 ~8
B. 2 ~4
C. 1 ~2
D. 5 ~6

69. 能级分析法与顺序法的主要区别是顺序法只将分数排队；能级分析法是将(　　)。
A. 分数拆分
B. 分数比对
C. 分数归类
D. 分数划分

70. 不同岗位和行业对绩效考评的标准、方式和内容要求不同，因此绩效考评应具有(　　)。
A. 针对性
B. 导向性
C. 指向性
D. 多维性

71. (　　)是指根据劳动者所提供的劳动的数量和质量，按事先规定的标准和时间周期付给

劳动者的相对稳定的劳动报酬。
A. 基本薪金
B. 基本薪资
C. 基本奖金
D. 基本工资

72. 工资指导线的制定要符合国家宏观经济政策和对工资增长的总体要求,应坚持(　　)原则。
A. 两交叉
B. 两高于
C. 两低于
D. 两平行

73. 以下有关岗位技能工资制的说法错误的是(　　)。
A. 建立在岗位评价的基础上
B. 由岗位工资和技能工资组成
C. 有利于提高员工的业务水平
D. 岗位工资和技能工资的比例很容易确定

74. 企业进行有效的薪酬管理应遵循的原则不包括(　　)。
A. 对员工具有激励性
B. 对内具有公正性
C. 对社会具有贡献性
D. 对成本具有控制性

75. 以下各项不属于计时工资制形式的是(　　)。
A. 月工资制
B. 日工资制
C. 提成工资制
D. 小时工资制

76. 一般来说,一套典型的员工信息管理系统,从功能结构上不包括(　　)。
A. 决策支持层
B. 核心数据层
C. 业务处理层
D. 基础数据层

77. (　　)不受企业所有制性质、经济效益和支付能力的影响。
A. 福利待遇
B. 补充保险
C. 法定福利
D. 个人福利

78. 企业基于全面改善员工工作生活质量等目的,所提供的免费员工心理健康咨询服务,称为(　　)。
A. 非经济性福利
B. 经济性福利
C. 补充福利
D. 个人福利

79. (　　)是指在个人具备国家及所在企业规定的条件时可以享受的福利。
A. 补充福利
B. 集体福利
C. 经济性福利
D. 个人福利

80. 属于初次分配的是(　　)。
A. 国家与企业
B. 企业与企业
C. 员工与员工
D. 国家与员工

81. (　　)是雇员与雇主在实现现实的劳动过程中所发生的权利义务关系。
A. 劳动关系
B. 劳动法律关系
C. 劳动合同
D. 劳动法律制度

82. 劳动者的工种与岗位、工作地点和场所通常在劳动合同中的(　　)条款中加以规定。
A. 劳动纪律
B. 劳动条件
C. 工作内容
D. 工作标准

83. 小王在A公司工作了16年,该单位提出双方协议解除劳动合同,按规定,经济补偿金应发放(　　)个月的工资。
A. 8
B. 12
C. 16
D. 24

84. 劳动合同期限1年以上,不满3年的,试用期不得超过(　　)。
A. 2个月

B. 3 个月
C. 1 个月
D. 6 个月

85. 张某在 B 公司工作 19 个月(包括 6 个月试用期),后张某与 B 公司就变更劳动合同不能达成一致意见,B 公司解除了与张某的劳动合同,解除劳动合同的前一年该公司的月平均工资为 600 元,张某的月平均工资为 500 元,B 公司应向张某支付的经济补偿金为(　　)元。
A. 1000
B. 1200
C. 750
D. 500

二、多项选择题(第 86～125 题,每题 1 分,共 40 分。每小题有多个答案正确,错选、少选、多选,均不得分)

86. 制定起草企业绩效管理制度的基本要求有(　　)。
A. 相关性与有效性
B. 明确性与具体性
C. 公正性与客观性
D. 全面性与完整性
E. 整体性与系统性

87. 紧缩性的货币政策措施有(　　)。
A. 削减货币供应量
B. 增加货币供应量
C. 提高利率
D. 降低利率
E. 中央银行买进政府债券

88. 缓解需求不足性失业的对策有(　　)。
A. 市场自发调节
B. 政府推行积极的劳动力市场政策
C. 失业人员进行自学
D. 调整产品价格
E. 政府通过宏观财政政策、货币政策,并将两者和产业政策紧密结合

89. 以下属于对“劳动法律关系的主体”的正确阐述的有(　　)。
A. 是劳动法律关系的参加者
B. 包括劳动者和用人单位两方面
C. 包括劳动行政部门和劳动者两个方面
D. 就主体而言,一般一方的权利即是另一方的义务
E. 主体一方义务的履行即是另一方权利的实现

90. 下列有关劳动法的概念,表述正确的是(　　)。
A. 狭义的劳动法是劳动法律部门的非核心法律
B. 狭义的劳动法仅指劳动法律部门的核心法律
C. 劳动法在法律科学中是相对独立的
D. 广义的劳动法指调整劳动关系以及与劳动关系密切联系的其他一些社会关系的法律规范的总和
E. 劳动法是法律科学中的一个亚学科

91. 企业纵向一体化的主要目的是(　　)。
A. 控制原料生产的成本
B. 把供应商的利润转化成自己的利润
C. 控制产品的分销渠道,减少产品的库存积压
D. 获取价值链重组的利益
E. 扩大企业在特定市场和行业内的规模和竞争力

92. 需求差别定价法通常有(　　)形式。
A. 以顾客为基础的差别定价
B. 以地理位置为基础的差别定价
C. 以空间为基础的差别定价
D. 以时间为基础的差别定价
E. 以产品为基础的差别定价

93. 群体决策的缺点有(　　)。
A. 要比个体决策需要更多的时间
B. 由于从众心理会妨碍不同意见的表达
C. 群体讨论时易产生个人倾向
D. 对决策结果的责任不清
E. 决策缺乏可接受性

94. 路径—目标理论的领导行为类型是(　　)。
A. 反馈型
B. 指导型
C. 支持型
D. 参与型
E. 成就导向型

95. 企业进行以人为本的管理,必须遵循一定的标准和原则,包括(　　)。
A. 人的管理第一
B. 和谐人际关系
C. 员工和组织共同发展
D. 满足社会需要
E. 构建以人为中心的组织机构

96. (　　)属于人力资源生理开发研究的内容。
A. 温度
B. 湿度
C. 情感
D. 噪声
E. 辐射

97. (　　)属于员工的基本特征。
A. 生理性行为与生理性需要
B. 社会性行为与社会性需要
C. 道德性行为与道德性需要
D. 自我保护的行为以及需要
E. 心理性行为与心理性需要

98. 企业组织信息采集的主要来源有(　　)。
A. 调研人员自己采集的资料
B. 通过机关、企业等单位获得的资料
C. 通过报纸杂志获得的资料
D. 工作计划
E. 职务说明书

99. 以下属于当面调查询问法的优点的是(　　)。
A. 方式机动灵活
B. 可以深入了解到被调查者的实际意见
C. 不受时间地点的限制
D. 所花费的人力、物力、财力比较小
E. 收集到的资料信息比较快,量也比较大

100. 根据调查者与被测查者接触方式方法的不同,信息采集方法中的询问法可分为(　　)。
A. 当面调查询问法
B. 电话调查法
C. 行为记录法
D. 邮寄调查法
E. 问卷调查法

101. 工作岗位研究是(　　)等项活动的总称。
A. 岗位调查
B. 岗位分析
C. 岗位设计
D. 岗位评价
E. 岗位分类

102. (　　)属于人工成本的范围。
A. 企业工资项目
B. 企业职工福利费
C. 职工住房基金
D. 企业办公用品费用
E. 工会基金

103. 以下属于人力资源管理成本核算过程的有(　　)。
A. 建立成本核算账目
B. 确定具体项目的核算办法
C. 制定本企业的人力资源管理标准成本
D. 统计和控制人力资源管理实际成本支出
E. 审核和评估人力资源管理实际成本支出

104. 使用招聘广告时要注意广告媒体的选择取决于招聘工作岗位的类型。一般来说(　　)。
A. 低层次岗位可以选择专业性报纸
B. 专业化程度高的岗位要选择地方性的报刊
C. 低层次岗位可以选择地方性报纸
D. 低层次岗位要选择全国性的报刊
E. 高层次或专业化程度高的岗位则要选择全国性或专业性的报刊

105. 以下适合进行现场培训的内容包括(　　)。
A. 企业文化
B. 企业行为规范
C. 产品知识
D. 管理实务
E. 思想道德

106. 关于新员工上岗前的集中训练,以下说法正确的是(　　)。
A. 目的是要解决一些共同的问题
B. 让新员工尽快了解企业的基本情况
C. 可以采用发行内部刊物的形式
D. 可以采用观看企业相关录像的形式
E. 可以采用现场演练法的形式

107. 员工信息包含的内容，单位可根据自身的需求，按不同的类别与标准进行界定。其内容一般包括(　　)。
A. 反映员工历史状况的信息
B. 目前的个人状况信息
C. 与工作相关的信息
D. 反映员工个性与潜能的信息
E. 反映员工家庭状况的信息

108. 为了从根本上保证员工培训的质量，就需要企业根据自身发展的战略规划，制定培训规划。制定培训规划的步骤包括(　　)。
A. 首先要确认培训内容
B. 首先要确认培训方法
C. 根据培训内容，选择培训的方式方法，还要进行培训课程的设计，确定培训时间和培训教师
D. 根据培训方法，进行培训课程的设计，确定培训时间和培训教师
E. 最后编制培训预算和培训计划

109. 入职教育开始时，应向受训人员介绍(　　)等情况。
A. 员工福利
B. 就职合同
C. 公司对雇员的要求
D. 公司的信念和期望
E. 公司具备的优势和面临的问题

110. 为了保证岗前培训的顺利开展，在培训的准备过程中要特别注意一些细节问题。岗前培训的注意事项包括(　　)。
A. 培训目标的确认
B. 培训方法的选择
C. 地点的选择，预先察看培训地点并在计划中加以确认
D. 使用检查表，检查表应分类列举所需的所有设备和那些没有被包括在课程计划中的细节
E. 对培训事宜进行确认

111. 企业可以通过在互联网上建立网页，开设网上课程的方式帮助员工自学，这种方式的优点在于(　　)。
A. 学习者不受时间和空间的限制
B. 学习内容易于保存
C. 经济性
D. 便于学习者与指导者交流
E. 课程内容可以根据学习者的具体情况改变，灵活多样

112. 绩效考评表格一般包括(　　)。
A. 考评主体
B. 考评指标
C. 考评步骤
D. 考评标准
E. 考评目的

113. 民主性常常是实现客观公正的必要条件，企业要使绩效管理制度达到民主性的要求，就需要(　　)。
A. 让员工自行制定标准和考评程序、过程、方法
B. 及时向员工沟通绩效信息反馈绩效考评的结果
C. 在执行过程中要切实保障被考评者申诉的权利
D. 向全体员工公开绩效管理的程序和具体要求
E. 吸收员工代表参与绩效管理制度的制定过程

114. 员工绩效的多因性是指绩效受到(　　)等因素的影响。
A. 心情
B. 激励
C. 技能
D. 环境
E. 机会

115. 关于企业员工的考评程序，以下叙述正确的是(　　)。
A. 以基层为起点，由基层部门的领导对其直属下级进行考评，形成由下而上的过程
B. 以员工为起点，由管理者对员工进行考评
C. 在基层考评的基础上，进行中层部门的考评，内容既包括中层负责任的个人工作行为与绩效，也包括该部门总体的工作绩效
D. 完成逐级考评之后，由企业的上级机构对企业高层人员进行考评

E. 对高层进行考评的内容主要是高层管理人员的工作能力与态度

116. 薪酬管理的基本原则包括(　　)。
A. 对外具有竞争力原则
B. 对内具有公正性原则
C. 合理有效原则
D. 对员工具有激励原则
E. 薪酬成本控制原则

117. 培训系统设计、开发必须回答三个问题,即(　　)。
A. 培训目标是什么
B. 开展哪些活动才能实现目标
C. 怎样检验目标是否达到
D. 培训的成本是多少
E. 培训的效果如何

118. 计件工资是按照劳动者在单位时间内完成的合格产品的数量来计算工资报酬的一种工资类别,包括(　　)。
A. 按计时工资标准支付给个人的工资报酬
B. 按工作任务包干方法支付给个人的工资报酬
C. 按营业额提成或利润提成办法支付给个人的工资
D. 实行超额累进计件,按劳动部门批准的定额和计件单价支付给个人的工资报酬
E. 按工作时间支付给个人的工资报酬

119. 搜集岗位信息,选择薪酬要素,并对薪酬要素进行界定以后,还需要进行的工作包括(　　)。
A. 对薪酬要素进行排序
B. 确定要素等级
C. 确定各要素的权重
D. 确定各要素及各要素等级的点值
E. 编写岗位评价指导手册

120. 以下属于经济性福利的是(　　)。
A. 工作环境保护
B. 交通性福利
C. 津贴和补贴
D. 住房性福利
E. 培训性福利

121. 失业保险的特点体现为(　　)。
A. 普遍性
B. 公平性
C. 强制性
D. 社会性
E. 互济性

122. 对劳动关系的正确表述是(　　)。
A. 劳动关系是劳动法所调整的唯一的过程
B. 劳动关系发生的原因是为了实现劳动的过程
C. 劳动关系是构成劳动法所调整的最基本、最主要的一种关系
D. 劳动关系是用人单位在运用劳动者的劳动能力,实现劳动过程中所发生的关系
E. 劳动关系是劳动者为用人单位进行了有偿的职业劳动活动之后发生的关系

123. 以下属于无效合同的是(　　)。
A. 合同规定女员工在28岁之前不得结婚
B. 合同条款中没有试用期的规定
C. 全日制用工情形下,只有口头合同
D. 订立劳动合同时双方没有相互协商
E. 张某在公司虚报员工待遇的情况下与公司签订合同

124. 以下各项中,用人单位可以单方随时解除劳动合同的是(　　)。
A. 劳动者在转正后被证明不符合录用条件
B. 劳动者严重违反劳动纪律或用人单位规章制度
C. 劳动者严重失职、营私舞弊,对用人单位利益造成重大损失
D. 劳动者被追究刑事责任
E. 女职工严重失职,但在怀孕期间

125. 重大事故隐患管理制度的实施要点包括(　　)。
A. 重大事故隐患分类
B. 重大事故隐患报告
C. 重大事故隐患预防措施
D. 重大事故隐患整改措施
E. 劳动行政部门、企业主管部门对重大事故隐患整改的完成情况的检查验收

国家职业资格考试试卷

真题汇编(三)

职　　业：企业人力资源管理师
等　　级：国家职业资格四级
卷 册 二：专业能力

注意事项:1. 请按要求在试卷的标封处填写您的姓名、准考证号、身份证号和所在地区。
2. 请仔细阅读各种题目的回答要求，并在规定的位置填写您的答案。
3. 请保持卷面整洁，不要在试卷上做任何与答题无关的标记，也不得在标封区填写无关的内容。

姓　　名:____________________

准考证号:____________________

卷册二：专业能力

一、简答题(本题共3题,第1小题16分,第2小题14分,第3小题16分,共46分)

1. 简述人力资源规划的内容有哪些。(16分)

2. 简述绩效考评的作用有哪些。(14分)

3. 简述用要素记点法进行岗位评价的步骤。(16分)

二、计算题(本题18分。先根据题意进行计算,然后进行必要分析,只有计算结果没有计算过程不得分)

4. 某公司四月初员工人数为135人,四月末人数为143人,请问该公司四月员工平均人数是多少?该公司五月员工平均人数是140人,六月员工平均人数是146人,请问该季度公司的员工平均人数是多少?(18分)

三、综合分析题(本题共2题,每小题18分,共36分)

5. 某公司是一家电器销售公司,公司成立十余年来,不断发展壮大,逐渐成为当地行业的龙头企业,这家公司经营成功的秘诀就在于十分重视员工薪酬信息的管理统计与分析,并能及时设计出较为科学合理的薪酬调查问卷,使员工能够清晰的了解自己在公司中的地位与价值,并利用薪酬的激励机制,将公司与员工之间的经济利益有机结合起来,使公司与员工结成利益关系的共同体,从而促进公司的不断发展。

根据以上案例,请回答如下问题:

(1)采集薪酬信息的方法有哪些。(9分)

(2)薪酬调查问卷设计的要求有哪些。(9分)

6. 2000年1月2日,张某到A公司应聘,并于当日与A公司签订了劳动合同,该合同于2002年1月1日期满。签订合同当日,张某被A公司派到B商场工作,与B商场签订了借聘协议,确定了借聘关系。至2001年7月6日之前,张某一直在B商场工作,由B商场对其管理并支付工资。2001年7月6日,B商场以张某违反商场的劳动纪律(即一个月内迟到两次)为由,与张某解除了借聘关系,同时,B商场口头告知张某,A公司也以相同的理由与其解除了劳动合同。经查,张某确实在一个月内迟到两次,但不构成严重违反A公司劳动纪律而解除劳动合同的条件。

(1)A公司和B商场的做法是否合法?(9分)

(2)张某如何维护自己的合法权益?(9分)

真题汇编(三)参考答案及解析

卷册一：职业道德 理论知识

·第一部分 职业道德·

一、职业道德基础理论与知识部分

(一)单项选择题

1.A 2.B 3.D 4.B 5.B 6.C 7.D 8.D

(二)多项选择题

9.ABCD 10.BCD 11.AB 12.ABC
13.BD 14.ABC 15.AB 16.ABC

二、职业道德个人表现部分

17~25(本部分为主观题,无标准答案,请根据自己的价值观作答。)

·第二部分 理论知识·

一、单项选择题

26.【答案】 C ⌊基础第三版 P26⌉

【解析】当基尼系数接近0时,收入便接近于绝对平等;反之,当基尼系数接近1时,收入便接近于绝对不平等。

27.【答案】 D ⌊基础第三版 P24,第四版 P25⌉

【解析】货币政策是指政府以控制货币供应量为手段,通过调节利率来调节总需求水平,以促进充分就业、稳定物价和经济增长的一种宏观经济管理对策。货币政策的基本手段是调节货币供应量,直接目的是调控利息率,最终目标是通过利率的变动影响投资、消费和政府支出,达到增加或降低有效需求,使总供给与总需求趋于均衡。

28.【答案】 C ⌊基础 P20⌉

【解析】摩擦性失业是指劳动者进入劳动力市场寻找工作直至获得就业岗位时所产生的时间滞差,以及劳动者在就业岗位之间的变换所形成的失业。它是劳动者出于工资水平以及岗位技能等级等考虑的选择性失业。

29.【答案】 D ⌊基础 P31⌉

【解析】劳动关系当事人双方有就劳动关系事务和生产经营事务进行平等协商的权利,属于劳动关系民主化原则。

30.【答案】 C ⌊基础 P31⌉

【解析】优先保护意味着,在特定情况下,当对劳动关系当事人双方的利益保护发生冲突时,劳动法优先保护劳动者的利益。例如安全与生产发生冲突时,应当坚持安全重于生产的原则,即使生产受到影响也要坚持安全第一的原则等。

31.【答案】 D ⌊基础 P28⌉

【解析】广义的劳动法则是指调整劳动关系以及与劳动关系密切联系的其他一些社会关系的法律规范的总和。

32.【答案】 A ⌊基础 P37⌉

【解析】劳动关系当事人约定的工资可以高于国家规定的最低工资标准,但是不能低于该项标准;再如工作时间,在正常情况下可以低于每日8小时的标准工作日,但是不能约定超过8小时的工作日,当然,依照法定程序延长工作时间的不在此列。即使依照法定程序延长工作时间,在正常情况下,每月也不能超过36小时。

33.【答案】 B ⌊基础 P68⌉

【解析】利用收益矩阵进行决策的顺序是:先分别设定各方案在不同自然状态下的收益,然后按客观概率的大小,加权平均计算出各方案的期望收益值,通过比较,从中选择一个最佳方案。

34.【答案】 B ⌊基础第三版 P75,第四版 P76⌉

【解析】消费者市场是指所有为了个人消费而购买物品或服务的个人和家庭所构成的市场。消费者市场是现代营销理论研究的主要对象,消费者市场是商品的最终归宿,研究影响消费者购买行为的主要因素及其购买决策过程,对于开展有效的市场营销活动至关重要。

35.【答案】 B ⌊基础 P52⌉

【解析】企业内部条件和外部环境的综合分析,主要采用SWOT分析方法。SWOT分析法是对企业组织信息进行经济学分析时最常用的方法。其中S即strength,表示组织的优势;W即weakness,表示组织的劣势;O即opportunity,表示组织面临的机会;T即threat,表示组织面临的威胁。SWOT分析法从各个角度对组织现状进行分析,组织面临的是机会还是威胁,拥有多少优势、多少劣势,主要取决于组织实力。

36.【答案】 B ⌊基础 P93-94⌉

【解析】影响销售渠道选择的因素包括产品因素、

市场因素、企业因素。

37.【答案】 C ⌊基础第三版 P114,第四版 P161⌉

【解析】团队学习是指团队生存、改进和适应变化着的环境的能力。团队成员怎样获取新的技能、视角和变化着的环境所需要的行为,怎样发现创造性解决问题的方法,如何长期保持高效率以及在外部环境变化时改变程序和规范。

38.【答案】 A ⌊基础第三版 P124,第四版 P171⌉

【解析】结构维度是指领导者更愿意界定自己和下属的工作任务和角色,以完成组织目标。这样的行为包括:向下属分派具体任务,规定工作绩效标准,强调工作期限,明确职责和关系,建立信息沟通的途径等。

39.【答案】 A ⌊基础第三版 P94,第四版 P95⌉

【解析】常用的销售渠道策略有以下三种:①独家性分销;②广泛性分销;③选择性分销。其中,独家性分销是指企业在一定地区、一定时间内只选择一家中间商经销或代理其产品。

40.【答案】 B ⌊基础第三版 P101,第四版 P148⌉

【解析】员工的组织承诺作为一种态度,通常表现为保持一个特定组织的成员身份的一种强烈期望,愿意做出较多的努力来代表组织,对于组织的价值观和目标明确信任和接受。组织承诺反映的是员工对组织的忠诚度,通过组织承诺表达了他们对组织及其将来的成功和发展的关注。与工作满意度类似,组织承诺与缺勤率和流动率呈负相关。

41.【答案】 C ⌊基础第三版 P102,第四版 P149⌉

【解析】首因效应是指最先的印象对人的知觉产生的强烈影响,即人们常说的“第一印象作用”。A项,光环效应是指当对一个人的某些特性形成好或坏的印象之后,人们就倾向于据此推论此人其他方面的特性;B项,投射效应是指在知觉他人时,知觉者以为他人也具备与自己相似的特性,把自己的特点归因到他人身上;D项,刻板印象是指对某个群体形成一种概括而固定的看法后,会据此推断这个群体的每个成员的特征。

42.【答案】 A ⌊基础第三版 P183,第四版 P234⌉

【解析】在管理体制上,传统的劳动人事管理多为被动反应型,按部就班,强调按领导意图办事;而现代人力资源管理多为主动开发型,根据组织的现状和未来,有计划、有目标地开展工作。

43.【答案】 C ⌊四级 P1⌉

【解析】从规划的期限上看,人力资源规划可分为长期规划(五年以上的计划)和短期计划(一年及以内的计划),介于两者之间的为中期计划。

44.【答案】 C ⌊四级 P267⌉

【解析】“薪酬”的英文为 compensation,是指用人单位以现金或现金等价物的任何方式付出的报酬。

45.【答案】 D ⌊四级第三版 P39,第四版 P28⌉

【解析】岗位写实的原则只包括三点:①写实人员不能向被观察者任意发号施令,强加于人;②写实人员应以真诚友好的态度和行为,善待被观察者,与其建立和谐的工作关系;③写实人员在观察写实的过程中,应当循循善诱,积极引导,排除各种干扰和阻力,保证写实的顺利进行,以期获得理想的岗位信息。

46.【答案】 C ⌊四级第三版 P51,第四版 P41⌉

【解析】活动记录法采集的信息真实可靠,但投入费用很高。

47.【答案】 B ⌊四级第三版 P19,第四版 P51⌉

【解析】统计分析法是指根据过去生产的同类型产品、零件、工序的实耗工时或产量的原始记录和统计资料,经过整理和分析,考虑今后企业的生产、组织、技术条件的变化,制定或修订定额的方法。

48.【答案】 B ⌊四级第三版 P232,第四版已删除⌉

【解析】结果指标则反映了工作的成绩或效果,是绩效考评的核心,结果类指标可以从成本、产出、效率、效果等多个方面进行衡量,往往采用定量的方式进行考评。

49.【答案】 C ⌊四级 P79⌉

【解析】在组织内部招聘与选拔时,应当掌握以下几点要求:①避免长官意志的影响;②不要求全责备;③不要将人才固定化;④全方位地发现人才。

50.【答案】 C ⌊四级第三版 P40,第四版 P29⌉

【解析】岗位抽样是统计抽样法在工作岗位调查中的具体运用,它是根据概率论和数理统计学的原理,对工作岗位随机地进行抽样调查,利用抽样调查得到的数据资料对总体状况做出推断的一种方法。

51.【答案】 A ⌊四级第三版 P288,第四版 P286⌉

【解析】工资指导线水平确定的主要依据是本地区年度经济增长率、社会劳动生产率、城镇居民消费价格指数,并综合考虑城镇就业状况、劳动力市场价格、人工成本水平和对外贸易状况等相关因素。

52.【答案】 A ⌊四级 P67⌉

【解析】人力资源管理行为不当所导致的成本是指由于人力资源管理人员的行为对员工的工作行为乃至工作绩效产生副作用而导致的人力资源浪费

或管理成本支出,包括直接成本和间接成本两个部分。分析和计算直接成本比较容易,而对间接成本的辨析及估算却相当困难。

53.【答案】 D 〖四级 P73〗

【解析】外部招募人员相对于内部选拔而言,成本比较高,而且也存在着较大的风险,但能为企业带来新思想、新方法。激励性强、适应快和费用较低是企业内部招募的优点。

54.【答案】 C 〖四级第三版 P72－73〗

【解析】内部招聘的局限主要在于:①因处理不公、方法不当或员工个人原因,可能会在组织中造成一些矛盾,产生不利的影响,如不利于组织的内部团结,削弱了企业的竞争力。②容易造成“近亲繁殖”。同一组织内的员工有相同的文化背景,可能会产生“团体思维”现象,抑制了个体创新,尤其是当组织内部重要岗位主要由基层员工逐级升任,就可能会因缺乏新人与新观念的输入,而逐渐产生一种趋于僵化的思维意识,这将不利于组织的长期发展。C 项是外部招聘的缺陷。

55.【答案】 D 〖四级第三版 P114－115,第四版 P116〗

【解析】企业在组织校园招聘时,需要处理好三个方面的问题:①领导不重视;②招聘人员的错误观念;③招聘人员素质不高。

56.【答案】 C 〖四级第三版 P93,第四版 P93－94〗

【解析】应聘申请表内容的设计要根据工作说明书来确定,考虑本企业的招聘目标以及需招聘的岗位,按不同岗位要求、不同应聘人员的层次分别进行设计。每一栏目均有一定的目的,切忌烦琐重复。设计时应注意有关法律和政策,不要将涉及国家机密的内容列入应聘申请表的调查项目。

57.【答案】 C 〖四级 P84〗

【解析】广播电视可能产生有较强冲击力的视听效果,容易给人留下深刻的印象,但广告的时间较短,且不便保留,费用一般也比较高。因此,一般情况下,广播电视招聘广告比较适合于当单位迅速扩大影响、需要招聘大量人员时,以及用于引起求职者关注、将单位形象的宣传与人员招聘同时进行的情况。

58.【答案】 A 〖四级第三版 P136,第四版 P133〗

【解析】培训需求分析系统包括两项基本功能:明确培训对象和制定培训标准。

59.【答案】 C 〖四级第三版 P165,第四版 P159〗

【解析】岗前培训亦称新员工导向培训或职前培训,指员工在进入组织之前,组织为新员工提供的有关组织背景、基本情况、操作程序和规范的活动。这种培训组织性和规范性强,物质条件好,有时间保障,通过一段时间使员工迅速掌握岗位要求必备的技能,以便尽快进入角色,对于新员工具有导向性作用,通常是在企业开办的新员工培训班内进行,主要采取课堂教学、开办讲座等方法进行,但它不适合于技术性强、对操作经验要求高的岗位。

60.【答案】 B 〖四级第三版 P207,第四版 P201〗

【解析】根据所采取的培训方式,脱产培训成本可分为企业内部脱产培训成本和企业外部脱产培训成本。内部脱产培训成本包括培训者和被培训者的工资、培训资料费、专业培训机构的管理费等;外部脱产培训成本包括培训机构收取的培训费,接受培训学员的工资、差旅费、补贴、住宿费、资料费等。

61.【答案】 A 〖四级第三版 P198,第四版 P193〗

【解析】工作轮换法的不足之处在于:它适用于一般直线管理人员,而不适用于职能管理人员。

62.【答案】 D 〖四级第三版 P206,第四版 P201〗

【解析】人力资源的开发成本是指企业为了使新聘用的人员熟悉企业、达到具体岗位所要求的业务水平,或者为了提高在岗人员的素质而开展教育培训工作时所发生的一切费用。人力资源的开发成本主要包括人员定向成本、在职培训成本和脱产培训成本。

63.【答案】 B 〖四级第三版 P196,第四版 P191〗

【解析】现场培训是指让员工在工作现场边工作边学习、锻炼的培训方式,它不需要专门的培训场所和设备,受训者可以兼顾工作和学习。如果一项培训内容的掌握有赖于实践,那么这项培训内容就适合于现场培训。

64.【答案】 D 〖四级第三版 P213,第四版 P208〗

【解析】在确定培训项目个人收费标准时,考虑到送培单位及学员的承受能力,一般将管理费用系数控制在 10% ~20%。

65.【答案】 C 〖四级第三版 P217,第四版 P213〗

【解析】C 项,绩效管理的活动过程,不仅仅着眼于员工个体绩效的提高,而且还注重员工绩效与组织绩效的有机结合,最终实现企业总体效率和效能的提升。

66.【答案】 C 〖四级第三版 P224,第四版 P220〗

【解析】在绩效管理系统设计的过程中,岗位说明书为“定义绩效”提供了内容上的技术支持。

67.【答案】 C 〖四级第三版 P230,第四版已删除〗

【解析】原则一致性与可靠性是对绩效管理标准在

适用程度上的要求，考评标准应适合相同类型的所有员工，即一视同仁，不能区别对待或经常变动，致使考评结果的横向与纵向可比性降低或丧失，绩效管理就失去了必要的可信度。

68.【答案】 A ⌞四级第三版 P249，第四版已删除⌝

【解析】工作要项是指工作结果对组织有重大影响的活动或大量的重复性活动。一项工作往往由许多活动构成，但考评不可能针对每一个工作活动进行；一个岗位的工作要项，一般不应超过 4 ~ 8 个要项；抓住了工作要项就等于抓住了关键环节，也就能够有效地组织考评。

69.【答案】 D ⌞四级第三版 P260，第四版 P258⌝

【解析】能级分析法是指用一定的临界点将考评得分划分为若干等级，并对此进行评价的方法。能级的划分可以是总分，也可以是结构分或要素分，它同顺序法的主要区别是顺序法只将分数排队；能级分析法是将分数划分。

70.【答案】 A ⌞四级第三版 P241，第四版 P251⌝

【解析】不同岗位、不同部门和不同行业对绩效考评的标准、方式和内容要求不同，因此绩效考评应具有针对性。

71.【答案】 D ⌞四级第三版 P268，第四版 P286⌝

【解析】基本工资是指根据劳动者所提供的劳动的数量和质量，按事先规定的标准和时间周期付给劳动者的相对稳定的劳动报酬。

72.【答案】 C ⌞四级第三版 P288，第四版 P280⌝

【解析】工资指导线的制定要符合国家宏观经济政策和对工资增长的总体要求，应坚持“两低于”原则。

73.【答案】 D ⌞四级 P279⌝

【解析】技能工资是根据员工个人的实际劳动技能水平确定的工资。其优点是建立在岗位评价的基础上，有利于调动员工努力提高技术业务水平的积极性，但缺点是岗位工资与技能工资所占的比例难以确定。

74.【答案】 C ⌞四级 P273 – 274⌝

【解析】目前企业普遍认为进行有效的薪酬管理应遵循以下原则：①对外具有竞争性原则；②对内具有公正性原则；③对员工具有激励性原则；④对成本具有控制性原则。

75.【答案】 C ⌞四级第三版 P302，第四版 P301⌝

【解析】计时工资的具体形式：小时工资制、日工资制、月工资制、年薪制。

76.【答案】 B ⌞四级第三版 P123，第四版 P124⌝

【解析】一般来说，一套典型的员工信息管理系统，从功能结构上应当分为三个层面：基础数据层、业务处理层和决策支持层。

77.【答案】 C ⌞四级第三版 P315，第四版 P318⌝

【解析】法定福利亦称基本福利，是指按照国家法律法规和政策规定必须发生的福利项目。其特点是只要企业建立并存在，就有义务、有责任且必须按照国家统一规定的福利项目和支付标准为员工支付，不受企业所有制性质、经济效益和支付能力的影响。其包括社会保险、法定节假日、特殊情况下的工资支付、工资性津贴、工资总额外补贴项目。

78.【答案】 A ⌞四级第三版 P316，第四版 P319⌝

【解析】企业基于全面改善员工工作生活质量等目的，所提供的免费员工心理健康咨询服务，称为非经济性福利。

79.【答案】 D ⌞四级第三版 P315，第四版 P318⌝

【解析】个人福利是指在个人具备国家及所在企业规定的条件时可以享受的福利。

80.【答案】 A ⌞四级第三版 P268，第四版已删除⌝

【解析】分配属于宏观层面的收入概念，是指社会在一定时期内对新创造出来的产品或价值即国民收入的分配，包括初次分配、再分配。初次分配又包括：一次分配，即国家与企业之间的分配；二次分配，即企业与员工之间的分配。

81.【答案】 B ⌞四级第三版 P332，第四版 P339⌝

【解析】劳动法律关系是雇员与雇主在实现现实的劳动过程中所发生的权利义务关系。

82.【答案】 C ⌞四级第三版 P351，第四版 P359⌝

【解析】工作内容是劳动者应当为用人单位提供的劳动，即承担何种工作或职务，包括工种和岗位、工作地点和场所。关于工作的数量、质量标准，若不宜具体规定，做出原则性规定即可。

83.【答案】 B ⌞四级第三版 P367，第四版 P375⌝

【解析】由用人单位提出解除劳动合同的，用人单位应根据劳动者在本单位的工作年限，每满一年发给相当于一个月的工资作为经济补偿金，工作时间不满一年的按一年的标准发放。支付经济补偿的年限最高不超过 12 年。小王在单位工作了 16 年，因此，按照规定经济补偿金应发放 12 个月的工资。

84.【答案】 A ⌞四级第三版 P352，第四版 P359⌝

【解析】试用期是劳动者和用人单位为相互了解、选择而约定的考察期，当事人分别用于考察劳动者是否符合录用条件，用人单位所介绍的劳动条件是否符合实际情况。依据劳动法的规定，试用期限最长不得超过6个月。对于合同期限1年以上不满3年的劳动合同,试用期限不得超过2个月。

85.【答案】 A 〖四级第三版P363,第四版P375〗

【解析】依据劳动法的规定,经当事人协商一致,劳动合同可以解除。由用人单位提出解除劳动合同的,用人单位应根据劳动者在本单位的工作年限,每满1年支付1个月工资的标准向劳动者支付。6个月以上不满1年的,按1年计算;不满6个月的,向劳动者支付半个月工资的经济补偿。这里所称的月工资是指劳动者在劳动合同解除或者终止前12个月的平均工资。

二、多项选择题

86.【答案】 ABCD 〖四级P230-231〗

【解析】制定起草企业绩效管理制度应体现以下要求:①全面性与完整性;②相关性与有效性;③明确性与具体性;④可操作性与精确性;⑤原则一致性与可靠性;⑥公正性与客观性;⑦民主性与透明度。

87.【答案】 AC 〖基础第三版P24,第四版P25〗

【解析】紧缩性的货币政策是通过削减货币供应量,提高利率,以减少总需求的宏观经济政策。当经济处于繁荣时期,总需求大于总供给,通货膨胀严重,政府就要实行紧缩性的货币政策。

88.【答案】 BE 〖基础P21〗

【解析】依靠政府的宏观调节,对国民经济运行的政策干预,才能使国民经济实现均衡。政府通过宏观财政政策、货币政策,并将两者和产业政策紧密结合,推行积极的劳动力市场政策,才能缓解需求不足性失业,进而实现充分就业。

89.【答案】 ABDE 〖基础P42〗

【解析】劳动法律关系的主体是指依据劳动法律的规定,享有权利、承担义务的劳动法律关系的参与者,包括企业、个体经济组织、国家机关、事业组织、社会团体等用人单位和与之建立劳动关系的劳动者。因为劳动法律关系为双务关系,当事人互为权利义务主体,即一方的义务为另一方的权利,一方义务的履行即是另一方权利的实现。

90.【答案】 BDE 〖基础P28〗

【解析】我国法学界关于劳动法的定义虽有不同的表述,但是基本内容是一致的。其一,狭义的劳动法仅指劳动法律部门的核心法律,即《中华人民共和国劳动法》这一规范性文件。其二,广义的劳动法则是指调整劳动关系以及与劳动关系密切联系的其他一些社会关系的法律规范的总和。其三,劳动法是指法律科学中的一个亚学科,是以劳动法作为研究对象的理论体系,即所谓的劳动法学。

91.【答案】 ABCDE 〖基础P55〗

【解析】企业纵向一体化的主要目的是:①控制原料生产的成本、质量和数量;②把供应商的利润转化成自己的利润;③控制产品的分销渠道,减少产品的库存积压;④获取价值链重组的利益;⑤扩大企业在特定市场和行业内的规模和竞争力。

92.【答案】 ABDE 〖基础第三版P91,第四版P92〗

【解析】需求差别定价法是指产品价格的确定以需求为依据,可根据不同的需求强度、不同的购买力、不同的购买地点和不同的购买时间等因素,制定不同的价格。需求差别定价法通常有以下四种形式:①以顾客为基础的差别定价;②以地理位置为基础的差别定价;③以时间为基础的差别定价;④以产品为基础的差别定价。

93.【答案】 ABCD 〖基础第三版P117,第四版P164〗

【解析】群体决策能增加决策的可接受性,这是群体决策的优点之一。

94.【答案】 BCDE 〖基础第三版P126,第四版P173〗

【解析】路径—目标理论的四种领导行为类型是:①指导型(结构维度)—让下属明了对他的期望,以及完成工作的方法、程序和时间等;②支持型(关系维度)—对下属亲切友善,关心他们的需求;③参与型—与下属共同磋商,在决策前充分考虑下属的建议;④成就导向型—设定富有挑战性的目标,期望下属充分实现自己的最佳水平。

95.【答案】 ABCE 〖基础第三版P145-146 第四版P193-196〗

【解析】企业进行以人为本的管理,必须遵循一定的标准、要求或原则,具体包括:①人的管理第一;②满足人的需要,实施激励;③优化教育培训,完善人、开发人、发展人;④以人为本、以人为中心构建企业的组织形态和机构;⑤和谐的人际关系;⑥员工个人与组织共同发展。

96.【答案】 ABDE 〖基础第三版P168,第四版P218〗

【解析】人力资源的生理开发要研究温度、湿度、气压、毒物、噪声、振动、辐射等环境的生理效应,以便采取有效措施,加以防护。

97.【答案】 ABCE 〖基础第三版P190,第四版P240〗

【解析】员工的基本特征:①员工不仅有生理性的行为,而且有生理性的需要;②员工不仅有心理性的行为,而且有心理性的需要;③员工不仅有社会性的行为,而且有社会性的需要;④员工不仅有道德性的行为,而且有道德性的需要。在人力资源管理中,员工在生理、心理、社会和道德方面所具有的多重特性是不容忽视的,尽管这些特性在表现形式和主次位置上会有所不同。

98.【答案】 ABC 〖四级 P4〗

【解析】企业组织信息采集过程中相关信息的来源主要有两个方面:①原始资料。原始资料又称第一手资料,或初级资料,是指调研人员自己采集的资料,如企业的业务状况记录、销售记录、成本记录、用户意见簿记录、消费者反馈信息记录、对批发企业和零售企业的调查记录等。②二手资料。二手资料又称次级资料,是指经过别人采集、整理和初步分析过的资料。这种资料通过机关、企业等单位或报纸杂志获得,成本低,但很可能失实,或由于时间、地点、条件变化而使资料失去使用价值。

99.【答案】 ABC 〖四级 P6〗

【解析】当面调查询问法又称面谈调查询问法,是指调查者当面向被调查者展开询问的方法。通过当面调查询问了解他们的观点,观察他们的反应。这种方法的优点是:机动灵活,不受时间、地点的限制;调查者可以直接、深入地了解被调查者的真实观点,采集到的资料比较全面、可靠。这种方法适用于采集内容比较复杂,要求比较细致的信息。

100.【答案】 ABDE 〖四级第三版 P5-6,第四版 P6-7〗

【解析】根据调查者与被调查者接触方式方法的不同,询问法可分为当面调查询问法、电话调查法、会议调查询问法、邮寄调查法和问卷调查法等。C 项属于观察法。

101.【答案】 ABCDE 〖四级第三版 P31,第四版 P20〗

【解析】工作岗位研究是岗位调查、岗位分析、岗位设计、岗位评价和岗位分类等项活动的总称。

102.【答案】 ABCE 〖四级第三版 P62,第四版 P63〗

【解析】人工成本是指企业在一个生产经营周期(一般为一年)内,支付给员工的全部费用,主要包括:①工资项目;②涉及员工权益的社会保险费以及其他相关的资金项目,如:基本养老保险费和补充养老保险费;医疗保险费;失业保险费;工伤保险费;生育保险费;福利费;教育经费;住房基金;其他费用,如工会基金等;③其他项目。

103.【答案】 AB 〖四级第三版 P67-68,第四版 P68〗

【解析】人力资源管理费用的核算包括两个步骤:①分析人力资源管理费用的项目,建立成本核算账目;②确定具体项目的核算办法,企业可以根据需要来规定本企业的人力资源管理成本核算办法,包括核算单位、核算形式和计算方法等。

104.【答案】 CE 〖四级第三版 P82,第四版 P84〗

【解析】使用招聘广告时要注意广告媒体的选择取决于招聘工作岗位的类型。一般来说,低层次岗位可以选择地方性报纸,高层次或专业化程度高的岗位则要选择全国性或专业性的报刊。

105.【答案】 ABCDE 〖四级第三版 P196,第四版 P191〗

【解析】适合现场培训的具体内容包括:①企业概况,即企业历史和现状;②企业文化;③企业行为规范;④企业各项规章制度;⑤产品知识,如产品性能、工艺、使用的原材料等;⑥从事具体岗位所应具备的专业知识;⑦从事具体岗位所应具备的能力;⑧从事具体岗位所应具备的技能;⑨管理实务;⑩思想道德。

106.【答案】 ABCD 〖四级第三版 P122,第四版 P123〗

【解析】上岗前的集中训练的目的是要解决一些共同的问题,让新员工尽快了解企业的基本情况。可以采用发行内部刊物以及观看企业相关录像或实地参观的形式。E 项是上岗后的分散训练采用的方法。

107.【答案】 ABCD 〖四级第三版 P124,第四版 P125〗

【解析】员工信息包含的内容主要包括:①反映员工历史状况的信息。主要内容有:履历材料;自传材料;鉴定材料;政治历史问题的审查、甄别和复查材料;参加党团组织的材料等;②反映员工现状的信息。包括目前的个人状况信息,以及与工作相关的信息;③反映员工个性与潜能的信息。包括兴趣、特长、爱好等信息。

108.【答案】 ACE 〖四级第三版 P137
第四版 P133-136〗

【解析】为了从根本上保证员工培训的质量,就需要企业根据自身发展的战略规划,在进行培训需求分析的基础上,制定出一套完整的培训计划,即首先要确认培训内容,再根据培训内容,选择培训的方式方法,进行培训课程的设计,确定培训时间和培训教师;最后,编制出培训预算和培训计划。

109.【答案】 CDE 〖四级第三版 P171,第四版 P165〗

【解析】岗前培训开始时,由高层经理人员致欢迎词,介绍公司的信念和期望,公司历史及概要,公司的传统、规范与标准,公司的组织指挥系统,公司的方针和理想,公司在同业中的地位,公司的经营思想,公司的发展趋势与目标,公司具备的优势和面临的问题,以及员工可以对公司具有的期望和公司对雇员的要求。

110.【答案】 CDE 〖四级第三版 P167,第四版 P161〗

【解析】在培训计划过程中,准备不够细致可能导致失去对整个计划的控制。为避免这一情形,要特别注意下面一些事项:①使用检查表,检查表是培训执行者为记录和控制与培训相关的无数细节的最有价值的工具。②地点的选择,培训应根据"择优选址"的原则,预先察看培训地点并在计划中加以确认。③确认培训员可以用电话、传真或确认信的方式就培训事宜做出确认。确认的内容包括主题、日期、时间以及取消的信息等,还可包括诸如费用、就餐问题、特殊期望以及课前的阅读和作业等信息。

111.【答案】 ABCD 〖四级第三版 P204-205 第四版 P199-200〗

【解析】网上教学的优点在于:①学习者可以在自己选定的时间内学习;②学习者可以在自己选定的空间内学习;③便于学习者与指导者交流;④信息量大、选择性强;⑤学习内容易于保存;⑥费用低。实际上,网上教学的课程内容很难根据学习者的具体情况改变,不够灵活。

112.【答案】 ABD 〖四级第三版 P254-255 第四版 P244-245〗

【解析】所有的考评表格都应该包括考评主体和考评指标,以及考评应达到的标准。

113.【答案】 BCDE 〖四级第三版 P231,第四版已删除〗

【解析】民主性常常是实现客观公正的必要条件。这是指在制定标准时要听取员工的意见,在条件允许时,应吸收各类员工推选的代表参与绩效管理制度的制定过程,在执行绩效管理时要切实保障被考评者申诉与解释的权利。透明度既要求绩效管理的程序向员工公开,还要求绩效管理结果应向被考评者进行必要和及时的反馈。

114.【答案】 BCDE 〖四级第三版 P215-216 第四版 P211〗

【解析】绩效的多因性是指绩效的优劣不只取决于单一的因素,而要受到主、客观多种因素的影响,如员工的激励、技能、环境与机会,其中前两者是员工自身的主观性影响因素,后两者则是客观性影响因素。

115.【答案】 ACD 〖四级第三版 P248,第四版已删除〗

【解析】在企业绩效管理的全部活动中,绩效考评作为绩效管理的一个重要的中心环节,一般是先从基层员工开始,进而对中层人员考评,形成自下而上的过程。①以基层为起点,由基层部门的领导对其直属下级进行考评,考评分析的内容包括员工个人的工作行为,以及影响员工行为的个人特征、心理品质和能力素质;②在基层考评的基础上,对各个中层部门进行考评。其考评范围和内容,不仅包括对各个中层部门主管的个人行为与工作业绩的考评,也包括对该部门总体的工作绩效考评;③完成逐级考评之后,由企业的上级机构或董事会对企业高层领导进行考评,其内容主要是经营效果方面硬指标的完成情况如总产值、总收益、市场占有率、成本利润率等。

116.【答案】 ABDE 〖四级 P274〗

【解析】目前企业普遍认为进行有效的薪酬管理应遵循以下原则:①对外具有竞争性原则;②对内具有公正性原则;③对员工具有激励性原则;④对成本具有控制性原则。

117.【答案】 ABC 〖四级第三版 P136,第四版已删除〗

【解析】培训系统设计、开发必须回答三个问题,即培训目标是什么?开展哪些活动才能实现目标?怎样检验目标是否达到?

118.【答案】 BCD 〖四级第三版 P304,第四版 P301、303〗

【解析】计件工资是指根据员工完成合格产品的数量,按计件单价支付的劳动报酬,计件工资制的具体形式包括:实行超额累进计件、直接无限计件、限额计件、超定额计件等工资制,按劳动部门或主管部门批准的定额和计件单价支付给个人的工资;按工作任务包干方法支付给个人的工资;按营业额提成或利润提成办法支付给个人的工资。

119.【答案】 BCD 〖四级第三版 P298,第四版已删除〗

【解析】采用要素计点法进行岗位评价的具体步骤为:①确定岗位系列;②搜集岗位信息;③选择评价要素;④定义评价要素;⑤确定要素等级;⑥确定各要素的权重;⑦确定各要素及各要素等级的点值。

120.【答案】 BCDE 〖四级第三版 P316,第四版 P319〗

【解析】经济性福利项目是指除了工资和奖金外,对员工提供其他的经济性补助的福利项目,如住房补贴、结婚礼金等。经济性福利项目可以减轻员工的负担或增加额外收入,进而提高员工士气和工作效率。A 项工作环境保护不属于经济性福利这一项目。

121.【答案】 ACE 〖四级第三版 P319,第四版 P322〗

【解析】失业保险是指国家通过立法强制实行的,由社会集中建立基金,对因失业而暂时中断生活来源的劳动者提供物质帮助的制度。它是社会保障体系的重要组成部分,是社会保险的主要项目之一,具有普遍性、强制性和互济性的特点。

122.【答案】 BCD 〖四级第三版 P328,第四版 P335〗

【解析】劳动法是指调整劳动关系以及与劳动关系密切联系的其他一些社会关系的法律规范的总和,其调整范围不仅限于劳动关系。劳动关系是基于劳动合同而建立的,发生在劳动者为用人单位进行有偿职业劳动之前。一般而言,所谓劳动关系通常是指用人单位(雇主)与劳动者(雇员)之间在运用劳动者的劳动能力,实现劳动过程中所发生的关系。

123.【答案】 ACDE 〖四级第三版 P357,第四版 P365〗

【解析】依据劳动法的有关规定,下列劳动合同无效:①劳动合同主体不合法,即劳动者不具有劳动权利能力和行为能力,或者用人单位不具有用工权利能力和行为能力;②劳动合同的内容不合法,劳动合同的条款违反法律或行政法规的规定;③劳动合同的形式不合法,应当采取书面形式而未采取书面形式订立的劳动合同;④劳动合同订立程序不完备;⑤意思表示不真实,采取欺诈、威胁等手段订立的劳动合同等。A 项违背了法律规定,C 项劳动合同的形式不合法,必须采用书面形式,D 项订立合同的双方没有相互协商,合同订立的程序不完备,E 项是采取欺诈手段订立的合同。B 项试用期的规定是约定条款,没有试用期的约定,合同也有效。

124.【答案】 BCDE 〖四级第三版 P364 - 365 第四版 P371〗

【解析】用人单位随时提出解除劳动合同的情形是:①劳动者在试用期间被证明不符合录用条件的,此种情况在试用期满后不再适用;②劳动者严重违反劳动纪律或用人单位规章制度的;③劳动者严重失职、营私舞弊,对用人单位利益造成重大损失的;④劳动者被追究刑事责任的。

125.【答案】 ABCDE 〖四级第三版 P380,第四版 P388〗

【解析】重大事故隐患管理制度是对企业可能导致重大人身伤亡或重大经济损失,潜伏于作业场所、设备设施以及生产、管理行为中的安全缺陷进行预防、报告、整改的规定。其要点为:①重大事故隐患分类;②重大事故隐患报告;③重大事故隐患预防与整改措施;④劳动行政部门、企业主管部门对重大事故隐患整改的完成情况的检查验收。

卷册二:专业能力

一、简答题(本题共 3 题,第 1 小题 16 分,第 2 小题 14 分,第 3 小题 16 分,共 46 分)

1.〖四级 P1 - 2〗

【答案】 企业人力资源规划的内容:

(1)整体规划:是对企业人力资源开发和利用的大政方针、政策和策略的规定,是各种人力资源具体计划的核心,是事关全局的关键性计划。(4 分)

(2)组织规划:是对企业整体框架的设计,包括组织信息的采集、处理和应用,组织结构的绘制组织调查、诊断和评价,组织的设计与调整组织机构的设置等。(3 分)

(3)制度规划包括人力资源管理制度体系建设的程序制度化管理等,是总规划目标实现的重要保证。(3 分)

(4)人员规划:是对企业各类人员总量、构成、流动和补充的整体规划,包括人力资源现状分析、工作岗位调查、人员分类与工时统计分析、定岗定员与劳动定额等基础工作。(3 分)

(5)职业生涯规划:是对职业生涯乃至人生进行持续、系统的规划过程。一个完整的职业生涯规划一般由职业定位、目标设定和通道设计三个要素构成。(3 分)

2.〖四级第三版 P241,第四版 P251 - 252〗

【答案】 绩效考评的作用有:

根据企业实际情况,建立以绩效考评为中心的管理体系,意味着企业采用科学规范的绩效考评程序,选择最适合自身情况的考评制度、考评方法和考评程序。随着企业的进步和发展,新的绩效考评程序和方法不断涌现,使绩效管理的活动更加充满活力,在推动企业文化的建设,提升员工的综合素质,促进生产率提高等方面发挥越来越重要的作用。有效的绩效考评会给企业日常管理工作带来巨大的好处。绩效考评既是有效的管理手段和工具,又是各级员工的"良师益友"。总之,通过绩效考评可以发挥以下作用:

(1)上级主管不必介入所有具体的事务中。(2 分)

(2)通过赋予员工必要的知识来帮助他们进行合理的自我决策,从而节省管理者的时间。(3 分)

(3)减少员工之间因职责不明而产生的误解,减少出现当上级主管需要信息时没有信息的局面。(3 分)

(4)通过帮助员工找到效率低下的原因,减少错误和偏差(包括重复出错的问题)。同时,绩效考评还能使员工得到有关他们工作业绩和工作现状的反馈。(3 分)

(5)通过定期的交流,员工不但对自己的长处有了全面、正确的估计,也能清醒、冷静地面对自己的不足和缺陷,从而激发他们劳动的积极性、主动性和创新性,扬长避短,努力学习,不断进步。(3 分)

3.〖四级第三版 P298,第四版已删除〗

【答案】 要素记点法进行岗位评价的步骤:

(1)确定岗位系列:确定岗位系列是进行岗位评价的基础,明确进行岗位评价的岗位名称、数量以及层级,以此作为岗位评价的对象。(2分)

(2)搜集岗位信息:通过工作分析,制定工作说明书,以及采用调查问卷、观察法等方式对岗位的具体信息进行搜集。(2分)

(3)选择评价要素:选择若干关键性的薪酬因素,包括工作责任、任职要求、工作环境等。这些要素对岗位绩效能够产生决定性的作用。(2分)

(4)定义评价要素:对于选择的评价要素做出清晰的定义,确保每一个评价要素有明确的含义表达,能够与其他要素相互区别。(2分)

(5)确定要素等级:每一个要素需要划分不同的等级,一般情况下,要素等级划分为4个,以保证能够清楚区分职位水平。(2分)

(6)确定各要素的权重:由于不同要素在企业中的重要程度不同,因此,根据企业特征,对每一个要素确定所对应的权重。(2分)

(7)确定各要素及各要素等级的点值:通过上述工作,具体确定各个要素以及要素等级的点值,经过加权求和,最后得到各个岗位的总点数。(4分)

二、计算题(本题18分。先根据题意进行计算,然后进行必要分析,只有计算结果没有计算过程不得分)

4.⌊四级 P53⌉

【答案】 四月平均人数=(月初人数+月末人数)÷2=(135+143)÷2=139(人)(9分)

季度平均人数=(四月平均人数+五月平均人数+六月平均人数)÷3=(139+140+146)÷3=141.67(人)(9分)

由上可知该公司四月平均人数为139人,季度平均人数约为142人。

三、综合分析题(本题共2题,每小题18分,共36分)

5.(1) ⌊四级第三版 P291－293,第四版 P293－294⌉

【答案】 获取薪酬信息是薪酬管理的基础工作,只有获取薪酬信息才能了解市场行情,才能使薪酬水平准确定位,避免过高或过低的薪酬支付,影响企业的运作成本或破坏企业的员工保留计划。薪酬调查是多数企业在薪酬改革或调整过程中所采用的一种了解劳动力市场薪酬行情,最终确定企业薪酬水平的常规方式。然而许多公司都实行了薪酬保密制度,从而为薪酬调查造成了很大障碍,并成为许多薪酬管理者所共同面临的难题。其实,除了常规的由公司自己操作的薪酬调查之外,其他一些渠道也可以提供比较准确的外部薪酬数据:①利用招聘收集信息;②离职分析;③人际关系网络收集;④标杆企业跟踪;⑤网络调查;⑥购买薪酬数据。(9分)

(2) ⌊四级 P293－294⌉

【答案】 市场薪酬调查问卷设计的具体要求为:①明确薪酬调查问卷要调查的内容后,再设计表格;②确保表格中的每个调查项目都是必要的,经过必要的审核,剔除不必要的调查项目,以提高调查问卷的有效性和实用性;③请若干人员试填表格样本,倾听反馈意见,了解表格设计是否合理;④要求语言标准,问题简单明确;⑤把相关的问题放在一起,例如姓名、性别、年龄、岗位名称、所属部门等;⑥尽量采用选择判断式提问,尽可能减少表中的文字书写量;⑦保证留有足够的填写空间;⑧使用简单的打印样式以确保易于阅读,当然也可以采用电子问卷,以便于统计分析软件处理;⑨如果觉得有帮助,可注明填表须知;⑩充分考虑信息处理的简便性和正确性。如果需要将表格中的调查结果转录到其他文件中,就应按照同样的顺序排列提问答案的选项,以便减少抄录时发生错误;⑪如果在多种场合需要该信息,可考虑表格带有复写纸,以免不得不多次填写表格;⑫如果表格收集的数据使用OCR(光学字符阅读)和OMR(光学符号阅读)处理,这两种方法使信息可以自动读入计算机,表格则需要非常仔细地设计,保证准确地完成数据处理。(9分)

6.(1) ⌊四级 P361－366⌉

【答案】 根据《中华人民共和国劳动法》规定,A公司的做法不合法。张某的劳动合同是与A公司签订的,与B商场之间只是借聘关系。对此,应认定张某只是与A公司之间有劳动合同关系。因此,有关张某劳动合同的签订、变更、解除、续定、终止等手续,都应由A公司与其办理。本案例的处理决定有B商场做出,其主体不合法。处理决定不符合A公司与违纪职工解除劳动合同的条件。(9分)

(2) ⌊四级第三版 P387－389,第四版 P377⌉

【答案】 根据《中华人民共和国劳动法》的规定,张某可以向A公司的劳动争议调解委员会申请调解,调解不成,张某可以向劳动争议仲裁委员会申请仲裁。也可以直接向劳动争议仲裁委员会申请仲裁,张某如对仲裁不服,也可以向人民法院提起诉讼。(9分)

国家职业资格考试试卷

真题汇编(四)

职　　业:企业人力资源管理师
等　　级:国家职业资格四级
卷 册 一:职业道德
　　　　　理论知识

注意事项:1. 考生应首先将自己的姓名、准考证号等用钢笔、圆珠笔等写在试卷册和答题卡的相应位置上,并用铅笔填涂答题卡上的相应位置处。

2. 本试卷册包括职业道德和理论知识两部分:
第一部分,1～25 小题,为职业道德试题;
第二部分,26～125 小题,为理论知识试题。

3. 每小题选出答案后,用铅笔将答题卡上对应题目的答案涂黑。如需改动,用橡皮擦干净后,再选涂其他答案。所有答案均不得答在试卷上。

4. 考试结束时,考生务必将本卷册和答题卡一并交给监考人员。

5. 考生应按要求在答题卡上作答。如果不按标准要求进行填涂,则均属作答无效。

姓　　名:________________

准考证号:________________

卷册一：职业道德　理论知识

·第一部分　职业道德·

(第 1 ~25 题,共 25 道题)

一、职业道德基础理论与知识部分(第 1 ~16 题)

答题指导

该部分均为选择题,每题均有四个备选项,其中单项选择题只有一个选项是正确的,多项选择题有两个或两个以上选项是正确的。

请根据题意的内容和要求答题,错选、少选、多选,则该题均不得分。

(一)单项选择题(第 1 ~8 题)

1. 关于“见利思义”,正确的理解是(　　)。

A. 认真思考如何取得更大利益的手段和方法

B. 在利益面前,要弄清其是否合乎自身成长的需要

C. 以是否符合企业和社会发展要求获取利益

D. 利益是事物发展的永恒动力

2. 历史上关于“道德立法”的正确说法是(　　)。

A. 美国国会于 1978 年通过了《从政职业法》

B. 雅典城邦国家时期曾通过了《汉莫拉比法典》

C. 法国大革命时期制定了《人权法案》

D. 日本在近代颁布了《荣誉法典》

3. 下列说法中,构成我国社会主义核心价值体系的是(　　)。

A. 中国特色社会主义共同理想

B. 实事求是的思想路线

C. 人本、法治、科学、和谐

D. 民主集中制

4.《公民道德建设实施纲要》提出的我国从业人员应该遵循的职业道德要求是(　　)。

A. 爱岗敬业、诚信友善、公道正派、崇尚科学、自强奉献

B. 爱国守法、明理诚信、崇尚科学、团结和谐、创新进取

C. 爱岗敬业、诚实守信、办事公道、服务群众、奉献社会

D. 爱岗敬业、诚实守信、公道正派、厚德自强、奉献进取

5. 拜金主义的实质是(　　)。

A. 以赚取金钱为最大乐趣的人生观

B. 以金钱作为判断是非的根本标准

C. 极端吝啬的思想和行为

D. 一夜暴富的观念和行为

6. 关于职业化,正确的说法是(　　)。

A. 职业化是企业管理者对被管理者的要求,已经完全脱离了市场的影响

B. 职业化是新型劳动观的核心内容,对新型劳动观提出了更高标准和要求

C. 职业化要求抛弃主观性因素干扰,不宜作为精神力量存在于职场

D. 把职责的要求体现在个人履行职业的自律上的做法是职业化的异化

7. 下列说法中,属于世界 500 强企业关于优秀员工的核心标准的是(　　)。

A. 不把自己当员工,要把自己当老板

B. 不随便提出自认为好的建议,以免影响上司决策

C. 不把细节作为关注点,而是增强执行力

D. 不找任何借口,要自动自发地工作

8. 对职业道德规范“诚信”内涵的正确理解

是(　　)。

A. 尊重客观,无论何时何地都要敢于讲出实情

B. 与人交往真实,不妄言

C. 平等尊重,以对方诚信作为自己为人处事的前提

D. 大奸似忠,世上没有绝对的诚信

(二)多项选择题(第 9 ~ 16 题)

9. 根据禁止商业贿赂行为的暂行规定,下列说法中正确的是(　　)。

A. 贿赂手段中的财物指的是现金等,也包括科研费、咨询费

B. 提供国内外各种名义的旅游、考察属于商业贿赂的范畴

C. 经营者的职工的贿赂行为属于职工个体行为,与经营者无关

D. 经营销售商品,绝不可以以明示方式给予对方折扣

10. 关于员工及企业执行力,正确的说法是(　　)。

A. 企业的执行力靠的是纪律

B. 三流的点子加一流的执行力比一流的点子加三流的执行力好

C. 成功必须依赖纪律规范,遵守纪律规范可以使每件事做得更好

D. 在企业管理上,遵守纪律没有商量

11. 下列说法中,符合节约能源管理暂行条例的是(　　)。

A. 企业主管部门应会同相关部门对能源消耗进行考核

B. 企业应当进行能耗分析,根据需要开展能量平衡工作

C. 企业节能技术改造资金主要从企业折旧基金和留用的生产基金中支出

D. 企业使用国家公布淘汰的能耗超标设备,必须限期改造更新,禁止转移他用

12. 职业道德规范“合作”的特征是(　　)。

A. 社会性

B. 自利性

C. 平等性

D. 单向性

13. 根据比尔 · 盖茨确立的 10 大优秀员工准则,要使员工与公司制定的长期目标保持一致,需要把握的事情主要包括(　　)。

A. 跟随公司的目标,把握自己努力的方向

B. 根据上司的指令采取行动,不擅自作为

C. 奖金和薪水不是唯一的工作动力

D. 帮助老板成功,你才能成功

14. 为有效维持上下属之间的良好关系,合理的做法是(　　)。

A. 上司应减少与员工的接触,以“距离”增强权威感

B. 上司充分信任下属,放手让他们加强自我管理

C. 从下属的立场考虑问题,尊重下属的自尊心

D. 员工差异很大,适度批评一些员工会增强他们的工作动力

15. 日本拉链大王吉田忠雄曾说:“不为别人的利益着想,就不会有自己的繁荣。”这句话的意思是(　　)。

A. 善于理解别人,不要因为原则而事事较真儿

B. 把客户的利益放在首位,处处为客户着想

C. 自己的繁荣与他人的利益是一个共同体

D. 以别人取得利益的方式确定自己的利益

16. 对提高职业道德修养有价值的方式是(　　)。

A. 推己及人

B. 慎独

C. 随遇而安,淡泊无为

D. 积少成多,积善成德

二、职业道德个人表现部分(第17~25题)

答题指导

该部分均为选择题,每题均有四个备选项,您只能根据自己的实际状况选择其中一个选项作为您的答案。

17. 如果单位交付的任务过于繁重,而且你觉得这些任务让自己越来越难以承受。这时,你会(　　)。
A. 请示上司,要求适度减轻任务
B. 不管结果如何,都会尽力去做
C. 自己会尽最大努力,实在完不成时再说
D. 既然任务难以完成,不如随遇而安

18. 对于过去那些做得不好或者没有处理好的工作,你的感受是(　　)。
A. 十分遗憾,总在幻想还有机会再来一次
B. 没有遗憾,都已过去
C. 会有遗憾,过去的事情总会浮现在眼前
D. 有些遗憾,但会避免这样的事情再次发生

19. 关于社会慈善事业,你能够认可的说法是(　　)。
A. 大家都来关心慈善事业,慈善事业才能做好
B. 没有充分的物质基础,要做好慈善事业是不可能的
C. 做好慈善事业,关键是要有一种对善的追求
D. 把自己的事情做好了,就是为社会慈善事业做贡献了

20. 地方管理部门号召居民实施垃圾分类投放,你按要求做了。但后来听人说,环卫部门在处理垃圾时并没有按照居民的分类投放方式进行循环利用或者无害化处理,而是一股脑地倒进垃圾填埋场了事。这时,你会(　　)。
A. 不再做徒劳的事情
B. 向地方管理部门提出改进建议
C. 以后地方管理部门所有的号召,都不再相信了
D. 还会按照分类要求处理垃圾

21. 你在工作上投入很多,没有人表扬你做得用心,后来你发现,实际上即使少投入一些,工作也能够完成,同时,也没有人批评你做得不好。对此,你会(　　)。
A. 只要完成任务就可,不必投入那么多了
B. 会投入,但不会像以前那样多了
C. 少投入一点,以节省时间多学习一些新的知识技能
D. 只要没有人指出自己所做的工作存在不妥就可以

22. 你发现某个同事利用工作之便贪图一些小便宜,如偷懒或者把废弃的小物件私自带走。而对这样的情况,你会(　　)。
A. 以匿名信的方式反映给企业高层管理人员
B. 私下里直接告诉给主管,要求他们来处理
C. 私下里劝导这位同事改正
D. 把这事告诉给其他同事

23. 如果你新到一岗位,压力很大,你感到特别劳累。如果再这样持续下去,医生警告,你的身体可能会出状况。这时,你的处理方式会是(　　)。
A. 请假休息
B. 适度降低工作标准
C. 坚持
D. 寻求同事和主管的帮助

24. 你在工作上已经全身心地投入了,但还是会屡屡出现差错,你会(　　)。
A. 干一天算一天
B. 再坚持一段时间,如果还不行,考虑转行
C. 对自己不满,但也会不甘心
D. 自己已经全身心地投入了,所以问心无愧

25. 某员工一直表现很好，最近不知何故，工作上很消沉，还时不时受到上司批评。你平时与他并无特别关系，对此，你会（　　）。
A. 估计他的状况是暂时的，过几天就会好起来
B. 很想帮助他，但又不知如何帮助他
C. 找机会与他聊一聊
D. 努力工作，不希望出现那个员工那样的状况

·第二部分　理论知识·

（第26～125题，共100道题，满分为100分）

一、单项选择题（第26～85题，每题1分，共60分。每小题只有一个最恰当的答案）

26. 在劳动经济学的研究方法中，（　　）是认识客观现象，向人们提供实在、有用、确定、精确的知识的方法。
A. 观察研究方法
B. 实证研究方法
C. 对比研究方法
D. 规范研究方法

27. 规范研究方法重点解决客观经济现象（　　）的问题。
A. 是什么
B. 怎么样
C. 应该是什么
D. 本质

28. 劳动力供给弹性是（　　）变动对工资率变动的反应程度。
A. 劳动力供给增加量
B. 劳动力供给量
C. 劳动力需求增加量
D. 劳动力需求量

29.（　　）变动对工资率变动的反应程度定义为劳动力需求的自身工资弹性。
A. 劳动力需求
B. 劳动力供给
C. 劳动力需求量
D. 劳动力供给量

30. 政治法律环境是影响企业战略决策的（　　）。
A. 首要内部环境
B. 首要外部条件
C. 重要内部环境
D. 重要外部环境

31. 市场按买方的类型可分为消费者市场和（　　）。
A. 组织市场
B. 信息市场
C. 服务市场
D. 产品市场

32.（　　）把下属作为权变的变量，即认为下属的成熟水平是选择领导风格的依赖条件。
A. 领导者参与模型
B. 领导情境理论
C. 费德勒的权变模型
D. 路径—目标理论

33.（　　）按测验的内容可分为两大类，一类是能力测验，另一类是人格测验。
A. 心理测验
B. 成就测验
C. 生理测验
D. 情商测验

34. 人力资源的创新能力是企业竞争优势的根本，是企业实现可持续发展的（　　）。
A. 重要保障
B. 不竭动力
C. 理论支持
D. 理想目标

35. 现代人力资源管理追求（　　）和艺术性，不断采用新的技术和方法，完善考核系统、测评系统等科学手段。
A. 理论性
B 科学性

C. 客观性
D. 综合性

36. (　　)不属于企业信息采集和处理的基本原则。
A. 准确性
B. 系统性
C. 全面性
D. 经济性

37. (　　)是指向企业的档案管理部门或档案管理人员了解组织过去的建设、运行状况以及关于重大事件或决策的档案记录的方法。
A. 调查研究法
B. 当面调查法
C. 行为记录法
D. 档案记录法

38. 通过对生产技术条件的分析,在挖掘生产潜力以及操作合理化的基础上,采用分析计算或实地测定来制定定额方法的是(　　)。
A. 经验估工法
B. 统计分析法
C. 类推比较法
D. 技术定额法

39. 工时定额和产量定额是劳动定额的两种基本表现形式,它们在数值上互成(　　)。
A. 指数关系
B. 倒数关系
C. 差值关系
D. 正比关系

40. 职务与职位的主要区别不包括(　　)。
A. 职务主要强调的是规定员工应该承担工作的内容和要求
B. 职务主要强调的不是工作任务的地点和时空条件
C. 职位是对其所承担的任务内容和特点的高度概括和总结
D. 职务反映了员工所承担的工作性质

41. (　　)是依照企事业单位的有关规章制度,为了保证员工尽职尽责地完成本岗位各项工作任务,对其岗位职责内可行使的权力范围和内容所作的界定。
A. 职权
B. 权限
C. 职责
D. 职位

42. 进行岗位调查时,采用何种方式应视具体情况而定。在岗位数目较少的企业进行调查时,可采用面谈或(　　)的调查方式。
A. 现场观测法
B. 电话会议法
C. 书面调查法
D. 综合采用上述方法

43. 全面了解被调查对象在一个工作日内工作活动的情况,掌握其具体的工作内容、程序、步骤和方法的是(　　)的基本功能。
A. 岗位写实
B. 岗位分析
C. 岗位观察
D. 作业测时

44. (　　)是指在招聘广告中不出现招聘企业名称的广告。
A. 隐瞒广告
B. 秘密广告
C. 遮蔽广告
D. 不公开广告

45. (　　)是我国经济改革的实践活动中出现的一个新事物。它对传统体制下"终身制""铁饭碗""铁交椅"的劳动人事制度产生了巨大的冲击。
A. 岗位轮换
B. 计件工资
C. 竞聘上岗
D. 内部选拔

46. 招聘工作的提出和确定是从(　　)开始的。
A. 招聘计划
B. 招聘策略
C. 工作分析

D. 招聘需求

47. 应聘申请表设计时，要符合当地有关（　　）和政策的要求。

A. 法律

B. 上级主管部门

C. 业务部门主管

D. 人事行政总监

48. 管理者对员工给予充分的信任与尊重的原则要求是（　　）。

A. 以人为本

B. 任人唯贤

C. 用人不疑

D. 严爱相济

49.（　　）属于按照功能结构划分的典型的员工信息管理系统层面。

A. 业务执行层

B. 业务处理层

C. 智囊咨询层

D. 数据处理层

50. 在进行人员筛选时，体检适宜在（　　）进行。

A. 初次筛选后

B. 所有筛选方法使用之后

C. 背景调查后

D. 面试后

51. 关于背景调查应遵循的原则，下列说法错误的是（　　）。

A. 只调查与工作相关的情况

B. 要评估调查材料的可靠程度

C. 重视客观内容的调查核实

D. 重视应聘者性格方面的主观评价内容

52. 在一般情况下，（　　）广告比较适合于寻找的岗位合格候选人相对集中在某个专业领域内的情况、适合空缺岗位并非迫切需要补充且地区分布较广的情况。

A. 杂志招聘

B. 报纸招聘

C. 电视招聘

D. 网络招聘

53. 因员工离职或调动到其他部门、员工正常退休、员工短期休假等产生岗位的空缺属于（　　）。

A. 组织人力资源自然减员

B. 组织业务量变化引起的人力资源需求

C. 组织人力资源配置不合理引起的人力资源需求

D. 组织人力资源满负荷

54. 劳动者的工种与岗位、工作地点和场所通常在劳动合同的（　　）中加以约束。

A. 法定条款

B. 约定条款

C. 专项协议

D. 补充协议

55. 检测，请具有一定专业知识的人或经验丰富的人来审阅案例，看它是否存在缺陷或遗漏，属于案例编写的（　　）。

A. 具体目的

B. 具体步骤

C. 具体手段

D. 具体内容

56. 员工管理人员教程培训是在职培训的重要组织形式之一，受到很多企业的重视。一般按照以下（　　）个级别进行。

A. 四

B. 三

C. 二

D. 六

57. 劳动合同的主体具有（　　）。

A. 一致性

B. 特殊性

C. 特定性

D. 普遍性

58. 在新员工对企业及员工不熟悉的情况下，（　　）是新员工获取企业信息的基本来源。

A. 企业简介

B. 企业宣讲

C. 员工手册

D. 电视广告

59. 转岗培训是在岗培训的主要类型之一,造成转岗的原因不包括(　　)。

A. 企业经营规模与方向的变化

B. 员工不能胜任现在的工作,需要重新安置

C. 员工对现在的工作感到厌倦,要求重新安置

D. 企业生产技术进步

60. (　　)是指让受训者在预定时期内变换工作岗位,使其获得不同岗位的工作经验的培训方法。

A. 工作指导法

B. 特别任务法

C. 工作轮换法

D. 现场培训法

61. 制定自学计划或帮助员工制定个人自学计划,属于人事部门对(　　)的管理。

A. 业余培训

B. 在岗培训

C. 自学

D. 脱产培训

62. 下列各项不属于无形资本费用的是(　　)。

A. 培训组织人员、内聘教学人员因从事培训工作,未能参加企业的生产活动而造成的损失

B. 受训人员因从事培训工作,未能参加企业的生产活动而造成的损失

C. 培训组织人员和内聘教学人员在组织培训过程中的工资

D. 由于管理不善而造成的损失费用

63. (　　)是进行培训的物质基础。

A. 培训预算

B. 培训经费

C. 培训设施

D. 培训基地

64. 改善绩效为目的的培训通常一个计划针对(　　)项目。

A. 三个

B. 一个

C. 五个

D. 多个

65. 定义绩效是进行绩效考评的基础,也是(　　)的关键。

A. 绩效管理

B. 岗位分析

C. 企业战略

D. 岗位管理

66. 绩效低下的原因可分为(　　)。

A. 总体原因和个体原因

B. 总体原因和组织或系统原因

C. 个体原因和组织或系统原因

D. 主观原因和客观原因

67. (　　)是衡量企业战略实施效果的指标,是企业战略目标经过层层分解产生的可操作性的指标体系,体现了对组织战略目标的增值作用。

A. 关键绩效指标

B. 一般绩效指标

C. 否决指标

D. 定性指标

68. 在绩效管理中,以上级主管考评的,其考评分数对被考评者的结果影响(　　)。

A. 很大

B. 不大

C. 没有直接关系

D. 有间接关系

69. (　　)包括基本工资、绩效工资、奖金、津贴、补贴等,一般以现金形式支付。

A. 间接薪酬

B. 直接薪酬

C. 货币薪酬

D. 非货币薪酬

70. 下列有关绩效工资的说法,错误的是(　　)。

A. 绩效工资是指根据员工的年度绩效评价结果确定的对基础工资的增加部分

B. 一般会根据员工绩效评价的等级,将员工

的基本工资上下浮动 15% 左右

C. 通常将绩效提薪纳入基本工资的范畴

D. 绩效提薪在一定程度上激励效果不明显，反而增加企业的工资支付成本

71. (　　)实际上是计时工资的一种转化形式。

A. 等级工资

B. 岗位工资

C. 绩效工资

D. 计件工资

72. 企业提供(　　)福利，基本目的在于全面改善员工的工作、生活质量。

A. 非必要性

B. 必要性

C. 经济性

D. 非经济性

73. 根据《失业保险条例》，城镇企业、事业单位应按照本单位职工工资总额的(　　)缴纳失业保险费。

A. 1%

B. 2%

C. 3%

D. 5%

74. 在劳动关系中，由于劳动力是人体中的一种机能，它只能寓寄在活的人体中，因而劳动关系就其本来意义上说是一种(　　)关系。

A. 权利义务

B. 法律

C. 人身

D. 财产

75. 劳动法律关系和劳动关系的区别在于前者体现了(　　)。

A. 国家的意志

B. 劳动者的意志

C. 企业的意志

D. 工会的意志

76. 企业内部劳动规则所调整的行为是作为劳动过程组成部分的(　　)。

A. 用工行为

B. 劳动行为

C. 劳动行为和用工行为

D. 管理行为

77. 对伪造、涂改、冒用、转让、买卖就业证和许可证书的外国人和用人单位，由劳动行政部门收缴就业证和许可证书，没收其非法所得，并处以(　　)罚款。

A. 5000 元以下

B. 5000 元以上 1 万元以下

C. 1 万元以上 10 万元以下

D. 10 万元以上

78. (　　)是必须具备特定的形式或履行一定手续方具有法律效力的合同。

A. 专项协议

B. 劳动合同

C. 要式合同

D. 集体合同

79. 劳动者的工种与岗位、工作地点和场所通常在劳动合同的(　　)中加以约束。

A. 法定条款

B. 约定条款

C. 专项协议

D. 补充协议

80. 劳动者通过求职信、求职登记等形式向用人单位提出工作申请，此种情形可以说劳动者是(　　)。

A. 要约方

B. 被要约方

C. 要约

D. 承诺

81. 2011 年 3 月，张某与 A 企业签订了 5 年期的劳动合同，2014 年 12 月，企业因工作需要与张某协商一致，同意解除劳动合同，张某可得到(　　)工资的经济补偿金。

A. 3 个月

B. 4 个月

C. 5 个月

D. 12 个月

82.(　　)有权代表法人进行活动,是法人的权利能力和行为能力的行使者。

A.行政机关

B.法人机关

C.监督机关

D.策划机关

83.我国《中华人民共和国劳动法》规定,用人单位依法在法定休假节日时安排员工加班的,应支付不低于劳动者本人日或小时工资的(　　)支付劳动者工资。

A.100%

B.150%

C.200%

D.300%

84.劳动者患病,(　　)不能从事原工作也不能从事用人单位另行安排工作的,用人单位可以解除劳动合同。

A.病愈后

B.休假 3 个月后

C.休假 6 个月后

D.医疗期满

85.不属于女职工劳动保护制度的是(　　)。

A.确定女职工禁忌从事的劳动范围

B.怀孕、生育、哺乳期的保护

C.产假保护

D.生病住院期间保护

二、多项选择题(第 86 ~ 125 题,每题 1 分,共 40 分。每小题有多个答案正确,错选、少选、多选,均不得分)

86.关于计时工资的计算公式,正确的是(　　)。

A.小时工资率×实际工作时间

B.小时工资率×标准工作日小时数

C.日工资率×标准工作周日数

D.小时工资率×标准工作日数

E.日工资率×合格产品数量

87.下列选项,能有效缓解技术性失业的方法有(　　)。

A.强化职业培训

B.引进先进技术

C.普遍地实施职业技能开发

D.鼓励技术创新

E.推行积极劳动力市场政策

88.在政府制定或调整重大劳动关系标准应当贯彻“三方原则”,这里“三方原则”是指(　　)。

A.行业协会

B.政府

C.企业员工

D.工会

E.企业家协会

89.企业战略是指企业为了适应未来环境的变化,寻求长期生存和稳定发展而制定的总体性和长远性的谋划与方略,其特点包括(　　)。

A.全局性

B.系统性

C.长远性

D.风险性

E.科学性

90.人员素质测评涉及哪三个基本概念(　　)。

A.人员

B.素质

C.测评

D.态度

E.观念

91.下列选项,属于领导者与众不同的特质的是(　　)。

A.自信心

B.创造性

C.领导动机

D.内驱力

E.人格健全

92.人性的特征包含有(　　)。

A.能动性

B.社会性

C.整体性

D. 一致性

E. 可变性

93. 创新是把一种从没有过的生产要素和生产条件的"新组合"引入生产体系，包括(　　)。

A. 引进新产品

B. 引用新技术

C. 实现企业的新组织

D. 开辟新市场

E. 改进生产装备设施

94. 企业员工可分类为多种类型，其分类的方法有(　　)。

A. 按性别构成分类

B. 按学历结构分类

C. 按专业构成分类

D. 按职责类别分类

E. 按职业能力分类

95. 工作岗位调查的目的是(　　)。

A. 为进行岗位分析提供资料

B. 为改进工作岗位的设计提供信息

C. 为制定各种人事文件提供资料

D. 为工作岗位评价与工作岗位分类提供必要依据

E. 收集有关信息，以便系统、全面地对岗位进行描述

96. (　　)是任何一个系统都具有的特征。

A. 整体性

B. 独立性

C. 相关性

D. 目的性

E. 环境适应性

97. 工作有多种含义，下列选项符合工作含义表述的是(　　)。

A. 为达到一定的工作目标而进行的一项劳动活动

B. 专指职业

C. 特指若干项专门任务

D. 指根据劳动分工与协作的要求，规定员工在本岗位范围内对事、对物或对人所承担的各种义务

E. 泛指体力和脑力劳动活动

98. 非定额时间包括(　　)。

A. 准备与结束时间

B. 非个人造成的停工时间

C. 个人造成的非生产时间

D. 非个人造成的非生产时间

E. 个人造成的停工时间

99. 下列属于招聘费用的有(　　)。

A. 调研费、广告费、招聘会经费

B. 选拔测试方案制订与实施的经费

C. 通知录取结果的经费

D. 高校奖学金

E. 签订劳动合同的经费

100. 正式录用过程中用人部门与人力资源部门应完成的工作有(　　)。

A. 员工试用期的考核鉴定

B. 根据考核情况进行正式录用决策

C. 制订员工发展计划

D. 为员工提供必要的帮助与咨询服务

E. 解除试用合同

101. 人员录用包括(　　)内容。

A. 决定录用人员

B. 通知录用人员

C. 劳动合同的签订

D. 员工的初始安排

E. 绩效考评

102. 企业编写校园招聘记录表需要获取应聘者的有关信息，内容包括(　　)。

A. 应聘者的姓名

B. 应聘者的专业

C. 应聘者的兴趣

D. 通过面试考察分析得到的应聘者能力情况

E. 应聘者的家庭状况

103. 背景调查应关注的重要问题包括(　　)。

A. 对空缺职位的胜任能力模型要做到心中有数

B. 应当采用恰当的询问方法
C. 注意调查对象的选择
D. 背景调查的内容应简明、实用
E. 背景调查应确定明确的主题

104. 个人简历分析用于人员测评的特点包括(　　)。
A. 预测效度随着时间的推进会越来越低
B. 预测效度随着时间的推进会越来越高
C. 成本较高
D. 真实性可能存在问题
E. 依据较为客观

105. 材料筛选法的具体形式包括(　　)。
A. 申请表
B. 调查问卷
C. 工作日志
D. 证明材料
E. 背景调查

106. 脱产培训效果的评估的方法有(　　)。
A. 根据受训者是否满意进行评估
B. 根据受训者考试分数评估
C. 根据受训者是否获得证书进行评估
D. 通过调查表或报告书进行评估
E. 通过领导点评进行评估

107. 研讨法的实施要点包括(　　)。
A. 指导教师制订讨论计划,准备讨论资料
B. 对受训人员的要求
C. 对研讨题目和内容的要求
D. 对指导教师的要求
E. 对培训机构的要求

108. 讲授法是课堂培训的主要方法之一,其方式包括(　　)。
A. 案例分析式讲授
B. 辩论式讲授
C. 灌输式讲授
D. 启发式讲授
E. 画龙点睛式讲授

109. 影响课堂效果的因素有(　　)。
A. 教师的教学水平
B. 教学方法
C. 课堂时间的长短
D. 培训内容
E. 学员的学习态度

110. 现场培训的具体形式有(　　)。
A. 工作指导法
B. 个别指导法
C. 案例研讨法
D. 特别任务法
E. 工作轮换法

111. 绩效信息失真的原因包括(　　)。
A. 使用实地调查法采集信息
B. 组织内部绩效信息传输渠道不畅
C. 绩效信息提供者提供虚假数据
D. 采用本企业人力资源部门自己编制的绩效考评表格
E. 绩效信息监督机制的缺失

112. 常见的绩效信息采集方法包括(　　)。
A. 实地调查法
B. 现场记录法
C. 抽样调查法
D. 顺序法
E. 对比分析法

113. 要科学地确定考评的基础,主要有两方面的工作要做(　　)。
A. 确定考评者
B. 确定工作要项
C. 确定绩效标准
D. 确定考评对象
E. 确定考评的具体步骤

114. 绩效考评步骤包括(　　)。
A. 改进绩效的指导
B. 评价实施
C. 制定绩效改进计划
D. 绩效面谈
E. 科学地确定考评的基础

115. 在对中层人员进行考评时,反映部门总体绩效的指标有(　　)。

A. 利润率
B. 任务完成率
C. 劳动生产率
D. 产品合格率
E. 自主性与协调性

116. 下列选项需要缴纳个人所得税的有(　　)。
A. 工资、薪金所得
B. 经营所得
C. 特许权使用费所得
D. 偶然所得
E. 财产租赁和转让所得

117. 劳动者在参加以下(　　)社会活动期间,企业应依法按照规定正常支付工资。
A. 行使选举权
B. 担任人民法庭的陪审员
C. 出席劳动模范、先进工作者大会
D. 出席政府、党派、工会等组织召开的会议
E. 出席行业协会召开的会议

118. 津贴和补贴的特点包括(　　)。
A. 单一性
B. 补偿性的劳动报酬
C. 灵活性
D. 综合性
E. 及时性

119. 采用要素计点法进行岗位评价的工作程序包括(　　)。
A. 选择评价要素
B. 定义评价要素
C. 确定要素等级
D. 确定要素权重
E. 按权重将各个岗位进行排序

120. 使用排序法进行岗位评价的步骤包括(　　)。
A. 获取员工技能信息
B. 获取岗位信息
C. 选择等级参照物并划分岗位等级
D. 选择报酬因素
E. 对岗位进行排序

121. 下列关于《中华人民共和国劳动法》的正确论述有(　　)。
A. 是调整经济关系的法律
B. 是调整劳动关系以及与之有密切联系的其他社会关系的法律
C. 是从民法中分离出来的
D. 是从经济法中分离出来的
E. 它是一个独立的法律部门

122. 法律通常将自然人分为(　　)。
A. 丧失行为能力的人
B. 限制劳动行为能力的人
C. 无劳动行为能力的人
D. 部分劳动行为能力的人
E. 完全劳动行为能力的人

123. 劳动法律关系包括(　　)。
A. 劳动合同关系
B. 劳动关系
C. 劳务争议处理关系
D. 劳动行政法律关系
E. 劳动服务法律关系

124. 集体合同制度规定了(　　)。
A. 履行集体合同的规则
B. 监督集体合同的规则
C. 检查集体合同的规则
D. 订立集体合同的原则
E. 协商、订立集体合同的程序

125. 我国劳动法法律渊源的类别,主要包括(　　)。
A. 正式解释
B. 劳动法律
C. 地方性劳动法规
D. 劳动规章
E. 国务院劳动行政法规

国家职业资格考试试卷

真题汇编(四)

职　　业：企业人力资源管理师
等　　级：国家职业资格四级
卷 册 二：专业能力

注意事项：1. 请按要求在试卷的标封处填写您的姓名、准考证号、身份证号和所在地区。
2. 请仔细阅读各种题目的回答要求，并在规定的位置填写您的答案。
3. 请保持卷面整洁，不要在试卷上做任何与答题无关的标记，也不得在标封区填写无关的内容。

姓　　名：____________________

准考证号：____________________

卷册二：专业能力

一、简答题（本题共3题，第1小题16分，第2小题14分，第3小题16分，共46分）

1. 简述工作岗位研究的原则。（16分）

2. 简述企业培训工作的特征。（14分）

3. 简要说明人力资源管理部门在绩效管理工作中负有的主要职责。（16分）

二、计算题（本题18分。先根据题意进行计算，然后进行必要分析，只有计算结果没有计算过程不得分）

4. 某公司王某9月份实际出勤天数为21天（该月制度工作时间为23天）。其中，由于（某一天）参加某活动占用4小时；（另一天）开会占用6小时。

请计算王某的缺勤率、出勤时间利用率和制度工时利用率。

三、综合分析题（本题共2题，每小题18分，共36分）

5. 为了创建一流的品牌精英团队，保证公司的可持续发展力，某公司决定对外招聘具有相关行业工作经验的人员，作为品牌经理、市场经理和大区销售经理的后备人才。经过反复讨论，公司决定对外发布招聘信息，以招聘人才。

请结合本案例回答以下问题：

（1）该公司可选择哪些招聘信息发布的渠道？（9分）

(2)说明选择报纸发布招聘信息的基本程序。(9分)

6. 某公司10月招聘员工,明确要求中专以上学历,并要求应聘者如实填写个人情况表,如有隐瞒,一经发现立即辞退,解除劳动合同。赵某和王某是中学同学,赵某中专未毕业,但托人领取了某中专的毕业证;王某是大专毕业,她们同时被公司录用。该单位与她们签订了劳动合同,期限为8年,试用期半年。二人在试用期工作都很认真。次年2月,公司发现赵某的中专毕业证是伪造的,要解除与赵某的劳动合同,赵某称自己已怀孕,并持有医院证明,单位并不理会,解除了赵某的劳动合同。同月,王某经常出现呕吐、恶心、全身不适等症状,经医院诊断为"妊娠反应"。王某持医院开具的证明到公司请假。公司认为王某在应聘时没有如实填写个人情况登记表,隐瞒了自己怀孕的事实,欺骗公司,也解除了王某的劳动合同。3月,赵某和王某以怀孕期间公司不能解除劳动合同为由向劳动争议冲裁委员会提出申诉。

请问该公司的行为是否正当合法?为什么?(18分)

真题汇编(四)参考答案及解析

卷册一:职业道德　理论知识

·第一部分　职业道德·

一、职业道德基础理论与知识部分

(一)单项选择题

1.C　2.A　3.A　4.C　5.B　6.B　7.D　8.B

(二)多项选择题

9.AB　10.ABC　11.ABC　12.AC

13.ACD　14.BC　15.BC　16.ABD

二、职业道德个人表现部分

17~25(本部分为主观题,无标准答案,请根据自己的价值观作答。)

·第二部分　理论知识·

一、单项选择题

26.【答案】　B　⌞基础 P3⌝

【解析】劳动经济学的研究方法主要有两种,即实证研究方法和规范研究方法。实证研究方法是认识客观现象,向人们提供实在、有用、确定、精确的知识的方法,其重点是研究现象本身"是什么"的问题。

27.【答案】　C　⌞基础 P3⌝

【解析】规范研究方法以某种价值判断为基础,解决客观经济现象"应该是什么"的问题,即要说明所要研究的对象本身是好还是坏,对社会具有积极意义还是具有消极意义。

28.【答案】　B　⌞基础 P6⌝

【解析】劳动力供给量变动对工资率变动的反应程度被定义为劳动力供给的工资弹性,简称劳动力供给弹性。其计算公式是劳动力供给量变动的百分比与工资率变动的百分比的比值。

29.【答案】　C　⌞基础 P8⌝

【解析】劳动力需求量变动对工资率变动的反应程度定义为劳动力需求的自身工资弹性。其计算公式是:劳动力需求量变动的百分比与工资率变动的百分比的比值。

30.【答案】　B　⌞基础 P49⌝

【解析】政治法律环境是影响企业战略决策的首要外部条件。

31.【答案】　A　⌞基础 P75⌝

【解析】按交换对象的不同,市场可分为商品市场、服务市场、技术市场、金融市场、劳动力市场和信息市场等;按买方的类型,市场可分为消费者市场和组织市场;按活动范围和区域的不同,市场可分为世界市场、全国性市场、地方市场等。

32.【答案】　B　⌞基础第三版 P125,第四版 P172⌝

【解析】在赫塞与布兰查德开发的领导情境理论中,把下属作为权变的变量,即认为下属的成熟水平是选择领导风格的依赖条件。

33.【答案】　A　⌞基础第三版 P132,第四版 P179⌝

【解析】心理测验按测验的内容可分为两大类,一类是能力测验,另一类是人格测验。

34.【答案】　B　⌞基础第三版 P168,第四版 P219⌝

【解析】人力资源的创新能力是企业竞争优势的根本,是企业实现可持续发展的不竭动力。

35.【答案】　B　⌞基础第三版 P183,第四版 P233⌝

【解析】在管理技术上,传统的劳动人事管理照章办事,机械呆板;而现代人力资源管理追求科学性和艺术性,不断采用新的技术和方法,完善考核系统、测评系统等科学手段。

36.【答案】　C　⌞四级 P3⌝

【解析】企业组织信息采集和处理的基本原则包括:①准确性原则;②系统性原则;③针对性原则,即有的放矢,有目的、有计划地采集和处理企业信息;④及时性原则;⑤适用性原则;⑥经济性原则。

37.【答案】　D　⌞四级 P5-6⌝

【解析】档案记录法是指向企业的档案管理部门或档案管理人员了解组织过去的建设、运行状况以及关于重大事件或决策的档案记录的方法。这种方法可用于采集组织过去的决策机构的效率、决策效率、决策效果、执行效率、文件审批效率和文件传递效率。

38.【答案】　D　⌞四级第三版 P19-20,第四版 P51⌝

【解析】企业制定劳动定额的基本方法包括:①经验估计法;②统计分析法;③类推比较法;④技术定额法。其中,技术定额法是通过对生产技术条件的分析,在挖掘生产潜力以及操作合理化的基础上,采用分析计算或实地测定来制定定额的方法,是一种比较先进和科学的方法。

39.【答案】　B　⌞四级第三版 P14,第四版 P45⌝

【解析】工时定额和产量定额是劳动定额的两种基本表现形式,它们在数值上互成倒数关系。工时定额越低,产量定额也就越高;反之亦然。

40.【答案】 C ⌊四级第三版 P32,第四版 P22⌉

【解析】职务与职位的区别在于:①职务主要强调的是规定员工应该承担工作的内容和要求,而不是工作任务的地点和时空条件;②职务反映了员工所承担的工作性质,是对其所承担的任务内容和特点的高度概括和总结。

41.【答案】 B ⌊四级第三版 P33,第四版 P21⌉

【解析】权限是对职权范围的具体规定,是对职权的具体细分。岗位权限是在完成岗位职责范围内的工作任务时,可在一定限度内自主行使的各种权力。它是依照企事业单位的有关规章制度,为了保证本岗位员工尽职尽责地完成本岗位各项工作任务,对其岗位职责内可行使的权力范围和内容所作的界定。

42.【答案】 A ⌊四级第三版 P37,第四版 P26⌉

【解析】进行岗位调查时,采用何种方式应视具体情况而定。在岗位数目较少的企业进行调查时,可采用面谈或现场观测的调查方式。

43.【答案】 A ⌊四级第三版 P38,第四版 P27⌉

【解析】岗位写实是按时间消耗的顺序,对某一岗位的员工在整个工作日内的工作活动情况进行观察记录和分析的一种方法。全面了解被调查对象在一个工作日内工作活动的情况,掌握其具体的工作内容、程序、步骤和方法是岗位写实的基本功能。

44.【答案】 C ⌊四级 P82⌉

【解析】遮蔽广告是指在招聘广告中不出现招聘企业名称的广告,这种广告通常要求申请人将自己的求职信和简历寄到一个特定的信箱。采用遮蔽广告的原因有:企业不愿意暴露自己的业务区域扩展计划,不想让竞争对手过早地发现自己在某一个地区开始招聘人才;企业不愿意让在职员工发现,公司正在试图由外部来补充某些岗位的人员空缺。

45.【答案】 C ⌊四级第三版 P74,第四版已删除⌉

【解析】竞聘上岗是我国经济改革的实践活动中出现的一个新事物。它对传统体制下“终身制”“铁饭碗”“铁交椅”的劳动人事制度产生了巨大的冲击,成为促进企业劳动人事制度改革的重要突破口。

46.【答案】 D ⌊四级 P80⌉

【解析】招聘工作一般是从招聘需求的提出和确定开始的。实际工作的需要和业务的变化会导致人员需求的一定变化,用人部门和人力资源部门需对这些需求的变化情况进行分析并做出决定。

47.【答案】 A ⌊四级 P93⌉

【解析】一般来说,应聘申请表的内容要根据工作岗位说明书来设计。同时,设计申请表时,要符合当地有关法律和政策的要求。

48.【答案】 C ⌊四级第三版 P118－119,第四版 P120⌉

【解析】为实现用人之所长、学用一致、有效利用人力资源的目的,人员录用必须遵循以下原则:①因事择人原则;②任人唯贤原则;③用人不疑原则;④严爱相济原则。其中,用人不疑原则要求管理者对员工要给予充分的信任与尊重。如果对部下怀有疑虑,干脆不用。既然要用,就一定要明确授权,放手大胆使用,使他充分发挥才干。

49.【答案】 B ⌊四级第三版 P123,第四版 P124⌉

【解析】一般来说,一套典型的员工信息管理系统,从功能结构上应当分为三个层面:基础数据层、业务处理层和决策支持层。

50.【答案】 B ⌊四级第三版 P112,第四版 P113⌉

【解析】体检的主要目的是确定应聘者的身体状况是否能够适应工作的要求,特别是能否满足工作对应聘者身体素质的特殊要求。一般来说,体检通常放在所有筛选方法使用之后进行,这样做的好处是节约费用。

51.【答案】 D ⌊四级第三版 P109,第四版 P110⌉

【解析】企业对应聘者进行背景调查时,应遵循以下原则:①只调查与工作有关的情况,并以书面形式记录,以证明将来的录用或拒绝是有依据的;②重视客观内容的调查核实,忽略应聘者的性格等方面的主观评价内容;③慎重选择“第三者”,要求对方尽可能使用公开记录来评价员工的工作情况,避免偏见的影响;④估计调查材料的可靠程度;⑤利用结构化的表格,确保不会遗漏重要问题。

52.【答案】 A ⌊四级 P84⌉

【解析】杂志接触目标群体的概率比较大,便于保存,纸质和印刷质量比报纸好,但广告的预约期较长,申请岗位的期限也会比较长,同时发行的地域可能较为分散。因此,在一般情况下,杂志招聘广告比较适合于寻找的岗位合格候选人相对集中在某个专业领域内的情况、适合空缺岗位并非迫切需要补充且地区分布较广的情况。

53.【答案】 A ⌊四级 P80⌉

【解析】组织人力资源自然减员会导致招聘需求信息的产生,如员工离职或调动到其他部门、员工正常退休、员工短期休假等,都会产生岗位的空缺。

54.【答案】 A ⌊四级第三版 P350,第四版 P358－359⌉

【解析】《中华人民共和国劳动合同法》规定,劳动合同应当具备以下法定条款:①用人单位的名称、住所和法定代表人或者主要负责人;②劳动者的姓名、住址和居民身份证或者其他有效身份证件号码;③劳动合同期限;④工作内容和工作地点;⑤工作时间和休息休假;⑥劳动报酬;⑦社会保险;⑧劳动保护、劳动条件和职业危害防护。其中工作内容是劳动者应当为用人单位提供的劳动，即承担何种工作或职务，包括工种和岗位、工作地点和场所。关于工作的数量、质量标准，若不宜具体规定，应作出原则性规定。

55.【答案】 B ⌊四级第三版 P195，第四版 P190⌉

【解析】案例编写具体步骤具体包括：①确定培训的目的；②搜集信息；③写作，事件的起因、发展、结果应忠于事实，引用的数据要准确（不便于公开的除外）、涉及的机构和人名可隐去；④检测，请具有一定专业知识的人或经验丰富的人来审阅案例，看它是否存在缺陷或遗漏；⑤定稿，根据审阅者的意见对案例进行修改，最后定稿。

56.【答案】 A ⌊四级第三版 P179，第四版 P174⌉

【解析】员工管理人员教程培训是在职培训的重要组织形式之一，受到很多企业的重视。一般按照以下四个级别进行：①四级培训，管理理论教程；②三级培训，基础管理教程；③二级培训，高级管理教程；④一级培训即总体管理教程。其中，一级培训，总体管理教程的培训目的是塑造领导能力。

57.【答案】 C ⌊四级第三版 P349，第四版 P357⌉

【解析】劳动合同的主体具有特定性。一方是劳动者；另一方是用人单位。

58.【答案】 C ⌊四级第三版 P169，第四版 P163⌉

【解析】岗前培训中的一项重要材料就是为员工定制的员工手册，在新员工对企业及其他员工不熟悉的情况下，员工手册是新员工获取企业信息的基本来源。

59.【答案】 C ⌊四级第三版 P177－178，第四版 P167⌉

【解析】转岗的原因主要有：①组织原因，主要指企业经营规模与方向的变化、生产技术进步、机构调整等因素往往引起现有员工配置的改进。②个人原因，一般有两种情况：一是员工不能胜任现在的工作，需要重新安置；二是员工因某方面的才能或特长而受到重视，需要另行安排。

60.【答案】 C ⌊四级第三版 P197，第四版 P192⌉

【解析】工作轮换法是指让受训者在预定时期内变换工作岗位，使其获得不同岗位的工作经验的培训方法。让受训者有计划地到各个部门学习，在每个部门工作几个月，实际参与所在部门的工作，或仅仅作为观察者，以便了解所在部门的业务，扩大受训者对整个企业各环节工作的了解。

61.【答案】 C ⌊四级第三版 P205，第四版 P200⌉

【解析】人力资源部门对自学的管理包括：①制定自学计划或帮助员工制定个人自学计划；②对员工进行自学方面的指导；③对自学效果进行检查、评价。

62.【答案】 C ⌊四级第三版 P207－208，第四版 P202⌉

【解析】无形资本费用，如培训组织人员、内聘教学人员和受训人员因从事培训工作，未能参加企业的生产活动而造成的损失费用；应当用于租赁和购置场地、设备、器材，购置、印刷教材及外聘教师的费用，由于管理不善可能造成的损失费用等。C 项属于有形资本费用。

63.【答案】 B ⌊四级第三版 P209－210，第四版 P204⌉

【解析】培训经费是进行培训的物质基础，是培训工作所必需具备的场所、设施、培训师等的资金保证。能否确保培训经费的来源及合理地分配及使用培训经费，不仅直接关系到培训的规模、水平及程度，而且也关系到培训者与学员能否有很好的心态来对待培训。

64.【答案】 B ⌊四级第三版 P178，第四版 P172⌉

【解析】一个计划只针对一个项目，而不是同时针对多个项目。

65.【答案】 A ⌊四级第三版 P224，第四版 P220⌉

【解析】定义绩效即界定绩效的具体维度及各维度的内容和权重，让各层次的员工都明确自己努力的目标。这是进行绩效考评的基础，也是绩效管理的关键。

66.【答案】 C ⌊四级第三版 P227，第四版 P223⌉

【解析】绩效低下的原因可以分成两种：①个体原因，如能力不足、个人努力程度不够等；②组织或系统的原因，如目标设置不科学、工作流程不合理等。绩效诊断应当先找出组织或系统的原因，再考虑个体原因。

67.【答案】 A ⌊四级第三版 P232，第四版已删除⌉

【解析】根据绩效的重要程度，绩效考评指标可以分为关键绩效指标、一般绩效指标和否决指标。其中，关键绩效指标是衡量企业战略实施效果的指标，是企业战略目标经过层层分解产生的可操作性的指标体系，体现了对组织战略目标的增值作用。

68.【答案】 A ⌊四级第三版 P246，第四版 P231⌉

【解析】在绩效管理中，一般以上级主管的考评为主。

69.【答案】 B ⌊四级 P268⌉

【解析】薪酬可分为货币薪酬和非货币薪酬，货币薪酬又可分为直接薪酬和间接薪酬。其中，直接薪酬包括基本工资、绩效工资、奖金、津贴、补贴等，一般以现金形式支付。

70.【答案】 B ⌊四级 P269⌉

【解析】B 项，一般会根据员工的绩效评价等级（卓越、优秀、合格、基本合格、不合格），将员工的基本工资上下浮动 10% 左右。

71.【答案】 D 〖基础 P16〗

【解析】计时工资是依据劳动者的工资标准(单位时间的劳动价格)与工作时间长度支付工资的形式;计件工资是依据劳动者合格产品数量(作业量)和计件工资率计算工资报酬的工资支付形式。计件工资实际上是计时工资的一种转化形式。

72.【答案】 D 〖四级第三版 P316,第四版 P319〗

【解析】企业提供非经济性福利,基本目的在于全面改善员工的工作、生活质量。这类福利形式包括:①咨询性服务,如免费提供法律咨询和员工心理健康咨询等;②保护性服务,如平等就业权利保护(反性别、年龄歧视等)、隐私权保护等;③工作环境保护,如实行弹性工作时间,缩短工作时间,员工参与民主化管理等。

73.【答案】 B 〖四级第三版 P321,第四版 P322〗

【解析】《失业保险条例》规定,城镇企业、事业单位按本单位工资总额的2%缴纳失业保险费;城镇企业、事业单位员工个人按本人工资的1%缴纳失业保险费。

74.【答案】 C 〖四级第三版 P331,第四版 P338〗

【解析】由于劳动力是人体中的一种机能,劳动力只能寓寄在活的人体之中,劳动力具有显著的生理性特征,其存在和消费与劳动者人身须臾不可分离,雇员向雇主提供劳动,实际上就是将其人身在一定限度内交给雇主,因而劳动关系就其本来意义上说是一种人身关系。

75.【答案】 A 〖基础第三版 P40,第四版 P39〗

【解析】劳动关系经劳动法律规范、调整和保护后,即转变为劳动法律关系,雇主和雇员双方有明确的权利义务。二者最主要的区别在于劳动法律关系体现了国家意志。

76.【答案】 C 〖四级第三版 P336,第四版 P344〗

【解析】企业内部劳动规则所调整的行为是作为劳动过程组成部分的用工行为和劳动行为,既约束全体劳动者,又约束企业行政各职能部门和企业的各组成部分。

77.【答案】 C 〖四级第三版 P346,第四版 P354〗

【解析】对伪造、涂改、冒用、转让、买卖就业证和许可证书的外国人和用人单位,由劳动行政部门收缴就业证和许可证书,没收其非法所得,并处以1万元以上10万元以下的罚款;情节严重构成犯罪的,移送司法机关依法追究刑事责任。

78.【答案】 C 〖四级第三版 P349,第四版 P357〗

【解析】要式合同是指必须具备特定的形式或履行一定手续方具有法律效力的合同。由法律直接规定的要式合同则是法定要式合同,如劳动合同即为法定要式合同。

79.【答案】 A 〖四级第三版 P351,第四版 P359〗

【解析】工作内容是劳动者应当为用人单位提供的劳动,即承担何种职务或工作,包括工种和岗位、工作场所和地点。工作内容属于劳动合同的法定条款。

80.【答案】 A 〖四级第三版 P354,第四版 P362〗

【解析】劳动者或用人单位向对方提出订立劳动合同的建议称为要约,即一方向另一方提出订立劳动合同的要求。提出要求的一方为要约方,与之相对的一方为被要约方。

81.【答案】 B 〖四级第三版 P363,第四版 P371〗

【解析】依据劳动法的规定,经当事人协商一致,劳动合同可以解除。双方协议解除劳动合同时,应书面提前通知对方。由用人单位提出解除劳动合同的,用人单位应根据劳动者在本单位的工作年限,每满一年发给相当于一个月的工资作为经济补偿金,工作时间不满一年的按一年的标准发放;工作时间不满半年的,发给相当于半个月的工资作为经济补偿金。

82.【答案】 B 〖四级第三版 P355,第四版 P363〗

【解析】法人机关有权代表法人进行活动,法人机关是法人的权利能力和行为能力的行使者。法人机关通常分为意思机关、执行机关、代表机关和监察机关。

83.【答案】 D 〖四级第三版 P291,第四版 P290〗

【解析】用人单位依法安排劳动者在法定休假节日工作的,按照不低于劳动合同规定的劳动者本人日或小时工资标准的300%支付劳动者工资。

84.【答案】 D 〖四级第三版 P364,第四版 P372〗

【解析】劳动者患病或者非因工负伤、医疗期满后,不能从事原工作也不能从事用人单位另行安排的工作时,用人单位可以解除劳动合同,但需要提前30天以书面形式通知劳动者或者额外支付劳动者一个月工资,并承担经济补偿责任。

85.【答案】 D 〖四级第三版 P381－382 第四版 P389－390〗

【解析】女职工劳动保护制度包括:①确定女职工禁忌从事的劳动范围;②怀孕、生育、哺乳期的保护;③产假保护;④哺乳期劳动时间;⑤女职工特殊保护措施;⑥在劳动场所的劳动保护。

二、多项选择题

86.【答案】 ABC 〖基础 P16〗

【解析】计时工资是依据劳动者的工资标准与工作时间长度支付工资的形式。其计算公式是:货币工资＝工资标准×实际工作时间。根据计算的时间单位的不同,计时工资的具体形式有:①小时工资制。在这种工资制下,货币工资＝小时工资率×实际工作时间。②日工资制。在这种工资制下,货币

工资 = 小时工资率 × 标准工作日小时数。③周工资制。在这种工资制下，货币工资 = 日工资率 × 标准工作周日数。

87.【答案】 ACE 『基础 P20』

【解析】在生产过程中，由于引进先进技术替代人力，以及改善生产方法和管理而造成的失业，称为技术性失业。解决技术性失业最有效的办法有：①推行积极的劳动力市场政策；②强化职业培训；③普遍地实施职业技能开发。

88.【答案】 BDE 『基础 P31』

【解析】政府制定或调整重大劳动关系标准应当贯彻“三方原则”，即政府、工会和企业家协会（雇主协会）共同参与决定或听取工会和企业家协会（雇主协会）的意见。

89.【答案】 ABCD 『基础 P45』

【解析】企业战略是指企业为了适应未来环境的变化，寻求长期生存和稳定发展而制定的总体性和长远性的谋划与方略，它具有全局性、系统性、长远性、风险性、抗争性的特征。

90.【答案】 ABC 『基础第三版 P196 - 197 第四版 P247』

【解析】人员素质测评涉及三个基本概念，它们分别是人员、素质、测评。

91.【答案】 ABCD 『基础第三版 P123，第四版 P170』

【解析】领导者与众不同的特质包括内驱力、自信心、创造性、领导动机、随机应变的能力。

92.【答案】 ABCE 『基础第三版 P139 - 140 第四版 P187』

【解析】人性特征是指人性在自然界和社会经济活动中呈现出的独有的特征。具体包括：①人性具有能动性；②人性具有社会性；③人性具有整体性；④人性具有两面性；⑤人性具有可变性；⑥人性具有个体差异性。

93.【答案】 ABCD 『基础第三版 P168，第四版 P219』

【解析】所谓创新，就是“建立一种新的生产函数”，把一种从来没有过的关于生产要素和生产条件的“新组合”引入生产体系，包括引进新产品、引用新技术、开辟新市场、控制原材料的新供应来源和实现企业的新组织等五种情况。

94.【答案】 ABCE 『四级第三版 P52，第四版已删除』

【解析】企业员工的分类方法包括：①按性别构成分类；②按年龄构成分类；③按学历结构分类；④按职业能力分类；⑤按专业构成分类；⑥按职业类别分类。

95.【答案】 ABCDE 『四级第三版 P35，第四版 P24』

【解析】工作岗位调查是以工作岗位为对象，采用科学的调查方法，收集各种与岗位相关的信息和资料的过程。工作岗位调查的目的是：①收集各种相关的数据、资料，以便系统、全面、深入地对岗位进行描述；②为改进工作岗位的设计提供信息；③为制定各种人事文件（如岗位规范、工作说明书等）、进行岗位分析提供资料；④为工作岗位评价与工作岗位分类提供必要的依据。

96.【答案】 ACDE 『四级第三版 P34，第四版 P23』

【解析】系统是指由若干既有区别又相互依存的要素所组成的，处于一定环境条件中，具有特定结构和功能的有机整体。任何一个系统都具有四个基本特征：①整体性；②目的性；③相关性；④环境适应性。

97.【答案】 BCE 『四级第三版 P33，第四版 P22』

【解析】工作有三种含义：①泛指体力和脑力劳动活动；②专指职业；③狭义上的“工作”特指若干项专门任务。A 项是任务的含义；D 项是职责的含义。

98.【答案】 BCDE 『四级第三版 P27 - 28，第四版 P59』

【解析】非定额时间包括非个人造成的停工时间、个人造成的停工时间、个人造成的非生产时间、非个人造成的非生产时间。

99.【答案】 ABCDE 『四级 P63』

【解析】招聘费用即招聘过程中发生的所有费用，主要包括：①招聘前产生的调研费、广告费、招聘会经费、高校奖学金等；②招聘中产生的选拔测试方案制订与实施的经费、获取测试工具的经费等；③招聘后产生的通知录取结果的经费、分析招聘结果的经费、签订劳动合同的经费等。

100.【答案】 ABCD 『四级第三版 P121 第四版 P122』

【解析】正式录用过程中用人部门与人力资源部门应完成的工作主要有：①员工试用期的考核鉴定；②根据考核情况进行正式录用决策；③按照劳动合同规定的条款，给员工提供相应的薪酬待遇；④制订员工发展计划；⑤为员工提供必要的帮助与咨询服务等。

101.【答案】 ABCD 『四级第三版 P119 第四版 P121 - 122』

【解析】人员录用是人员招聘的重要环节之一，它主要涉及在对应聘人员进行挑选之后，对候选人进行录取、任用等一系列具体事宜，如决定录用人员、通知录用人员、劳动合同的签订、员工的初始安排、试用、正式录用等内容。

102.【答案】 ABD 『四级第三版 P117 - 118 第四版 P119』

【解析】编写校园招聘记录表各个项目时，企业需要获取应聘者的有关信息。内容包括两部分：①应聘者的基本信息，如姓名、专业、成绩等；②招聘者通过面试,经考察分析得到的应聘者所具备的能力情况。

103.【答案】 ABCD 〖四级第三版 P110 第四版 P111-112〗

【解析】背景调查应关注以下几个重要问题:①对空缺职位的胜任能力模型要做到心中有数;②应当采用恰当的询问方法;③注意调查对象的选择;④背景调查的内容应简明、实用;⑤在背景调查中还应注意遵守以下几个原则,首先,调查结果只能作为录用决策的参考,不能作为唯一评定的依据;其次,背景调查最好仅针对已经有录用意向的候选人;最后,尊重候选人的意见,征得他的同意。

104.【答案】 ADE 〖四级第三版 P106,第四版 P107〗

【解析】个人简历分析即个人履历分析,是指根据简历或档案中记载的事实,了解一个人的成长历程和工作业绩,从而对其人格背景有一定的了解。企业在进行人员的初选时,采用这种方法的优点是:成本费用低,依据较为客观。但它也存在明显的不足,如简历填写的真实性、简历分析的预测效度、简历项目的选择以及评定权重设计的准确性和客观性等。

105.【答案】 ADE 〖四级第三版 P105 第四版 P107-108〗

【解析】材料筛选法是通过一些材料信息来考察和选拔人才的方法。申请表、履历分析、证明材料、推荐信、背景调查等都是材料筛选法的具体形式。材料筛选法主要依据应聘者个人的基本信息及背景材料,因而必须与其他人才选拔方法如面试、笔试等方法结合使用,才能取得令人满意的效果。

106.【答案】 CD 〖四级第三版 P182,第四版 P177〗

【解析】脱产培训效果的评估的方法有根据受训者是否获得证书进行评估和通过调查表或报告书进行评估。

107.【答案】 ACD 〖四级第三版 P184,第四版 P188〗

【解析】研讨法的实施要点包括:①对研讨题目和内容的要求。研讨题目既要紧密联系实际,能反映现实问题,又要从培训要求出发,体现培训内容的要点,同时便于研讨操作,题目应具有代表性、启发性、难度适当,且应事先提供给学员;②对指导教师的要求。研讨法是在教师引导下,以学员活动为主的培训方法,它对指导教师的要求较高;③指导教师制订讨论计划,准备讨论资料。指导教师应对研讨内容进行认真研究,明确通过讨论要解决的问题及解决问题的可能答案。

108.【答案】 CDE 〖四级第三版 P189-190 第四版 P185〗

【解析】讲授法的方式主要有:①灌输式讲授,即单向式讲授,教师在讲台上讲解,学生在下面听讲、记笔记;②启发式讲授,即教师和学生间有互动,教师在讲授时先有所保留,将保留部分以问题提出,让学生思考和回答,然后进行总结;③画龙点睛式讲授,即教师先将相关的讲义、辅导材料发给学生,让学生课前有充分的时间预习,上课时教师只针对重点和难点进行讲解,并回答学生的问题。

109.【答案】 ABDE 〖四级第三版 P182-183 第四版 P180〗

【解析】影响课堂培训效果的因素主要包括:①教师的教学水平;②培训内容是否充实,是否符合学员的需要;③教学方法;④学员的学习态度。

110.【答案】 ABDE 〖四级 P192-193〗

【解析】现场培训方法又称实践法,是指受训者在工作场所边干边学的培训方法。其具体形式有:工作指导法、工作轮换法、特别任务法和个别指导法。C 项属于课堂培训的具体形式。

111.【答案】 BCE 〖四级第三版 P252 第四版 P256-257〗

【解析】造成绩效信息失真的原因有多个方面,既可能是由于考评者和考评主体的主观因素所导致,也可能是因为客观因素或条件所造成的。造成绩效信息失真的原因包括以下几个方面:①组织内部绩效信息传输渠道不畅;②绩效信息提供者提供虚假数据;③绩效信息监督机制的缺失。

112.【答案】 ABC 〖四级第三版 P250-251 第四版 P254-255〗

【解析】常见的绩效信息采集方法包括:①实地调查法;②现场记录法;③数据积累法;④问卷调查法;⑤抽样调查法。DE 两项属于绩效数据分析的方法。

113.【答案】 BC 〖四级第三版 P249,第四版已删除〗

【解析】科学地确定考评的基础,主要有两方面的工作:①确定工作要项,一个岗位的工作要项,一般为 4~8 个;②确定绩效标准,绩效应以完成工作所达到的可接受的条件为标准,不宜定得过高。

114.【答案】 ABCDE 〖四级第三版 P248-249 第四版已删除〗

【解析】完整的绩效考评主要包括以下几个步骤:①科学地确定考评的基础;②评价实施;③绩效面谈;④制定绩效改进计划;⑤改进绩效的指导。

115.【答案】 BCD 〖四级第三版 P248,第四版已删除〗

【解析】在基层考评的基础上,对各个中层部门进行考评。其考评范围和内容,不仅包括对各个中层部门主管的个人行为与工作业绩的考评,也包括对该部门总体的工作绩效,如对计划任务完成率、员工劳动生产率、产品合格率、成本收益率等主要生产经济技术指标的考评。

116.【答案】 ABCDE 〖四级第三版 P308 - 309 第四版 P309〗

【解析】根据《个人所得税法》,个人的工资、薪金所得、经营所得、劳动报酬所得、稿酬、财产租赁和转让所得、特许权使用费所得、偶然所得、利息、股息、红利所得,以及经国务院财政部门确定征税的其他所得,均需缴纳个人所得税。

117.【答案】 ABCD 〖四级第三版 P290,第四版 P289〗

【解析】劳动者在法定工作时间内依法参加社会活动期间,用人单位应视同其提供了正常劳动而支付工资。社会活动包括:①依法行使选举权或被选举权;②当选代表出席乡(镇)、区以上政府、党派、工会、青年团、妇女联合会等组织召开的会议;③出任人民法庭证明人;④出席劳动模范、先进工作者大会;⑤《工会法》规定的不脱产工会基层委员会委员因工会活动占用的生产或工作时间;⑥其他依法参加的社会活动。

118.【答案】 ABC 〖四级 P305〗

【解析】津贴和补贴的特点包括补偿性的劳动报酬、单一性、较大的灵活性。

119.【答案】 ABCD 〖四级第三版 P298,第四版已删除〗

【解析】采用要素计点法进行岗位评价的工作程序包括:①确定岗位系列;②搜集岗位信息;③选择评价要素;④定义评价要素;⑤确定要素等级;⑥确定要素权重;⑦确定各要素及各要素等级的点值。

120.【答案】 BCDE 〖四级第三版 P234 - 235 第四版 P237 - 238〗

【解析】排序法是岗位评价的重要方法之一。使用排序法进行岗位评价的步骤为:获取岗位信息→选择等级参照物并划分岗位等级→选择报酬因素→对岗位进行排序。

121.【答案】 BCE 〖基础 P28〗

【解析】广义的劳动法是指调整劳动关系以及与劳动关系密切联系的其他一些社会关系的法律规范的总和。劳动法的基本原则是指调整劳动关系以及与劳动关系密切联系的其他一些社会关系时必须遵循的基本准则。劳动法从民法中分离出来,是一个独立的法律部门。

122.【答案】 BCE 〖基础第三版 P43,第四版 P42〗

【解析】依据人的年龄、健康、智力和行为自由等事实要素,法律通常将自然人分为完全劳动行为能力人、限制劳动行为能力人和无劳动行为能力人。

123.【答案】 ADE 〖基础 P40〗

【解析】劳动关系以及与劳动关系密切联系的其他一些社会关系经过劳动法律规范、调整后转变为劳动法律关系,主要包括三种:劳动合同关系、劳动行政法律关系和劳动服务法律关系。其中,劳动合同关系是劳动法律关系的主要形态。

124.【答案】 ABCDE 〖基础第三版 P37,第四版 P36〗

【解析】劳动合同和集体合同制度包括:①劳动合同的订立、履行、变更、解除、终止;②集体合同协商、订立的程序和原则;③集体合同履行、监督检查等规则。任何国家的劳动立法都不能覆盖劳动关系运行的全部劳动行为和用工行为,为了使劳动关系处于一种稳定和谐的状态,劳动关系当事人的权利义务除国家立法所规定的原则性规范和最低标准以外,必须由当事人平等协商确定,而劳动合同和集体合同制度适应了劳动关系运行的这种需要。

125.【答案】 ABCDE 〖基础 P33 - 34〗

【解析】劳动法法律渊源的类别包括:①宪法中关于劳动问题的规定;②劳动法律;③国务院劳动行政法规;④劳动规章;⑤地方性劳动法规;⑥我国立法机关批准的相关国际公约;⑦正式解释。

卷册二:专业能力

一、简答题(本题共 3 题,第 1 小题 16 分,第 2 小题 14 分,第 3 小题 16 分,共 46 分)

1.〖四级第三版 P34 - 35,第四版 P23 - 24〗

【答案】 工作岗位研究的原则:

(1)系统的原则。任何一个系统具有以下四个基本特征:整体性、目的性、相关性、环境适应性。

(2)能级的原则。在一个组织系统中,工作岗位能级从高到低可区分为四大层次:决策层、管理层、执行层和操作层。

(3)标准化原则。标准化表现为简化、统一化、通用化、系统化等多种形式和方法。岗位研究的标准化表现为岗位调查、岗位分析、岗位设计、岗位评价和岗位分类五个方面的标准化。

(4)最优化原则。最优化指在一定约束条件下,使系统的目标函数达到最大值或最小值。

2.〖四级第三版 P128,第四版 P129〗

【答案】 培训的特征:

(1)培训是企业的助推剂。培训需要企业最高领导的支持与重视。

(2)培训功能的有限性。培训不是万能的,很多问题光靠培训无法完成,但培训又可以为企业各个方面服务。

(3)培训的综合性。企业培训是一个综合性的工作,培训工作应该围绕企业的方方面面来进行。

(4)培训的互动性。培训是企业每个人的事情。

(5)培训效果的隐藏性。培训是一种潜移默化的东西,需要持续进行。

3.〖四级第三版 P228,第四版已删除〗

【答案】 人力资源管理部门在绩效管理工作中负有的主要职责:

(1)设计、试验、改进和完善绩效管理制度,并向有关部门建议推广。

(2)在本部门认真执行企业的绩效管理制度,以起到示范作用。

(3)宣传企业绩效管理制度,说明贯彻该项制度的重要意义、目的、方法与要求。

(4)督促、检查、帮助各部门贯彻现有绩效管理制度,培训实施绩效管理的人员。

(5)收集反馈信息,包括存在的问题、难点、批评与建议,记录和积累有关资料,提出改进方案和措施。

(6)根据绩效管理的结果,制订相应的人力资源开发计划,并提出相应的人力资源管理决策。

二、计算题(本题 18 分。先根据题意进行计算,然后进行必要分析,只有计算结果没有计算过程不得分)

4.〖四级第三版 P60,第四版 P16 – 17〗

【答案】 制度工作工时 $=23\times8=184$ 小时

出勤工作工时 $=21\times8=168$ 小时

实际缺勤工时 = 制度工作工时一出勤工作工时 = $184-168=16$ 小时

实际工作工时 = 出勤工作工时一占用工作工时 = $168-4-6=158$ 小时

(1)缺勤率 = 实际缺勤工时/制度工作工时 $\times100\%$ $=16/184\times100\%\approx8.70\%$

(2)出勤时间利用率 = 实际工作工时/出勤工作工时 $\times100\%=158/168\times100\%\approx94.05\%$

(3)制度工时利用率 = 实际工作工时/制度工作工时 $\times100\%=158/184\times100\%\approx85.87\%$

5.(1)〖四级第三版 P83,第四版 P84 – 85〗

【答案】 案例中,该公司对外招聘的人员的目标是"具有相关行业工作经验的人员,可作为品牌经理、市场经理和大区销售经理的后备人才",所以可选择招聘信息发布的渠道主要有以下几种:

1)报纸。报纸发行量大,能够迅速将信息传达给读者,同时广告的大小可以灵活选择。

2)杂志。杂志接触目标群体的概率比较大,便于保存,纸质和印刷质量比报纸好。比较适用于寻找的岗位合格候选人相对集中在某个专业领域内的情况、适合空缺岗位并非迫切需要补充且分布地区较广的情况。

3)广播电视。广播电视可能产生有较强冲击力的视听效果,容易给人留下深刻的印象。比较适合于当单位迅速扩大影响、需要招聘大量人员时,以及用于引起求职者关注、将单位形象的宣传与人员招聘同时进行的情况。该公司招募人员的根本目的是"为了创建流的品牌精英团队,保证公司的可持续发展力",因此,通过广播电视招聘不仅可以引起求职者关注,还可以提升企业形象,扩大知名度,有利于品牌创立。

4)网上招聘。这种方法具有信息传播范围广、速度快、成本低、时间周期长、联系快捷方便等优点,且不受时间、地域的限制。从目前看,网络招聘以其招聘范围广信息量大可挑选余地大、应聘人员素质高、招聘效果好、费用低。

5)其他印刷品。海报公告、招贴、传单、宣传旗帜、小册子、直接邮寄等都是在特殊场合有特别效果的方法。这些方法可以在求职者可能采取即时性行动的时候,引起他们对单位的兴趣,而且极富灵活性。这些方式必须与其他招聘方法相结合。

(2)〖四级第三版 P85,第四版 P87〗

【答案】 选择报纸发布招聘信息的基本程序:

①选择刊登广告的报纸。

②决定刊登广告的时间。

③编制刊登广告的费用预算,并向上级提出申请。

④广告文稿的拟订、修改与审批。

6.〖四级第三版 P372,第四版 P373 – 374〗

【答案】 该公司有权依法解除赵某的劳动合同。但无权解除与王某的劳动合同。《中华人民共和国劳动合同法》第四十二条规定:劳动者有下列情形之一的,用人单位不得依照本法第四十条、第四十一条的规定解除劳动合同:(一)从事接触职业病危害作业的劳动者未进行离岗前职业健康检查,或者疑似职业病病人在诊断或者医学观察期间的;(二)在本单位患职业病或者因工负伤并被确认丧失或者部分丧失劳动能力的;(三)患病或者非因工负伤,在规定的医疗期内的;(四)女职工在孕期、产期、哺乳期的;(五)在本单位连续工作满十五年,且距法定退休年龄不足五年的;(六)法律、行政法规规定的其他情形。也就是说,如果劳动者存在孕期、产期、哺乳期等特殊情形,用人单位不能依据《中华人民共和国劳动合同法》第四十条、第四十一条的规定与其解除劳动合同。但是,如果该劳动者有过错,存在《中华人民共和国劳动合同法》第三十九条所规定的情形,用人单位也有权解除劳动合同。在本案中,赵某虽处在孕期,但其学历造假,严重违反了公司的规章制度,依据《中华人民共和国劳动合同法》第三十九条规定,公司有权与其解除劳动合同。即法律对劳动者特殊保护是有限度的。同理依据《中华人民共和国劳动合同法》四十二条规定,王某在公司并未有其他过错,该公司不能以隐瞒怀孕为由解除与王某的劳动合同。

面，即(　　)。
A. 思维活动
B. 记忆活动
C. 认知活动
D. 情感活动
E. 意志活动
90. 战略控制的方法包括(　　)。
A. 实际成效
B. 事前控制
C. 绩效评价
D. 事后控制
E. 事中控制
91. 在信息收集过程中，属于询问法的有(　　)。
A. 邮寄调查法
B. 电话调查法
C. 会议调查询问法
D. 调查记录法
E. 当面调查询问法
92. 内部招募的具体来源包括(　　)。
A. 内部提拔
B. 工作调换
C. 工作轮换
D. 重新聘用
E. 网络招募
93. 在投入期可以采取的营销策略有(　　)。
A. 快速掠取策略
B. 缓慢渗透策略
C. 缓慢掠取策略
D. 均速掠取策略
E. 快速渗透策略
94. 制定劳动定额的依据包括(　　)。
A. 技术依据
B. 成本依据
C. 经济依据
D. 心理生理依据
E. 生产依据
95. 按照交换对象的不同，可将市场分为(　　)。
A. 商品市场
B. 服务市场
C. 技术市场
D. 证券市场
E. 劳动力市场和信息市场
96. 员工平均人数的统计包括(　　)。
A. 日平均人数
B. 月平均人数
C. 季平均人数
D. 年平均人数
E. 制度工作日平均人数
97. 根据实施范围的不同，劳动定额可分为(　　)。
A. 看管定额
B. 服务定额
C. 统一定额
D. 企业定额
E. 一次性定额
98. 企业人力资源管理的职能包括(　　)。
A. 保持
B. 发展
C. 评价
D. 吸收
E. 调整
99. 人本管理机制具体包括(　　)。
A. 目标机制
B. 压力机制
C. 约束机制
D. 保障机制
E. 选择机制
100. (　　)等信息反映了员工的现状。
A. 目前的个人状况
B. 奖励和模范先进事迹材料
C. 与工作相关的信息
D. 处分、取消处分相关材料
E. 甄别复查的材料
101. “任人唯贤”，强调用人要做到(　　)。
A. 大贤大用
B. 不贤不用
C. 以人为本
D. 小贤小用
E. 激励为主、惩戒为辅
102. 根据范围的不同，员工培训可以分为(　　)。
A. 岗前培训
B. 企业内培训
C. 全员培训
D. 企业外培训
E. 单项培训
103. 员工的劳动生产率取决于(　　)。
A. 劳动技能
B. 掌握的知识
C. 学历水平

D. 具有的经验
E. 年龄结构

104. 分专业脱产培训的特点包括(　　)。
A. 具有定期轮训的特性
B. 强调培训内容的单一性
C. 强调培训的专业性
D. 强调标准化的教育
E. 强调专业知识和技能的层次

105. 关于招聘申请表的说法正确的是(　　)。
A. 使用标准化的格式
B. 由应聘人员在求职时自己填写
C. 包含工作岗位所需的基本信息
D. 一般由招聘单位的人力资源部门设计
E. 应聘者提供个人履历和资料的基本形式

106. 在企业员工培训系统的作业流程中,培训反馈的具体内容有(　　)。
A. 受训人员的考评
B. 培训教师考评
C. 应用反馈
D. 培训管理的考评
E. 培训总结、资源归档

107. 根据培训的组织形式,员工培训可分为(　　)。
A. 自学
B. 正规学校
C. 短训班
D. 现场培训
E. 非正规大学

108. 企业员工岗前培训的三阶段包括(　　)。
A. 全公司培训
B. 小组培训
C. 分支机构培训
D. 总部培训
E. 工作现场培训

109. 在人力资源管理制度的基本内容中,应对绩效考评结果的应用原则和要求,以及与之相配套的(　　)等规章制度的贯彻实施做出明确规定。
A. 薪酬奖励
B. 人事调整
C. 职务晋升
D. 人员培训
E. 职责范围

110. 分阶层脱产培训的特点包括(　　)。
A. 具有定期轮训特性
B. 强调教育培训的综合性
C. 强调培训的专业性
D. 强调标准化的教育培训
E. 强调培训对象的职务地位和阶层

111. 工作指导法的培训要点包括(　　)。
A. 关键工作环节的要求
B. 改善员工间的合作
C. 工作的原则和技巧
D. 增加对工作的了解
E. 须避免、防止的问题和错误

112. 关于分析考评数据的方法,下列说法正确的有(　　)。
A. 顺序法可依据总分进行排序,也可依照要素得分或指标得分进行排序
B. 顺序法是将分数划区分,如:0 ~ 59 分为差,60 ~ 69 分为一般,70 ~ 79 分为中,80 ~ 89 分为良,90 分及以上为优
C. 能级分析法只将分数排队,如:100 分、91 分、81 分,以此类推
D. 综合分析法运用考评数据对员工进行全面、细致、综合的评价,这种评价只根据考评标准进行分析,不与别人的考评结果进行对比
E. 常模分析法是将某个员工的考评结果与某个固定的岗位模式要求进行分析比较,看与这个模式相符的程度,从而对其绩效进行评价

113. 科学地确定绩效考评的基础需要(　　)。
A. 确定工作要项
B. 确定考评方法
C. 确定绩效标准
D. 确定考评周
E. 确定考评指标

114. 技术等级工资制由(　　)组成。
A. 工资等级
B. 工资等级线
C. 工资标准
D. 工资等级表
E. 技术等级标准

115. 结构工资的组成部分通常包括(　　)。
A. 标准工资
B. 岗位工资
C. 年功工资
D. 技能工资

E. 效益工资

116. 在薪点工资制中，薪点数的确定可以取决于(　　)。
A. 岗位点数
B. 个人绩效点数
C. 年龄点数
D. 个人贡献点数
E. 技能点数

117. 选择薪酬形式的原则包括(　　)。
A. 薪酬的发放要及时
B. 薪酬便于计算
C. 选择的具体薪酬形式要与岗位的特点相吻合
D. 员工收入与本人的工作效率直接成正比关系
E. 薪酬实施计划一经制订出来，就应当比较稳定

118. 省级劳动行政主管部门在确定最低工资率时，应向当地(　　)咨询。
A. 财政部门
B. 专业研究机构
C. 统计部门
D. 工商业联合会
E. 民政部门

119. 补充福利项目包括(　　)。
A. 免费住房
B. 工作午餐
C. 通信补助
D. 法律顾问
E. 带薪年假

120. 以下关于专项协议的说法，正确的是(　　)。
A. 专项协议与劳动合同密切相关
B. 专项协议可以在订立劳动合同的同时协商确定
C. 如果专项协议在订立劳动合同时订立，应在劳动合同的附件中注明
D. 如果专项协议在劳动合同的履行期间订立，必须要保障与劳动合同的一致性
E. 当专项协议与劳动合同出现矛盾时，应及时变更专项协议的相关内容

121. 结构工资制也可称为(　　)。
A. 职务工资
B. 组合工资
C. 分解工资
D. 基本工资
E. 多元化工资

122. 确定最低工资率时，应由(　　)的代表民主协商。
A. 政府
B. 高校
C. 工会
D. 企业
E. 劳动者

123. 根据签约代表所代表的范围的不同，集体合同可分为(　　)。
A. 基层集体合同
B. 单位集体合同
C. 行业集体合同
D. 地区集体合同
E. 国家集体合同

124. 伤亡事故报告和处理制度的内容包括(　　)。
A. 伤亡事故分类
B. 伤亡事故报告
C. 伤亡事故调查
D. 伤亡事故处理
E. 伤亡事故总结

125. 劳动保障监察的职责有(　　)。
A. 宣传劳动保障法律、法规和规章，督促用人单位贯彻执行
B. 检查用人单位遵守劳动保障法律、法规和规章的情况
C. 受理对违反劳动保障法律、法规或者规章的行为的举报、投诉
D. 依法纠正和查处违反劳动保障法律、法规或者违章的行为
E. 用人单位需保障生产安全

国家职业资格考试试卷

真题汇编（七）

职　　业：企业人力资源管理师
等　　级：国家职业资格四级
卷 册 二：专业能力

注意事项：1. 请按要求在试卷的标封处填写您的姓名、准考证号、身份证号和所在地区。
2. 请仔细阅读各种题目的回答要求，并在规定的位置填写您的答案。
3. 请保持卷面整洁，不要在试卷上做任何与答题无关的标记，也不得在标封区填写无关的内容。

姓　　名：____________________

准考证号：____________________

卷册二：专业能力

一、简答题（本题共 3 题，第 1 小题 16 分，第 2 小题 14 分，第 3 小题 16 分，共 46 分）

1. 企业在进行工作岗位调查时，主要采用哪几种方法？（16 分）

2. 根据国际劳工标准，我国建立了哪些对未成年工特殊保护制度？（14 分）

3. 企业人力资源管理部门对绩效管理负有哪些重要的责任？（16 分）

二、计算题（本题 18 分。先根据题意进行计算，然后进行必要分析，只有计算结果没有计算过程不得分）

4. 某企业基期与报告期的员工人数及工资的统计资料见表 1，运用相关知识计算、填充该表，并对该企业进行工资总额动态分析。（18 分）

表 1　企业员工人数及工资统计表

项目	基期	报告期	动态指标（%）
工资总额（元）	1160000	1536000	
员工平均人数（人）	1000	1200	
员工平均工资（元/人）			

三、综合分析题(本题共2题,每小题18分,共36分)

5. 某国有企业的员工都是“终身制”,大家感觉工作是一个铁饭碗,除非犯了重大错误,公司不可能辞退他们。因此,该公司的员工大都抱有“不求有功,只求无过”的态度,对公司的事情不甚关心,对自己的工作也是敷衍了事,遇到困难总是寻找客观原因。人力资源部经理是一个事业心很强的人,他很希望改变这种局面。

   问题:你能否为人力资源部经理出主意?(18分)

6. 李琦于去年10月份看到某文印厂的招聘启事:本厂招用劳动合同制排版工人10人,男女不限,年龄在23周岁以下,双眼裸眼视力为5.0以上。李琦患有视神经萎缩,裸眼视力只能达到4.6,而且不能矫正。为了找工作,李琦找人开具了视力为5.0的虚假证明。文印厂根据证明与李琦于2016年11月1日签订了为期5年的劳动合同,合同中明确规定试用期为6个月。李琦入厂后由于其视力达不到工作要求,经其排版的清样错误多,质量和效率与同期进厂工人的差距很大。经说服教育,李琦不得不到医院复查。经查证,李琦视力在招工以前即为4.6,与招聘启事中要求的视力不符。2017年3月1日,文印厂通知李琦解除劳动合同,限4月10日前离开工厂。李琦认为,文印厂与自己签订了劳动合同,在劳动合同履行过程中用人单位单方解除劳动合同,属于违法行为,不同意解除劳动合同,并向当地劳动争议仲裁委员会提出申诉。您认为当地劳动争议仲裁委员会将如何裁决?为什么?(18分)

真题汇编(七)参考答案及解析

卷册一：职业道德　理论知识

·第一部分　职业道德·

一、职业道德基础理论与知识部分

(一)单项选择题

1.C　2.B　3.B　4.D　5.A　6.D　7.C　8.A

(二)多项选择题

9.ABCD　10.ABD　11.ABC　12.ABC

13.AD　14.ABCD　15.ACD　16.ABC

二、职业道德个人表现部分

17~25(本部分为主观题,无标准答案,请根据自己的价值观作答。)

·第二部分　理论知识·

一、单项选择题

26.【答案】　B　⌊基础 P16⌉

【解析】实际工资,是经价格指数修正过的货币工资,用以说明工资的实际购买能力,其计算公式是:实际工资=货币工资÷价格指数。

27.【答案】　B　⌊基础第三版 P24,第四版 P24-25⌉

【解析】财政政策是指政府运用财政预算来调节总需求水平,以促进充分就业、稳定物价和经济增长的一种宏观经济管理对策。货币政策是指政府以控制货币供应量为手段,通过调节利率来调节总需求水平,以促进充分就业、稳定物价和经济增长的一种宏观经济管理对策。收入政策不仅包括用于控制货币工资与物价的增长,达到宏观经济的稳定的政策,还包括在一定社会总收入、一定工资总量的条件下,对以工资劳动者为主体的居民个人分配关系的调整政策。

28.【答案】　C　⌊基础第三版 P100,第四版 P147⌉

【解析】工作满意度是指员工对自己的工作所抱有的一般性的满足与否的态度。一个人对工作的满意度水平高,就可能对工作持积极态度;相反,对工作的满意度水平低,就可能对工作持消极态度。工作满意度受到心理学的重视,不仅把它视为一种个体现象,而且把它作为群体或组织的特征,作为衡量和预测工作行为和组织绩效的有效指标之一。

29.【答案】　B　⌊基础 P49⌉

【解析】政治法律环境是影响企业战略决策的首要外部条件。它包括社会制度、政府政策、法律的制定与执行以及战争与和平等方面的因素。

30.【答案】　B　⌊基础第三版 P3,第四版 P4⌉

【解析】劳动经济学的研究方法主要有实证研究方法和规范研究方法。实证研究方法是认识客观现象,向人们提供实在、有用、确定、精确的知识的方法,其重点是研究现象本身"是什么"的问题;规范研究方法以某种价值判断为基础,说明经济现象及其运行应该是什么的方法。

31.【答案】　A　⌊基础 P19⌉

【解析】生产要素的报酬收入中,一部分用于购买消费品和服务的支出,余下的部分用于储蓄。因此,总供给也等于消费与储蓄的总和。

32.【答案】　D　⌊基础 P38⌉

【解析】劳动法的监督检查制度与其他各项劳动法律制度的区别主要是以下三方面:第一,其他各项劳动法律制度主要规定劳动关系的内容、运行规则和调整原则与方式,而劳动法的监督检查制度主要是规定以何种手段实现和保证各项劳动法律制度的实施;第二,其他各项劳动法律制度是劳动监督检查实施时确定监督检查客体的行为合法与否的标准以及对违法情况进行处理的法律依据,而劳动监督检查制度是实施劳动监督检查的职权划分和行为规则;第三,劳动监督检查制度既独立于其他各项劳动法律制度之外,同时又是其他各项劳动法律制度的组成部分,即各项劳动法律制度的范围与劳动监督检查制度的范围是一致的。

33.【答案】　B　⌊基础 P48⌉

【解析】顾客力量的分析是企业特定经营环境分析的重要内容。它包括企业产品消费群体分析、顾客购买动机分析等。有时还要分析顾客消费承受能力。

34.【答案】　C　⌊基础 P55⌉

【解析】横向发展战略是通过收购竞争对手的产品和服务而获得新产品和服务。其优点有:①可以减少行业竞争的激烈程度和由于竞争带来的不确定性;②有利于企业把握消费者需求变化的规律,加强企业对市场的控制力;③实现战略协同效应;④取得规模效应等。C 项,横向发展战略的缺点包括:①规模过大可能带来规模的不经济;②企业抵

御风险的能力降低。

35.【答案】 B ⌊基础第三版 P58－59,第四版 P59⌉

【解析】成熟行业的特点包括:①销售增长缓慢,市场占有率竞争加剧;②成本和服务成为竞争的中心内容;③行业利润水平下降;④行业生产能力增长缓慢。

36.【答案】 C ⌊基础第三版 P125,第四版 P172⌉

【解析】费德勒(Fred Fiedler)在 20 世纪 50 年代末提出了第一个综合的权变模型。他认为,任何一种领导风格都可能是有效的,也可能是无效的,关键是它是否适合于特定的领导环境。

37.【答案】 B ⌊基础第三版 P152,第四版 P200⌉

【解析】人力资本具有无限的潜在创造性。人力资本是经济资本中的核心资本,是一切资本中最宝贵的资本,其原因在于人力资本的无限的创造性。

38.【答案】 A ⌊基础第三版 P69,第四版 P70⌉

【解析】悲观决策标准是指按照“保守”态度采用“小中取大”法(或称“不利中求有利”准则),也称“华德决策准则”,即宁可把情况估计得坏一些,先选取各方案收益最低值,经比较,再从中选一个收益最高或最有利的方案,该决策稳妥可靠。

39.【答案】 C ⌊基础第三版 P162,第四版 P211⌉

【解析】人力资本投资收益率变化规律:①投资和收益之间的替代与互补关系;②人力资本投资的内生收益率递减规律;③人力资本投资收益变动规律与最优人力资本投资决策。

40.【答案】 B ⌊基础第三版 P85,第四版 P86⌉

【解析】品牌是指用来识别商品或劳务的名称、记号、图案、颜色及其组合,包括品牌名称和品牌标志两部分。品牌名称是指品牌中可以用语言来称呼的部分。品牌标志是指品牌中可以被识别但不能用语言来称呼的部分。商标是指已获得专用权并受法律保护的一个品牌或一个品牌的一部分。

41.【答案】 A ⌊四级 P6⌉

【解析】电话调查法适用于及时采集一些简单信息,尤其是要了解被调查者对某种情况的看法,如是与非、好与差、正确与错误、要与不要等简单的问题。

42.【答案】 B ⌊基础第三版 P154－155,第四版 P203⌉

【解析】人力资本投资支出分为三类:①实际支出或直接支出。它包括学杂费(教育投资)、流动支出(迁移)、培训支出(企业、国家和个人)以及国家用于教育、社会保障方面的支出等。其中属于个人支出的部分被称为个人直接支出,属于国家或社会支出的部分被称为社会直接支出。②放弃的收入或时间支出。接受教育、婴幼儿护理、寻找工作期间不可能工作,至少不能从事全日制工作,必然会放弃相应的收入,这部分收入的损失也是人力资本投资者的成本支出。由于这部分支出并没有实际的任何投资发生,仅仅是可能的收入损失,所以被称为机会成本。③心理损失。因为学习艰苦、孤独,寻找职业令人乏味、费神,工作迁移需要离别家人、朋友,这种心理损失被称为人力资本投资者的心理成本。

43.【答案】 A ⌊四级 P8⌉

【解析】SWOT 分析法:其中 S 即 strength,表示组织的优势;W 即 weakness,表示组织的劣势;O 即 opportunity,表示组织面临的机会;T 即 threat,表示组织面临的威胁。

44.【答案】 C ⌊基础第三版 P103,第四版 P150⌉

【解析】归因是指利用有关的信息资料对人的行为进行分析,从而推论其原因的过程。A 项,内因即内在原因,是指导致行为或事件的行为者本身可以控制的因素,包括行为者的人格、品质、情绪、心境、能力、需要和努力程度等;B 项,外因即外在原因,是指导致行为或事件的外部因素,包括行为者所处的各种环境和机遇、所从事工作的特点和难度,以及工作与人的相互作用,他人对行为者的强制或约束、激励的作用等;D 项,知觉是指声、光、色等基本刺激被选择、组织及解释的过程。

45.【答案】 B ⌊四级 P4⌉

【解析】企业组织信息采集的程序分为调研准备阶段和正式调研阶段,其中,调研准备阶段的程序为:①初步情况分析;②非正式调研;③确定调研目标。正式调研阶段的程序为:①相关信息的来源;②选择抽样方法,设计调查问卷;③实地调查。

46.【答案】 B⌊四级 P41－42⌉

【解析】劳动定额是指在一定生产、技术、组织条件下,采用科学合理的方法,对生产单位合格产品或完成一定工作任务的活劳动消耗量所预先规定的限额。劳动定额不仅受到各种客观物质条件的制约,还受到各种主观因素的影响,如生产者的文化水平,生产专业知识和技能操作,劳动态度及主动性、积极性,管理者的专业素质和管理水平,劳动关系等。

47.【答案】 B ⌊四级第三版 P14,第四版 P62⌉

【解析】个人的班产量定额和单件工时定额的关系是:QB＝480(分钟)/TA 或 TA＝480(分钟)/QB。式中,QB 表示班产量定额,TA 表示单件工时定额。

则产品单件工时定额为：$TA = 480 \div 60 = 8$（工分/件）。

48.【答案】 C 「四级第三版 P34－35，第四版 P23－24」

【解析】工作岗位研究的原则：①系统的原则，所谓系统，就是由若干既有区别又相互依存的要素所组成的，处于一定环境条件中，具有特定结构和功能的有机整体；②能级的原则，能级是指组织机构中各个岗位功能的等级，也就是岗位在组织机构这个“管理场”中所具有的能量等级；③标准化原则，标准化是现代企业人力资源管理的基础，也是有效推行各项管理的重要手段；④最优化原则，最优化是指在一定约束条件下，使系统的目标函数达到最大值或最小值。

49.【答案】 C 「四级第三版 P119，第四版 P120」

【解析】用人不疑原则要求管理者对员工要给予充分的信任与尊重。如果对部下怀有疑虑，不如干脆不用。既然要用，就一定要明确授权，放手大胆使用，使他充分发挥才干。

50.【答案】 B 「四级第三版 P19，第四版 P51」

【解析】经验估工法是指由定额员（必要时可以和技术人员、老工人相结合），依照产品图样和工艺技术要求，并考虑生产现场使用的设备、工艺装备、原材料及其他生产条件，根据过去的实践经验对产品劳动消耗量进行估定的一种方法。这种方法简便易行，工作量小，能满足定额制定“快”和“全”的要求。但是，容易受估工人员的水平和经验的局限，出现定额偏高、偏低的现象，制定的劳动定额准确性较差，定额水平不易平衡。

51.【答案】 A 「四级第三版 P38，第四版 P27－28」

【解析】岗位写实是按时间消耗的顺序，对某一岗位的员工在整个工作日内的工作活动情况进行观察、记录和分析的一种方法。B 项，日志法是由操作者对其一天或连续几天内工作活动的情况进行登记记录的信息采集方法；C 项，作业测时是以工序或某一作业为对象，按照操作顺序进行实地观察记录，研究作业活动的一种方法；D 项，岗位抽样是根据概率论和数理统计学的原理，对工作岗位随机地进行抽样调查，利用抽样调查得到的数据资料对总体状况做出推断的一种方法。

52.【答案】 C 「四级第三版 P177，第四版 P172」

【解析】目前在企业中，在岗培训计划一般采取自下而上的方法制定：①企业各下属机构或部门分别制定各自下一年度的培训计划；②各下属机构或部门在规定的期限内将培训计划上报人事部，由人事部汇总；③人力资源部门（或教育培训部门）召开各下属机构或部门培训负责人会议，确定公司的年度培训计划（共同培训部分）。

53.【答案】 B 「四级第三版 P167，第四版 P161」

【解析】检查表是培训执行者为记录和控制与培训相关的无数细节的最有价值的工具。检查表应分类列举所需的所有设备，如幻灯机、电视、录像机、录像带以及受训者所有的资料。

54.【答案】 D 「四级第三版 P166，第四版 P160」

【解析】脱产培训的费用一般比较高，对工作影响大，因此并不适合于全员培训。其主要是用来培养企业紧缺人员，或为企业未来培养高层次技术人才、管理人才，或为了引进新设备、新工艺，由工厂选送员工去国内外对口企业、高等院校、科研机构进修。

55.【答案】 C 「四级 P70」

【解析】人员配置是企业为了实现生产经营的目标，采用科学的方法，根据岗得其人、人得其位、适才适所的原则，实现人力资源与其他物力、财力资源的有效结合而进行的一系列管理活动的总称。

56.【答案】 B 「四级 P138」

【解析】培训需求分析就是要消除培训需求意向的片面性，要从整体考虑，也就是说要全方位考虑，要从中近期的工作计划来考虑。为了做好上述工作，就需要由企业的相关岗位、相关部门以及负责培训的人力资源管理部门共同协商确定。

57.【答案】 C 「四级 P82」

【解析】遮蔽广告是指在招募广告中不出现招聘企业名称的广告，这种广告通常要求申请人将自己的求职信和简历寄到一个特定的信箱。采用遮蔽广告的原因有：①企业不愿意暴露自己的业务区域扩展计划，不想让竞争对手过早地发现自己在某一个地区开始招聘人才；②企业不愿意让在职员工发现，公司正在试图由外部来补充某些岗位的人员空缺。

58.【答案】 D 「四级第三版 P93，第四版 P94」

【解析】应聘申请表是提供应聘者个人履历和资料的基本形式，是企业人员初步挑选工作不可缺少的一种工具。在应聘申请表的设计过程中，设计者应当注意达到以下要求：①申请表要从申请者角度出发设计，为此，要将表中同类问题归为一组填在表中，且要尽可能采取“是”或“非”的简洁的回答方式，使用通俗的语句；②申请表的设计应考虑企业（公司）的目标，便于人员招聘的组织与管理工作；

③申请表应采取多种形式,按不同人员类型分别设计。

59.【答案】 B ⌞四级第三版 P219,第四版 P216⌝

【解析】绩效管理的发展功能,主要表现在两方面:一方面使组织根据考核结果,制定正确的培训计划,达到提高全体员工素质的目标;另一方面可以发现员工的特点,根据特点决定培养方向和使用方法,充分发挥个人长处,将个人与组织的发展目标有效地结合起来。

60.【答案】 D ⌞四级第三版 P180,第四版 P174⌝

【解析】一级培训:总体管理教程。培训对象:管理业务或项目并对其业绩全权负责者;至少负责两个职能部门者;培训目的:塑造领导能力;培训内容:高级战略管理技术、知识管理、识别全球趋势、调整公司业务、管理全球性合作;培训日程:与工作同步的两年培训;每次为期 6 天的研讨会 2 次。

61.【答案】 D ⌞四级第三版 P109,第四版 P110⌝

【解析】应聘者背景调查的目标部门主要包括:①学校学籍管理部门。在该部门查阅应聘者的教育情况,能够得到最真实可靠的信息。②曾经就职过的公司。从雇主那里原则上可以了解到应聘者的工作业绩、表现和能力,但雇主的评价是否客观还需要加以识别。③档案管理部门。一般而言,从原始档案里可以得到比较系统、原始的资料。

62.【答案】 D ⌞四级第三版 P278,第四版 P279⌝

【解析】计件工资是以员工完成的合格产品或工作量以及事先规定的计件单价计算出的工资。员工计件工资的多少取决于员工完成的合格产品数量或工作量,还取决于计件单价的高低。员工计件工资 = 产品量(工作量) × 计件单价

63.【答案】 B ⌞四级第三版 P247,第四版 P230⌝

【解析】外部人员虽能较客观公正地参与绩效考评,但他们很可能不太了解被考评者及其能力、行为和实际工作的情况,使其考评结果的准确性和可靠性大打折扣。在实际考评中,采用外人考评的形式时,应当慎重考虑。

64.【答案】 C ⌞四级第三版 P250 – 251,第四版 P254 – 255⌝

【解析】常见的绩效信息采集方法包括:①实地调查法;②现场记录法;③数据积累法;④问卷调查法;⑤抽样调查法。其中,数据积累法是指考评人员到有关数据统计或汇总的权威部门查证有关数据采集考核信息。

65.【答案】 D ⌞四级第三版 P260,第四版 P258⌝

【解析】能级分析法是指用一定的临界点将考评得分划分为若干等级,并对此进行考评的方法。能级的划分可以是总分,也可以是结构分或要素分,它同顺序法的主要区别是顺序法只将分数排队,能级分析法是将分数划区分。

66.【答案】 B ⌞四级 P268⌝

【解析】直接薪酬包括基本工资、绩效工资、奖金、津贴、补贴等,一般以现金形式支付。

67.【答案】 A ⌞四级第三版 P142,第四版 P135⌝

【解析】教学设计是进入实质性培训工作的第一步。这个阶段工作的好坏将直接影响受训人员对培训内容的接受程度。教学设计是以培训教师为主要执行人所进行的工作。工作中,企业负责培训管理的部门或负责人,主要是协助培训教师做一些辅助准备工作。

68.【答案】 C ⌞四级第三版 P153,第四版 P147⌝

【解析】不同的组织有不同的问题存在,相同的问题在不同的组织系统中不能采用同样的培训方案,即使是相同的问题在相同的组织系统中,但在不同的阶段也不能采用同样的培训方案。因此,企业培训人员必须依据组织环境寻找真正的组织问题,再设计培训方案的内容与形式,才能有效地解决组织中存在的问题。

69.【答案】 B ⌞四级第三版 P291,第四版 P290⌝

【解析】因劳动者本人原因给用人单位造成经济损失的,用人单位可按照劳动合同的约定要求其赔偿经济损失。经济损失的赔偿,可从劳动者本人的工资中扣除。但每月扣除的部分不得超过劳动者当月工资的 20%。若扣除后的剩余工资部分低于当地月最低工资标准,则按最低工资标准支付。

70.【答案】 B ⌞四级第三版 P311,第四版 P312⌝

【解析】工资总额由以下六个部分组成是:计时工资、计件工资、奖金、津贴和补贴、加班加点工资、特殊情况支付的工资。

71.【答案】 B ⌞四级 P269⌝

【解析】B 项,一般会根据员工的绩效评价等级(卓越、优秀、合格、基本合格、不合格),将员工的基本工资上下浮动 10% 左右。

72.【答案】 C ⌞四级第三版 P303,第四版 P302⌝

【解析】在计件工资制中,劳动定额规定着单位生产时间内完成合格产品数量的标准尺度,它是计件单价的依据之一,是实行计件工资制的关键。

73.【答案】 B ⌞四级第三版 P306,第四版 P305⌝

【解析】实行月工资标准的员工遇有加班或者请假需要加发或者减发工资时,一般是按日工资标准处

理,即以本人月工资标准除以平均每月法定计酬工作天数求得,平均每月法定工作计薪天数为(365 - 104)/12 = 21.75 天/月。

74.【答案】 B ⌊四级第三版 P349,第四版 P357⌉

【解析】劳动合同的主体具有特定性:一方是自然人,即劳动者;另一方是法人或非法人经济组织,即用人单位。作为劳动合同主体的劳动者必须年满16周岁以上,有就业要求,具有劳动行为能力的人。

75.【答案】 C ⌊四级第三版 P329,第四版 P336⌉

【解析】雇主一般通过雇员的概念来定义,在劳动关系中与雇员相对的一方是雇主,他是企业或者其他类型的用人单位的财产的人格化代表,是生产经营与管理权的载体。雇主完成生产经营和各类管理,并通过各级各类管理人员的职能行为来实现。

76.【答案】 A ⌊四级第三版 P363,第四版 P371⌉

【解析】劳动者在试用期内提前 3 日通知用人单位,可以解除劳动合同。提前通知用人单位解除劳动合同即是劳动者单方解除劳动合同的法定条件,又是程序规定。

77.【答案】 C ⌊四级 P306⌉

【解析】由题意,小王的日工资 = 120 + (320 - 200) × 0.5 = 180(元)。

78.【答案】 A ⌊四级第三版 P317,第四版 P320⌉

【解析】基本养老保险是国家和社会根据一定的法律和法规,为解决劳动者在达到国家规定的解除劳动义务的劳动年龄界限,或因年老丧失劳动能力退出劳动岗位后的基本生活而建立的一种社会保险制度。这一概念主要包含以下三层含义:①养老保险是在法定范围内的老年人完全或基本退出社会劳动生活后才自动发生作用的;②养老保险的目的是保障老年人的基本生活需求,为其提供稳定可靠的生活来源;③养老保险是以社会保险为手段来达到保障的目的。A 项,我国现行的社会保障体系包括社会保险、社会救济、社会福利、社会优抚安置和国有企业下岗职工基本生活保障和再就业等,其中,社会保险包括基本养老保险、医疗保险、失业保险、工伤保险和生育保险五个项目。

79.【答案】 C ⌊四级第三版 P328,第四版 P335⌉

【解析】在市场经济条件下,人力资源的配置是通过劳动力市场实现的。在劳动力市场中,企业与劳动者均为享有经济主权的市场主体。

80.【答案】 D ⌊四级第三版 P330 - 331 第四版 P337 - 338⌉

【解析】劳动关系的基本特征包括:①劳动关系的内容是劳动。在现代市场经济条件下,劳动关系是劳动的社会形式,劳动是这种关系的基础,也是它的实质和内容。②劳动关系具有人身关系属性和财产关系属性相结合的特点。③劳动关系具有平等性和隶属性的特点。在现代社会,劳动关系的当事人即雇主与雇员之间是相互独立的平等主体的契约关系,两者具有平等的法律人格,建立劳动关系首先取决于当事人各自的意志。

81.【答案】 B ⌊四级第三版 P334,第四版 P341⌉

【解析】劳动法律、法规由国家制定,体现国家意志,覆盖所有劳动关系,通常为调整劳动关系应当遵循的原则性规范和最低标准。其基本特点是体现国家意志。

82.【答案】 D ⌊四级第三版 P178,第四版 P172⌉

【解析】转岗培训的方式有:与新员工一起参加拟转换岗位的岗前培训;接受现场的一对一指导;外出参加培训;接受企业的定向培训。

83.【答案】 C ⌊四级第三版 P352,第四版 P359⌉

【解析】依据劳动法的规定,劳动合同期限 3 个月以上不满 1 年的,试用期不得超过 1 个月;劳动合同期限 1 年以上不满 3 年的,试用期不得超过 2 个月;3 年以上固定期限和无固定期限的劳动合同,试用期不得超过 6 个月。

84.【答案】 C ⌊四级第三版 P378,第四版 P386⌉

【解析】企业职业安全卫生标准的制定不得低于国家规定的标准,即国家劳动安全卫生标准是最低标准。由于企业的生产特点和工艺过程不同,劳动设备、劳动条件的复杂程度各具特点,因此,企业在劳动安全卫生保护方面的根本任务是执行国家标准,而不能任意制定。

85.【答案】 B ⌊四级第三版 P262,第四版 P265⌉

【解析】集中归档的优点是:可以避免绩效管理资料的重复和浪费;工作人员能提供质量更好的服务;不会出现积压等待归档的资料;只需要一种存档的程序。

二、多项选择题

86.【答案】 BCDE ⌊基础 P23⌉

【解析】政府支出包括各级政府支出的总和,主要分为政府购买和转移支付两类。政府购买的具体项目有国防用品、公共管理服务、公共工程项目以及政府雇员和事业组织中劳动者的薪金报酬等。转移支付是政府发挥收入再分配作用的主要手段,是政府在社会保险福利、社会优抚、社会救济以及某些补贴等方面的支出。此类支出虽然没有相应的商品和劳务的交换,不增加国民收入,只是政府将收入在不同社会成员之间进行分配,但是,通过这种收入的再分配影响着不同受益群体的经济选择和决策,与政府购买一样,都对劳动力市场的运行有着重大影响。

87.【答案】 ACD 『基础 P45』

【解析】企业战略是企业的最高领导层为了使企业在未来激烈竞争的环境中求得生存和发展而绘制的一张蓝图。它是在对未来外部环境的变化趋势和企业自身实力进行充分分析的基础上,通过一系列科学决策的程序绘制出来的,是企业经营思想的集中体现,其实质是实现外部环境、企业实力和战略目标三者之间的动态平衡。

88.【答案】 BE 『基础 P21』

【解析】常用的反映失业程度的指标有两个:失业率和失业持续期。其中,失业率是失业人数占社会劳动力人数(经济活动人口)的百分比;失业持续期是指失业者处于失业状态的持续时间,一般以周(星期)为时间单位,通常计算平均失业持续期,即将所有失业者的失业持续时间求和,然后除以失业人数。

89.【答案】 CDE 『基础第三版 P137 - 138 第四版 P185』

【解析】心理过程是人的心理活动的基本形式,也是人的心理现象的重要方面。人的认知活动、情感活动和意志活动相互联系和影响,构成人的心理过程。认知活动是接收、储存、解读和处理外部信息的过程,是人的头脑对客观物质世界的现象和本质的反映过程。它包括感觉、知觉、记忆、思维、想象等。情感活动是人在认识客观事物时,对现实事物所持的态度和产生某种主观体验,以及相应的行为反应,其表现为喜、怒、哀、乐等过程。意志活动则是人在认识客观物质世界的活动中,自觉地确定目的,并为实现目的而自觉支配和调节行为、克服困难的心理活动。

90.【答案】 BDE 『基础第三版 P61,第四版 P62』

【解析】战略控制的方法分为:

(1)事前控制。这是在战略实施前,利用反馈信息对目前尚未发生的未来事件进行控制,以达到预防偏差的目的。

(2)事中控制。这是在战略实施过程中,按照某一基本标准进行控制,以达到预防偏差的目的。

(3)事后控制。这是战略执行后,将执行结果与期望标准做比较,看是否符合标准;总结经验和教训,并制定措施,以便使未来的行动更加有利。

91.【答案】 ABCE 『四级 P5 - 6』

【解析】询问法是指调查者通过询问的方式向被调查者展开调查的方法。它要求调查者事先拟定出具体的调研提纲,然后根据提纲向被调查者展开询问,采集相关信息。根据调查者与被调查者接触方式、方法的不同,询问法可以分为当面调查法、电话调查法、会议调查法、邮寄调查法和问卷调查法等。

92.【答案】 ABCD 『四级 P76』

【解析】内部招聘作为一个总体,还可以细分为内部提拔、工作调换、工作轮换、重新聘用、公开招聘五个来源。其中,公开招聘是面向企业全体人员,内部提拔、工作调换、工作轮换则局限于部分人员,重新聘用则是吸引那些因某些原因而暂时不在岗的人员。

93.【答案】 ABCE 『基础第三版 P86 - 87,第四版 P87 - 88』

【解析】产品生命周期包括投入期、成长期、成熟期和衰退期四个阶段。其中,投入期企业的营销重点是提高新产品的生命力,使产品尽快为顾客所接受,促使其向成长期过渡。企业可选择的营销策略有四种:①快速掠取策略;②缓慢掠取策略;③快速渗透策略;④缓慢渗透策略。

94.【答案】 ACD 『四级 P17』

【解析】制定劳动定额的科学依据:①技术依据,包括生产条件、对工作地的供应服务和组织的状况、操作者的技术水平、经验和技能;②经济依据,包括劳动者在一定的工作时间内工作负荷程度、整个生产周期和产品总劳动量;③心理生理依据,包括劳动环境和生产条件对操作者的影响、工作时间的长度和休息时间的比重、劳动分工和协作的状况。

95.【答案】 ABCE 『基础第三版 P74,第四版 P75』

【解析】按交换对象不同可将市场分为商品市场、服务市场、技术市场、金融市场、劳动力市场和信息市场等。

96.【答案】 BCD 『四级 P53 - 54』

【解析】员工平均人数的统计包括:①月平均人数,是指计算月内平均每天拥有的人数;②季平均人数,季内平均每天拥有的人数,是以计算季内各月平均人数之和除以 3 后求得;③年平均人数,是指计算年内平均每天拥有的人数,是以 12 个月的平均人数相加之和除以 12 求得,或以 4 个季度平均人数之和除以 4 求得。

97.【答案】 CDE 『四级第三版 P11,第四版 P43』

【解析】根据实施范围的不同，劳动定额可分为：①统一定额；②企业定额；③一次性定额。

98.【答案】 ABCDE 【基础第三版 P191，第四版 P241】

【解析】现代企业人力资源管理是以组织中的人为对象的管理，在某种意义和程度上，它至少涉及以下五种基本职能：吸收和录用、保持、发展、评价、调整。

99.【答案】 BCDE 【基础第三版 P148－149 第四版 P196】

【解析】人本管理的机制具体包括：动力机制、约束机制、压力机制、保障机制、环境优化机制、选择机制。

100.【答案】 ABCDE 【四级第三版 P124，第四版 P125】

【解析】一般来说，员工信息的内容主要包括以下几个方面；①反映员工历史状况信息的主要内容。包括：履历材料；自传材料；鉴定材料；政治历史问题的审查、甄别和复查材料；参加党团组织的材料等。②反映员工现状的信息。包括目前的个人状况信息，以及与工作相关的信息，如职务、职称、教育状况、工作变动、工资变动、任免晋升、考核材料等；奖励和模范先进事迹材料；处分、取消处分和甄别复查材料等。③反映员工个性与潜能的信息。包括兴趣、特长、爱好等信息。

101.【答案】 ABD 【四级第三版 P119，第四版 P120】

【解析】任人唯贤，强调用人要出于“公心”，以事业为重，而不是以自己的“小圈子”为重，以“宗派”为重，只有这样，才能做到大贤大用，小贤小用，不贤不用。

102.【答案】 CE 【四级第三版 P164，第四版 P159】

【解析】根据培训与工作的关系，员工培训可分为岗前培训、在岗培训和脱产培训；根据培训目的，员工培训可分为过渡性教育培训、知识更新培训或转岗培训、提高业务能力培训、专业人才培训和人员晋升培训；根据培训对象在公司中的地位，员工培训可分为公司高层管理人员的培训、基层管理人员培训、专业技术人员培训和一般员工培训；根据培训地点，员工培训可分为企业内培训、企业外培训和在岗培训；根据培训范围，员工培训可分为全员培训和单项培训；根据培训组织形式，员工培训可分为正规学校、短训班、非正规大学和自学等形式。目前最常用的是第一种分类方法。

103.【答案】 ABD 【四级第三版 P104，第四版 P105】

【解析】组织对员工的投入能否收回，何时收回、能得到多大的回报，取决于员工的劳动态度、劳动积极性与其劳动生产率，前两者取决于他对工作的满意度，而后者则取决于他的劳动技能、掌握的知识、具有的经验。

104.【答案】 BCE 【四级第三版 P181，第四版 P176】

【解析】分专业脱产培训的特点：①强调培训的专业性；②强调培训内容的单一性；③强调专业知识和技能的层次。

105.【答案】 BCDE 【四级第三版 P93，第四版 P93－94】

【解析】不同的单位在招聘中使用的申请表的项目是不同的，而且不同岗位因职务说明书存在差别，招聘申请表内容的设计也有一定的区别；故选项 A 错误。不管何种形式的招聘申请表，都应当反映出以下一些信息：应聘者个人基本信息、应聘者受教育状况、应聘者过去的工作经验以及业绩、能力特长、职业兴趣等。招聘申请表是应聘者提供个人履历和资料的基本形式，是企业人员进行，初步挑选时不可缺少的一种工具。它一般由招聘单位的人力资源部门设计，应聘人员在求职时自己填写，因此，招聘申请表又有求职申请表、应聘申请表等多种说法。

106.【答案】 BCDE 【四级第三版 P143，第四版 P136】

【解析】培训反馈是组织管理中对培训修正、完善和提高的必要手段，是企业组织与管理必不可少的一个程序。培训反馈的具体内容包括：①培训教师考评；②培训管理的考评；③应用反馈；④培训总结，资源归档。

107.【答案】 ABCE 【四级第三版 P164，第四版 P159】

【解析】根据培训组织形式，员工培训可分为正规学校、短训班、非正规大学和自学等形式。

108.【答案】 CDE 【四级第三版 P170，第四版 P164】

【解析】岗前培训的三阶段培训包括：①总部培训；②分支机构或部门培训；③工作现场培训。岗前培训的前提是企业要建立两级培训体制，下属企业或部门在上级人力资源部门的监督和指导下对岗前培训进行安排和组织，培训结束后，下属企业或部门应将培训情况和结果报上级人力资源部门备案。

109.【答案】 ABCD 【四级第三版 P229，第四版已删除】

【解析】绩效管理制度是企业人力资源管理制度的重要组成部分，在起草和编写企业员工绩效管理制度时，应对绩效考评结果的应用原则和要求，以及与之配套的薪酬奖励、人事调整、晋升培训等规章制度的贯彻实施和相关政策的兑现办法做出明确规定。

110.【答案】 ABDE 【四级第三版 P181，第四版 P175－176】

【解析】从受训阶层看,脱产培训可分为分阶层脱产培训和分专业脱产培训。前者是指对不同阶层的员工进行脱产教育培训,后者是指按不同专业对各类员工进行脱产培训。其中,分阶层脱产培训的特点有:①强调培训对象的职务地位、等级和阶层;②强调教育培训的综合性,即提高受训员工扮演新角色时必要的综合能力;③强调标准化、规范化教育培训;④具有定期轮训的特性。C项属于分专业脱产培训的特点。

111.【答案】 ACE 〖四级第三版P197,第四版P192〗

【解析】工作指导法又称教练法、实习法,是指由一位有经验的工人或直接主管人员在工作岗位上对受训者进行培训的方法。这种方法并不一定要有详细、完整的教学计划,但应注意培训的要点:①关键工作环节的要求;②做好工作的原则和技巧;③须避免、防止的问题和错误。BD两项属于工作轮换法的优点。

112.【答案】 ADE 〖四级第三版P260,第四版P258〗

【解析】BC两项,能级分析法同顺序法的主要区别是顺序法只将分数排队,如:100分、91分、81分,以此类推;而能级分析法是将分数划区分,如:0~59分为差,60~69分为一般,70~79分为中,80~89分为良,90分及以上为优。

113.【答案】 AC 〖四级第三版P249,第四版已删除〗

【解析】科学地确定考评的基础需要做到以下几点:①确定工作要项,工作要项是指工作结果对组织有重大影响的活动或大量的重复性活动;②确定绩效标准,绩效应以完成工作所达到的可接受的条件为标准,必须客观化、定量化,具体做法是将考评要项逐一分解,形成考评的评判标准。

114.【答案】 CDE 〖四级第三版P278,第四版P279〗

【解析】技术等级工资制是根据劳动复杂程度、繁重程度、精确程度和工作责任大小等因素划分技术等级,按等级规定工资标准的一种工资制度。它由工资等级表、技术等级标准和工资标准三项组成。

115.【答案】 BCDE 〖四级第三版P279,第四版P280〗

【解析】结构工资制将构成工资标准的诸因素按其作用的差别划分为几个部分,并分别规定工资数额,构成劳动者的全部工资。结构工资通常由五个部分组成:①基本(基础)工资;②职务(岗位)工资;③技能工资;④年功工资(工龄);⑤奖励工资(效益工资)。

116.【答案】 ABDE 〖四级第三版P279,第四版P280〗

【解析】薪点工资制是用点数和点值来确定员工的工资,即员工的工资由薪点数乘以点值确定。点值取决于企业、所在部门的经济效益。薪点数的决定在各企业、各类员工中有所不同,有的企业或员工主要取决于岗位点数,有的企业或员工主要取决于技能或能力点数,有的企业或员工主要取决于员工的个人贡献点数,还有的企业取决于岗位点数、技能点数、个人绩效点数、工龄点数、基本生活保障点数的综合或部分点数之和。

117.【答案】 ABCDE 〖四级第三版P301-302,第四版P300〗

【解析】薪酬形式是指劳动计量和薪酬支付的方式。选择薪酬形式应遵循以下原则:①选择的具体薪酬形式要与岗位的特点相吻合;②员工收入与本人的工作效率直接成正比关系;③薪酬便于计算;④薪酬的发放要及时;⑤薪酬实施计划一经制订出来,就应当比较稳定。

118.【答案】 ACDE 〖四级第三版P287,第四版P285〗

【解析】最低工资率考虑到同一地区不同区域和行业的特点,对不同经济发展区域和行业可以确定不同的最低工资率。各省、自治区、直辖市劳动行政主管部门会同工会、企业家协会在确定最低工资率时,应该向当地工商业联合会、财政、民政、统计等部门咨询。

119.【答案】 ABCD 〖四级第三版P315,第四版P318〗

【解析】补充福利(第四版改为"企业自定福利")是指在国家法定的基本福利之外,由企业自定的福利项目。经常见到的补充福利的项目包括:房租补助、免费住房、工作午餐、女工卫生费、通信补助、员工生活困难补助、财产保险、人寿保险、法律顾问、心理咨询、贷款担保、内部优惠商品、搬家补助、子女医疗费补助等。E项,法定福利又称基本福利,是指按照国家法律、法规和政策规定必须发生的福利项目,包括:①社会保险;②法定带薪假日;③特殊情况下的工资支付;④工资总额外补贴项目。

120.【答案】 ABCD 〖四级第三版P349,第四版P357〗

【解析】E项,如果专项协议在劳动合同的履行期间订立,必须要保障与劳动合同的一致性;当出现矛盾时,应及时变更劳动合同的相关内容。

121.【答案】 BCE 〖四级第三版P279,第四版P280〗

【解析】结构工资制又称为多元化工资、组合工资、分解工资。它将构成工资标准的诸因素按其作用的差别划分为几个部分,并分别规定工资数额,构成劳动者的全部工资。

122.【答案】 ACD 〖四级第三版P287,第四版P285〗

【解析】最低工资，是指劳动者在法定工作时间内提供了正常劳动的前提下，其所在企业应支付的最低劳动报酬。最低工资率是指单位劳动时间的最低工资数额。最低工资率的确定实行政府、工会、企业三方代表民主协商原则。

123.【答案】 ACD 〖四级第三版 P335，第四版 P343〗

【解析】集体合同根据协商、签约代表所代表范围的不同，分为基层集体合同、行业集体合同、地区集体合同等。我国集体合同体制以基层集体合同为主导体制，即集体合同由基层工会组织与企业签订，只对签订单位具有法律效力。

124.【答案】 ABCD 〖四级第三版 P381，第四版 P389〗

【解析】伤亡事故报告和处理制度是国家制定的对劳动者在劳动生产过程中发生的和生产有关的伤亡事故的报告、登记、调查、处理、统计和分析的规定。包括以下内容：①企业职工伤亡事故分类；②伤亡事故报告；③伤亡事故调查；④伤亡事故处理。

125.【答案】 ABCD 〖四级第三版 P391，第四版 P396〗

【解析】劳动保障监察的职责包括：宣传劳动保障法律、法规和规章，督促用人单位贯彻执行；检查用人单位遵守劳动保障法律、法规和规章的情况；受理对违反劳动保障法律、法规或者规章的行为的举报、投诉；依法纠正和查处违反劳动保障法律、法规或者违章的行为。

卷册二：专业能力

一、简答题（本题共3题，第1小题16分，第2小题14分，第3小题16分，共46分）

1.〖四级第三版 P38－51，第四版 P26－30〗

【答案】 企业在组织岗位调查时，可以根据被调查对象所处的环境和条件，选择下述具体的岗位调查方法：

(1)岗位写实。岗位写实是指岗位调查者对被调查者的工作过程进行全面观察、记录和分析的信息采集方法。它是进行工作岗位调查的基本方法之一。岗位写实的对象可以是员工，也可以是员工所操纵的设备；写实的范围，可以是个人，也可以是集体。

(2)作业测时。作业测时是指以工序或某一作业为对象，按照操作顺序进行实地观察记录，研究作业活动的一种方法。

(3)岗位抽样。岗位抽样是指统计抽样法在工作岗位调查中的具体运用，它是根据概率论和数理统计学的原理，对工作岗位随机地进行抽样调查，利用抽样调查得到的数据资料对总体状况做出推断的一种方法。

(4)工作岗位调查的其他方法。①技术会议法；②结构调查表；③日志法；④关键事件法；⑤设计信息法；⑥活动记录法；⑦档案资料法。

2.〖四级第三版 P384－386，第四版 P391－392〗

【答案】 (1)最低就业年龄的规定。我国的最低就业年龄为16周岁，某些特殊行业需招用16周岁以下的少年，必须经劳动部门批准。

(2)禁忌劳动范围。任何用人单位招用未成年工，应当在工种、劳动时间、劳动强度、保护措施等方面执行国家有关规定，不得安排其从事过重、有毒有害的劳动或者危险作业。

(3)未成年工实行定期健康检查。

(4)使用未成年工实行登记制度。

(5)未成年工必须在上岗前进行职业安全卫生教育、培训。

3.〖四级第三版 P228，第四版已删除〗

【答案】 尽管绩效管理的实施主要是决策层与各级直线管理人员的职责，但企业人力资源管理部门对绩效管理也负有重要责任，主要包括：

(1)设计、试验、改进和完善绩效管理制度，并向有关部门建议推广。

(2)在本部门认真执行企业的绩效管理制度，以起到示范作用。

(3)宣传企业绩效管理制度，说明贯彻该项制度的重要意义、目的、方法与要求。

(4)督促、检查、帮助各部门贯彻现有绩效管理制度，培训实施绩效管理的人员。

(5)收集反馈信息，包括存在的问题、难点、批评与建议，记录和积累有关资料，提出改进方案和措施。

(6)根据绩效管理的结果，制定相应的人力资源开发计划，并提出相应的人力资源管理决策。

二、计算题（本题18分。先根据题意进行计算，然后进行必要分析，只有计算结果没有计算过程不得分）

4.〖四级第三版 P312－314，第四版 P313－315〗

【答案】 根据题意计算如下：

$$\text{工资总额动态指标} = \frac{\text{报告期工资总额}}{\text{基期工资总额}} \times 100\% = 1536000/1160000 \times 100\% \approx 132\%$$

$$\text{员工平均人数动态指标} = \frac{\text{报告期员工平均人数}}{\text{基期员工平均人数}} \times 100\% = 1200/1000 \times 100\% = 120\%$$

员工基期平均工资＝1160000/1000＝1160(元/人)

员工报告期平均工资＝1536000/1200＝1280(元/人)

$$平均工资指数 = \frac{报告期平均工资}{基期平均工资} \times 100\% = 1280/1160 \times 100\% = 110\%$$

填充后的表如下表所示。

项目	基期	报告期	动态指标(%)
工资总额(元)	1160000	1536000	132%
员工平均人数(人)	1000	1200	120%
员工平均工资(元/人)	1160	1280	110%

三、综合题(本题共2题,每小题18分,共36分)

5.〖四级P74〗

【答案】 建议该企业采取竞聘上岗的方式,具体分析如下:

(1)竞聘上岗是我国国有企业在经济改革的实践活动中,涌现出来的一件新事物。它对传统体制下"终身制""铁饭碗""铁交椅"的劳动人事制度产生了巨大的冲击,成为促进企业劳动人事制度改革的重要突破口。

(2)竞聘上岗的具体做法:根据能岗匹配的原理,即企业聘任谁来承担某一管理岗位的工作,谁就是这一岗位的最适合者,不是凭领导主观判断,而是通过公开竞聘的方式,从企业现有的具备聘任条件的各级专业技术、经营管理人员来挑选。采用科学公正的选拔方法,通过公开竞聘,对企业内部应聘人员通过层层筛选,由专家小组集体做出评判,从应聘者中选拔出较为合适的人员。

(3)企业推行竞聘上岗制度时,可以采用以下几种方法:

①统一规定所有上岗人员的任期,任期一到,全部卸任,而后在企业内部重新公开竞聘上岗。

②对现有空缺岗位与新增岗位竞聘上岗。

③对部分岗位作竞聘上岗的试验,以求取得经验,在不断完善聘任制度的条件下,再逐步推广。

6.〖四级第三版P363-364,第四版P371-372〗

【答案】 当地劳动争议仲裁委员会将裁决文印厂与李琦签订的劳动合同是无效的,所以可以依法解除。

劳动合同的解除是指劳动合同签订以后,尚未全部履行之前,由于一定事由的出现,提前终止劳动合同的法律行为。解除劳动合同必须符合法定条件,严格履行法定程序。

用人单位可以随时提出解除劳动合同,且不承担经济补偿的情形如下:

(1)在试用期间被证明不符合录用条件的,这个条件仅在试用期间有效,而且用人单位能够举证不符合录用条件。

(2)严重违反用人单位的规章制度的。

(3)严重失职,营私舞弊,给用人单位造成重大损害的。

(4)劳动者同时与其他用人单位建立劳动关系,对完成本单位的工作任务造成严重影响,

(5)劳动者以欺诈、胁迫的手段或者乘人之危,使用人单位在违背真实意思的情况下订立或者变更劳动合同致使劳动合同无效的。

(6)被依法追究刑事责任的。

在案例中,文印厂的招聘启事中明确要求排版工人双眼裸眼视力为5.0以上,但是李琦为了找工作,找人开具了视力为5.0的虚假证明。2016年11月1日,文印厂在不知情的情况下与李琦签订了五年的劳动合同,试用期为6个月。在试用期间,由于李琦的视力达不到工作要求,经其排版的清样错误多。后经医院查证,李琦视力在招工以前即为4.6,与招聘启事中要求的视力不符。2017年3月1日,文印厂通知李琦解除劳动合同。该情况属于在试用期间被证明不符合录用条件的,且用人单位能够举证不符合录用条件。因此,文印厂可以与李琦解除劳动合同,且不承担经济补偿的条件。

国家职业资格考试试卷

真题汇编(八)

职　　业：企业人力资源管理师
等　　级：国家职业资格四级
卷 册 一：职业道德
　　　　　理论知识

注意事项：1. 考生应首先将自己的姓名、准考证号等用钢笔、圆珠笔等写在试卷册和答题卡的相应位置上，并用铅笔填涂答题卡上的相应位置处。

2. 本试卷册包括职业道德和理论知识两部分：
第一部分，1～25 小题，为职业道德试题；
第二部分，26～125 小题，为理论知识试题。

3. 每小题选出答案后，用铅笔将答题卡上对应题目的答案涂黑。如需改动，用橡皮擦干净后，再选涂其他答案。所有答案均不得答在试卷上。

4. 考试结束时，考生务必将本卷册和答题卡一并交给监考人员。

5. 考生应按要求在答题卡上作答。如果不按标准要求进行填涂，则均属作答无效。

姓　　名：____________________

准考证号：____________________

卷册一：职业道德　理论知识

·第一部分　职业道德·

(第1~25题，共25道题)

一、职业道德基础理论与知识部分(第1~16题)

答题指导

该部分均为选择题，每题均有四个备选项，其中单项选择题只有一个选项是正确的，多项选择题有两个或两个以上选项是正确的。

请根据题意的内容和要求答题，错选、少选、多选，则该题均不得分。

(一)单项选择题(第1~8题)

1. 根据职业道德观念所形成的履行职业义务和职业责任的坚韧精神指的是(　　)。
   A. 自立意识
   B. 竞争意识
   C. 个人意识
   D. 开拓创新精神

2. 在工作中保持和同事间和谐的关系，要求职工做到(　　)。
   A. 如果同事不经意给自己造成伤害，要求对方当众道歉，以挽回影响
   B. 对感情不和的同事仍能给予积极配合
   C. 保持一定的嫉妒心，激励自己上进
   D. 对故意的诽谤，先通过组织途径解决，实在解决不了，再以武力解决

3. 关于企业形象，正确的说法是(　　)。
   A. 文明礼貌是企业形象的核心关键
   B. 企业形象的本质是企业的环境卫生和企业员工的服饰状况
   C. 企业形象是社会公众和企业员工对企业的整体印象和评价
   D. 通过持久、大规模的媒体宣传，就能树立起企业形象

4. 下列说法中，违背办事公道原则的选项是(　　)。
   A. 某商场售货员按照顾客到来的先后次序为他们提供服务
   B. 某宾馆服务员根据顾客需求提供不同的服务
   C. 某车站服务员根据顾客需求开办特殊购票窗口
   D. 某工厂管理人员不分年龄，性别安排相同的工种

5. 下列做法中，最符合"敬业"本质要求的是(　　)。
   A. 用心做事
   B. 谨慎虔敬
   C. 服从领导
   D. 加班加点

6. 下列做法中，体现了诚实守信要求的是(　　)。
   A. 知耻后勇
   B. 凿壁借光
   C. 童叟无欺
   D. 程门立雪

7. "忠于所属企业"的正确做法是(　　)。
   A. 身为员工，坚持公司利益至上原则，誓死捍卫公司利益
   B. 只要公司领导对员工够"朋友"，则员工本人永远不能背叛公司
   C. 忠于公司领导就是忠于企业
   D. 坚持集体主义原则处理企业与社会的各种利益矛盾

8. 关于合作，不正确的说法是(　　)。
   A. 合作是企业生产经营顺利实施的内在要求
   B. 合作是从业人员汲取智慧和力量的重要手段
   C. 合作是打造优秀团队的有效途径
   D. 合作是确立垄断地位、实现共同利益的需要

(二)多项选择题(第9~16题)

9. 从道德的结构来看，人的道德素质包括(　　)内容。
   A. 道德认识
   B. 道德情感
   C. 道德意志
   D. 道德行为

10. 节俭的重要价值在于它是(　　)。
   A. 邦定国安的法宝
   B. 诚实守信的基础

C. 持家之本
D. 积累财富的手段之一

11. 属于“八荣八耻”社会主义荣辱观内容的有（　　）。
A. 以崇尚科学为荣，以愚昧无知为耻
B. 以发家致富为荣，以贫穷落后为耻
C. 以辛勤劳动为荣，以好逸恶劳为耻
D. 以体面排场为荣，以俭朴吝啬为耻

12. 从业人员关于遵纪守法的正确观念和态度是（　　）。
A. 老老实实做人做事，不学法也能做到守法
B. 法律知识庞杂繁缛，从业人员无法学习
C. 懂法人才能依法办事，维护正当权益
D. 工作之前先签合同，是用法的具体体现

13. 下列说法中，你认为正确的有（　　）。
A. 岗位责任规定岗位的工作范围和工作性质
B. 操作规则是职业活动具体而详细的次序和动作要求
C. 规章制度是职业活动中最基本的要求
D. 职业规范是员工在工作中必须遵守和履行的职业行为要求

14. 一般从业人员执行操作规程，具体要求包括（　　）。
A. 牢记操作规程
B. 演练操作规程
C. 坚持操作规程
D. 自创操作规程

15. （　　）的说法符合团结互助的要求。
A. 在崇尚个性化的时代，倡导团结互助应控制在一定范围内
B. 在市场经济条件下，团结互助应是建立在等价交换原则基础上的互利行为
C. 同事间常使用“您好”“谢谢”等话语，有助于促进团结互助
D. 团结互助是团队精神的基本表现

16. 关于职业纪律，从业人员的正确认识有（　　）。
A. 职业纪律是强制性与自觉性的统一
B. 职业纪律是要求从业人员人人遵守的一种行为规范
C. 遵守职业纪律，很重要的方面是按照操作规程开展工作
D. 遵守纪律虽然重要，但往往也抑制了人们的创造性

二、职业道德个人表现部分（第17～25题）

答题指导

该部分均为选择题，每题均有四个备选项，您只能根据自己的实际状况选择其中一个选项作为您的答案。

17. 一位新上任的员工，没有多久你就发觉她偷懒，工作不力，令同事之间互相猜忌，考虑过后，你决定把她解雇，这时你会（　　）。
A. 叫助手告诉她已被解雇
B. 叫她进房，然后直接地把她辞退
C. 以温和的语气和外交辞令向她解释，她实在不适合在公司工作
D. 把她解雇，然后向其他下属安抚，叫他们安心工作

18. 在单位工作时，你会（　　）。
A. 怕有人说三道四，不敢多与异性同事交往
B. 怕领导挑剔自己的工作，总是躲避与同事说话
C. 怕信息传导错误，不在背地对人评头论足
D. 怕影响工作，即使对要好的同事，说话也会注意分寸

19. 假如你在某个问题上与其他同事存在意见分歧，彼此争论激烈。但你相信自己的观点是正确的，在争论结束时，你会（　　）。
A. 直截了当告诉对方：“你肯定错了。”
B. 规劝对方：“做人不要固执，为什么要死死地抱着错误的东西当真呢。”
C. 邀请对方：“我不相信说服不了你，我们找时间再讨论。”
D. 和对方讲：“尽管我们彼此没有同意对方的观点，但我从你那里学到许多。”

20. 在与同事们闲聊时，你通常会（　　）。
A. 说说学习、工作的感受
B. 聊聊自己家里的事情
C. 聊聊新闻
D. 传播小道消息

21. 员工N原本是你最要好的同事，每天都会挤时间一起聚会聊天。但自从他最近晋升了职务，你们双方见面机会少了，你会（　　）。
A. 仿佛觉得N的心变了
B. 估计过一段时间会好的

C. 只觉得N比较忙碌而已
D. 依稀感觉长此下去,N不再和自己成为朋友
22. 平时,你常有的感觉是(　　)。
A. 心如止水
B. 轻松愉快
C. 心灰意懒
D. 疲惫不堪
23. 你和几个朋友在某餐厅聚会,如果你有吸烟的嗜好,当烟瘾难忍时,你会(　　)。
A. 拿出香烟来快速吸上几口,很快就熄灭
B. 主动到室外吸烟
C. 只要见到有人吸烟,自己就可以吸了
D. 先吸,有人制止时再说
24. 由于公司经营不善,已经到了连工资都发不出来的地步。但是,你觉得公司凭借特有的技术和产品,还是有希望搞好的。你会(　　)。
A. 坚持在这家公司工作下去
B. 立即离开这家公司
C. 观察一段时间再作决定
D. 边工作边找其他单位
25. 如果领导吩咐你与某同事共同做某项工作,同事事先答应了,但当工作开始时,同事却打电话说临时有个约会,他不能来了。对此,你会怎样说(　　)。
A. "如果你不来,我也不干了"
B. "如果你不来,你得请我吃顿饭"
C. "你来吧,干完了我请你吃饭"
D. "如果你不来,我们一块儿跟领导说"

·第二部分　理论知识·

(第26~125题,共100道题,满分为100分)

一、单项选择题(第26~85题,每题1分,共60分。每小题只有一个最恰当的答案,请在答题卡上将所选答案的相应字母涂黑)

26. 在生产要素市场,(　　)是生产要素的供给者。
A. 居民户
B. 市场
C. 劳动者
D. 企业
27. 收入差距的衡量指标是(　　)。
A. 国民收入
B. 基尼系数
C. 人均GDP
D. 需求弹性
28. (　　)是政府通过调节利率来调节总需求水平,以促进充分就业、稳定物价和经济增长的一种宏观经济管理政策。
A. 财政政策
B. 货币政策
C. 金融政策
D. 收入政策
29. (　　)是劳动权的核心。
A. 择业权和劳动报酬权
B. 就业权和择业权
C. 休息休假权和劳动保护权
D. 劳动保护权和职业培训权
30. 正常情况下,每个月依照法定程序延长的工作时间不能超过(　　)。
A. 20小时
B. 30小时
C. 36小时
D. 40小时
31. 劳动法律关系是(　　)。
A. 劳动关系
B. 双务关系
C. 正向关系
D. 单务关系
32. 顾客力量分析是企业特定经营环境分析的重要内容,不包括(　　)。
A. 顾客购买动机分析
B. 顾客年龄结构分析
C. 顾客消费承受能力
D. 产品消费群体分析
33. (　　)是指企业的采购部门根据过去和许多供应商打交道的经验,选取供货企业,并订购过去采购的同类产业用品。
A. 修正重购
B. 直接重购
C. 新购
D. 间接重购
34. 组织市场的类型不包括(　　)。
A. 买方市场
B. 产业市场
C. 转卖者市场
D. 政府市场
35. 影响产业购买者购买决定的主要因素不包括(　　)。
A. 薪酬因素

B. 环境因素
C. 组织因素
D. 人际因素

36. 成熟企业不适宜采取的营销策略有(　　)。
A. 市场改良
B. 市场营销组合改良
C. 产品改良
D. 增强销售渠道功效

37. 个体的沟通风格不包括(　　)。
A. 自我完善型
B. 自我保护型
C. 自我暴露型
D. 自我实现型

38. (　　)是指当对一个人某些特性形成好或坏的印象之后，人们就倾向于据此推论其他方面的特性。
A. 光环效应
B. 投射效应
C. 首因效应
D. 刻板印象

39. 把领导行为风格与下属参与决策相联系，讨论如何选择领导方式和参与决策的形式，以及参与程度的模型是(　　)。
A. 费德勒权变模型
B. 情境领导理论
C. 路径－目标理论
D. 参与模型

40. 领导情境理论中选择领导方式的权变因素主要包括两方面：一是工作成熟度；二是(　　)。
A. 心理成熟度
B. 心理承受度
C. 精神成熟度
D. 精神承受度

41. 组织开发的基本目标不包括(　　)。
A. 改变组织氛围
B. 改变组织环境
C. 改变组织文化
D. 改变组织结构

42. 员工的动态特征不包括(　　)。
A. 员工学习
B. 员工自我保护机制
C. 员工激励
D. 员工的成熟和发展

43. 企业组织信息的应用不包括(　　)。
A. 信息的传输
B. 信息的存储
C. 信息的检索
D. 信息的收集

44. 在下列调查研究方法中，不属于询问法的是(　　)。
A. 会议调查法
B. 邮寄调查法
C. 问卷调查法
D. 行为记录法

45. 关于劳动定额，下列说法不正确的是(　　)。
A. 劳动定额是在一定条件下制定的，不能脱离具体的生产、技术、组织条件
B. 劳动定额受到各种客观物质条件的制约，但不受各种主观因素的影响
C. 在具体规定劳动定额时，应从实际出发，针对不同的工作特点，采取行之有效的科学方法
D. 劳动定额限定的对象是有效的劳动，不是无效的劳动

46. 酒店服务员负责看管清扫房间的数量为每人5间，这种定额为(　　)。
A. 时间定额
B. 产量定额
C. 服务定额
D. 看管定额

47. (　　)地制定劳动定额，是企业管理对劳动定额工作提出的一项基本要求。
A. 快、精、准
B. 快、准、全
C. 慢、全、精
D. 全、准、精

48. 工作岗位研究的原则不包括(　　)。
A. 系统的原则
B. 标准化原则
C. 经济性原则
D. 最优化原则

49. (　　)能够给员工提供发展的机会，强化员工为组织工作的动机，增强员工对组织的责任感。
A. 竞争上岗
B. 外部招聘
C. 公开选拔
D. 内部招聘

50. 工作岗位研究应遵循的原则不包括(　　)。
A. 系统原则
B. 客观性原则
C. 能级原则
D. 标准化原则

51. 不属于工作岗位调查方式的是(　　)。

A. 德尔菲法
B. 面谈
C. 现场观测
D. 书面调查

52. (　　)就是通过各种资料信息来考察和选拔人才的方法。
A. 笔试筛选法
B. 面试筛选法
C. 小组筛选法
D. 材料筛选法

53. 竞聘上岗的理论基础是(　　)。
A. 能岗匹配原理
B. 动态优先原理
C. 同素异构原理
D. 效率优先原理

54. 通知被录用者应遵循的最重要的原则是(　　)。
A. 及时
B. 热情
C. 正式
D. 庄严

55. 关于公司和应聘者之间的关系,下列说法不正确的是(　　)。
A. 公司和应聘者之间是双向选择的关系
B. 公司应该着重显示其选择的强势的一面
C. 公司应该客观全面的介绍公司整体形象
D. 公司应向应聘者树立良好的企业形象

56. 背景调查的内容应(　　)。
A. 迅速、有效
B. 简明、实用
C. 简单、明了
D. 周全、详尽

57. (　　)是获得组织支持的重要途径之一。
A. 培训组织实施
B. 培训需求分析
C. 培训计划设计
D. 培训效果评估

58. 校园招聘小组中应包含了解学校情况的人,其主要职责是(　　)。
A. 着重考察应聘者的能力
B. 控制招聘流程、安排细节
C. 对应聘者提问进行解答
D. 对人才做出较准确的判断

59. 培训开发对员工的重要性,不包括(　　)。
A. 提高员工的综合素质
B. 改善员工的工作质量
C. 提高员工的整体素质
D. 增强员工职业稳定性

60. 关于现代企业有效的培训系统,说法不正确的是(　　)。
A. 最终能够有效地改善企业的经营业绩
B. 能促进员工现在和未来工作绩效的提高
C. 目的是在企业中最大限度地实现才尽其用
D. 应积极通过学习训练等手段提高员工的工作能力

61. 除了技能培训外,现场培训应当是以(　　)为主,指导为辅。
A. 案例分析和实践
B. 自学、观察和实践
C. 讲授、讨论和案例分析
D. 自学、讲授和讨论

62. 在绩效管理五阶段模型中,(　　)是绩效管理体系的灵魂。
A. 绩效沟通
B. 绩效计划
C. 绩效反馈
D. 绩效诊断

63. 管理人员教程培训的设计一般按照四个级别进行。其中一级培训是(　　)。
A. 基础管理教程
B. 管理理论教程
C. 高级管理教程
D. 总体管理教程

64. 常用于管理培训的现场培训方法是(　　)。
A. 工作指导法
B. 工作轮换法
C. 特别任务法
D. 个别指导法

65. 在绩效管理中,一般以上级考评为主,其考评分数对被考评者的结果影响很大,约占(　　)。
A. 30% ~40%
B. 40% ~50%
C. 50% ~60%
D. 60% ~70%

66. 若将“工作热情”这一绩效考评指标转化为“工作认真,不闲聊,不使设备停机”,就满足了绩效管理制度(　　)的要求。
A. 客观性
B. 可操作性
C. 可靠性
D. 有效性

67. 绩效考评数据分析方法中,(　　)只根据考评标准进行分析,不与别人的考评结果进行对比。
A. 常模分析法
B. 能级分析法

C. 对比分析法
D. 综合分析法

68. 在绩效改进指导过程中，考评者与被考评者讨论的核心问题是(　　)。
A. 切实保证本岗位工作的有效性
B. 将工作的实际情况与考评标准逐一对照
C. 制订绩效改进计划
D. 确定绩效标准

69. (　　)是指对行为的结果进行绩效考评和评价。
A. 能力考评
B. 态度考评
C. 业绩考评
D. 自我考评

70. 我国计时工资制常用的具体形式不包括(　　)。
A. 年工资制
B. 月工资制
C. 日工资制
D. 小时工资制

71. 以下关于工资计算的说法，不正确的是(　　)。
A. 根据考勤记录，扣除缺勤工资
B. 根据相关规定，扣除全部社会保险费用
C. 根据员工所在薪酬等级，确定各项津贴、补贴的金额
D. 根据员工所在薪酬等级，确定员工的岗位工资标准、能力工资标准

72. 最适用于销售人员的工资制度是(　　)。
A. 计件工资制
B. 销售提成制
C. 结构工资制
D. 薪点工资制

73. (　　)是指基于劳动合同，为获取工资而有义务处于从属地位、为他人提供劳动的人。
A. 雇员
B. 用人单位主管
C. 雇主
D. 劳动力使用者

74. 津贴和补贴是员工工资的一种补充形式，其特点不包括(　　)。
A. 具有单一性
B. 具有较大的灵活性
C. 具有多样性
D. 具有一定的补偿性

75. 我国集体合同体制是以(　　)为主导体制。
A. 基层集体合同
B. 单位集体合同
C. 行业集体合同
D. 地区集体合同

76. 劳动合同当事人的法律地位平等，在组织管理上具有(　　)关系。
A. 隶属
B. 平等
C. 合作
D. 协商

77. 以下有关奖金总额的计算公式错误的是(　　)。
A. 奖金总额 = 成本节约额 × 计奖比例
B. 奖金总额 = 实际利润总额 × 超额利润奖金系数
C. 奖金总额 =（年度实现销售额 − 年度目标销售额）× 计奖比例
D. 奖金总额 = 生产总量 × 标准人工成本费用 − 实际支付工资总额

78. 日工资制的计算方法为月工资标准除以(　　)而得。
A. 工作小时
B. 工作实用天数
C. 20.90
D. 21.75

79. 企业缴纳基本养老保险费的比例，一般不得超过企业工资总额的(　　)。
A. 10%
B. 15%
C. 20%
D. 25%

80. 以下现场培训的对象不包括(　　)。
A. 从学校毕业的新员工
B. 企业的后备人才
C. 不需要改善绩效的员工
D. 有相关工作经验的新聘用人员

81. 调整劳动关系应当遵循的原则性规范和最低标准是(　　)。
A. 劳动合同
B. 劳动法律、法规
C. 社会道德
D. 民主管理制度

82. 下列不属于转岗培训的方式的是(　　)。
A. 与新员工一起参加拟转换岗位的岗前培训
B. 接受企业的定向培训
C. 接受现场的一对一指导
D. 外出参加管理理论培训

83. 下列不属于法人机关的是(　　)。
A. 意思机关
B. 履行机关
C. 执行机关

D. 监察机关

84. 下列对劳动合同的变更表述不正确的是(　　)。
A. 可以变更合同的内容
B. 可以变更合同的主体
C. 提出变更合同的一方应提前书面通知对方
D. 双方当事人平等协商一致后方能变更合同

85. 下列不属于集中归档的优点(　　)。
A. 可以避免绩效管理资料的重复和浪费
B. 需要多种存档程序
C. 工作人员能提供质量更好的服务
D. 不会出现积压等待归档的资料

二、多项选择题(第 86～125 题,每题 1 分,共 40 分。每小题有多个答案正确,请在答题卡上将所选答案的相应字母涂黑。错选、少选、多选,均不得分)

86. 劳动力市场均衡的意义有(　　)。
A. 充分就业
B. 体现工资差异
C. 增大工资总额
D. 劳动力资源的最优分配
E. 同质的劳动力获得同样的工资

87. 根据宏观经济学基本原理,社会就业总量取决于(　　)。
A. 总供给水平
B. 工资水平
C. 总需求水平
D. 均衡国民收入
E. 劳动力数量

88. 扩张性财政政策包括(　　)。
A. 提高税率
B. 免税
C. 减少政府购买
D. 退税
E. 增加政府转移支付

89. 劳动权包括平等的(　　)。
A. 职业培训权
B. 劳动报酬权
C. 休息休假权
D. 劳动保护权
E. 地区流动权

90. 劳动权是人权的重要组成部分。其核心内容包括(　　)。
A. 平等的劳动就业权
B. 劳动报酬权
C. 休息休假权
D. 自由择业权
E. 职业培训权

91. 企业经营环境的微观分析包括(　　)。
A. 顾客力量分析
B. 现有竞争对手分析
C. 供应商力量分析
D. 潜在竞争对手分析
E. 替代产品威胁的分析

92. 按照消费者在购买决策过程中的作用不同,角色可分为(　　)。
A. 倡议者
B. 跟随者
C. 决策者
D. 购买者
E. 使用者

93. 企业采购中心的成员通常包括(　　)。
A. 生产者
B. 影响者
C. 采购者
D. 决定者
E. 信息控制者

94. 满足成就需要的行为可以是(　　)。
A. 发现和使用更好的方法完成工作
B. 比竞争者更出色
C. 实现或者超越一个难以达到的目标
D. 解决一个复杂问题
E. 影响他人并改变他们的态度和行为

95. 亨利·明茨伯格认为管理者的角色主要包括(　　)。
A. 决策类角色
B. 工作计划角色
C. 信息类角色
D. 任务处理角色
E. 人际关系类角色

96. 人的个性心理特征是个体在(　　)等方面表现出的个性差异。
A. 能力
B. 态度
C. 气质
D. 信念
E. 性格

97. 工作环境优化机制的主要因素包括(　　)。
A. 福利待遇
B. 教育培训制度
C. 工作条件
D. 人际关系环境
E. 工作环境

98. 企业信息采集和处理的基本原则包括(　　)。
A. 准确性

B. 系统性
C. 针对性
D. 科学性
E. 经济性
99. 制定劳动定额的依据包括(　　)。
A. 技术依据
B. 成本依据
C. 经济依据
D. 心理生理依据
E. 职责依据
100. 岗位抽样的特点包括(　　)。
A. 节约费用
B. 使用范围广
C. 节省时间
D. 数据真实可靠
E. 增加了工作量
101. 以下关于工作岗位调查的方法正确的是(　　)。
A. 活动记录法的投入费用通常很低
B. 活动记录法采集的信息真实可靠
C. 日志法所采用的"日志"没有固定的格式
D. 关键事件法有助于鉴别本岗位工作的中心内容
E. 日志登记记录如果当日没有完成,第二天可以补记
102. 与社会招聘相比,学校招聘的优势是(　　)。
A. 学生的可塑性强
B. 候选人专业多样化
C. 招募成本较高
D. 可满足企业多方面需求
E. 有助于宣传企业形象
103. 工作时间的构成包括(　　)。
A. 日历时间
B. 停工时间
C. 缺勤时间
D. 出勤时间
E. 加班时间
104. 外部招募的不足表现在(　　)。
A. 筛选难度大
B. 进入角色慢
C. 招募成本高
D. 决策风险大
E. 影响内部员工的积极性
105. 员工信息是以员工个人为单元,真实地反映(　　)等方面情况。
A. 个人经历
B. 思想品德
C. 业务能力
D. 思维方式
E. 行为习惯
106. 公司简介的功能包括(　　)。
A. 传达公司的价值观
B. 让应聘者明确期望
C. 让应聘者对未来工作有心理准备
D. 吸引行业内精英
E. 使应聘者感到可以信赖
107. 文凭真伪的识别方法有(　　)。
A. 电话查询
B. 观察法
C. 邮寄法
D. 核实法
E. 网上查询
108. 企业员工岗前培训的三阶段包括(　　)。
A. 全公司培训
B. 小组培训
C. 分支机构培训
D. 总部培训
E. 工作现场培训
109. 教室布置的决定因素包括(　　)。
A. 教师的教学方法
B. 参训者人数
C. 不同的培训活动形式
D. 课程的正式程度
E. 培训者希望对课堂的控制程度
110. 在岗培训的培训指导负责人应该具备的素质包括(　　)。
A. 职业技能
B. 组织能力
C. 协调能力
D. 创新能力
E. 语言表达能力
111. 圆桌分组布置法的主要优势包括(　　)。
A. 比较适合较大型的团队培训
B. 可以在桌与桌之间进行沟通
C. 培训师可以在各桌之间巡视
D. 有利于培养学员的团队意识
E. 有利于学员集中精力
112. 绩效考评的作用包括(　　)。
A. 有利于促进劳动分工科学化
B. 上级主管不必介入所有事务中
C. 有助于员工正确认识估价自我
D. 利于员工找到工作效率低下的原因
E. 减少员工之间因职责不清引起的误解
113. 科学地确定绩效考评的基础需要(　　)。
A. 确定工作要项

B. 确定考评方法
C. 确定绩效标准
D. 确定考评周期
E. 确定考评指标

114. 绩效考评指标的选择依据包括(　　)。
A. 绩效考评的目的
B. 被考评人员所承担的工作内容和绩效标准
C. 取得考评所需信息的便利程度
D. 高层主管的个人意愿
E. 被考核者的职业品质、管理素质、专业技能

115. 以下关于绩效考评的说法正确的是(　　)。
A. 绩效考评是人力资源管理体系的基础
B. 绩效考评可以按照月度定期进行
C. 绩效考评与企业的经营管理息息相关
D. 绩效考评可以不定期地进行考核
E. 非正式的绩效考评也很重要

116. 在薪点工资制中,薪点数的确定可以取决于(　　)。
A. 岗位点数
B. 个人绩效点数
C. 年龄点数
D. 个人贡献点数
E. 技能点数

117. (　　)应依据工资指导线进行集体协商确定工资。
A. 城镇集体企业
B. 国有企业
C. 外商投资企业
D. 私营企业
E. 国有控股企业

118. 关于岗位评价的信息来源,下列说法正确的有(　　)。
A. 岗位评价所需信息可通过直接渠道和间接渠道获得
B. 间接的信息来源可通过工作说明书、岗位规范、规章制度等,对岗位进行评价
C. 采取间接的岗位信息,可节省时间、节约费用
D. 直接信息来源所获取的信息过于笼统、简单,有可能影响岗位评价的质量
E. 直接的信息来源是直接通过组织现场岗位调查,采集有关数据资料

119. 补充福利项目包括(　　)。
A. 免费住房
B. 工作午餐
C. 通信补助
D. 法律顾问
E. 带薪年假

120. 省级劳动行政主管部门在确定最低工资率时,应向当地(　　)咨询。
A. 财政部门
B. 专业研究机构
C. 统计部门
D. 工商业联合会
E. 民政部门

121. 计件工资制的具体形式有(　　)。
A. 累进计件工资制
B. 包工工资制
C. 超额计件工资制
D. 提成工资制
E. 综合计件工资制

122. 劳动法律关系的特点包括(　　)。
A. 劳动法律关系是非经济性的社会关系
B. 劳动法律关系具有国家强制性
C. 劳动法律关系是劳动关系的现实形态
D. 劳动法律关系的内容是权利和义务
E. 劳动法律关系是双务关系

123. (　　)属于劳动合同的约定条款。
A. 试用期限
B. 工作内容
C. 补充保险和福利待遇
D. 保密事项
E. 劳动保护和劳动条件

124. 女职工劳动保护制度的基本内容有哪些(　　)。
A. 确定女职工禁忌从事的劳动范围
B. 怀孕、生育、哺乳期保护
C. 产假保护
D. 哺乳期劳动时间
E. 女职工特殊保护设施

125. 劳动保障监察的职责有哪些(　　)。
A. 宣传劳动保障法律、法规和规章,督促用人单位贯彻执行
B. 检查用人单位遵守劳动保障法律、法规和规章的情况
C. 受理对违反劳动保障法律、法规或者规章的行为的举报、投诉
D. 依法纠正和查处违反劳动保障法律、法规或者违章的行为
E. 用人单位需保障生产安全

国家职业资格考试试卷

真题汇编(八)

职　　业：企业人力资源管理师
等　　级：国家职业资格四级
卷 册 二：专业能力

注意事项：1. 请按要求在试卷的标封处填写您的姓名、准考证号、身份证号和所在地区。
2. 请仔细阅读各种题目的回答要求，并在规定的位置填写您的答案。
3. 请保持卷面整洁，不要在试卷上做任何与答题无关的标记，也不得在标封区填写无关的内容。

姓　　名：____________________

准考证号：____________________

卷册二：专业能力

一、简答题(本题共3题,第1小题16分,第2小题14分,第3小题16分,共46分)

1. 简述采用层次分析法确定绩效考评权重的主要步骤。除该方法外,还有哪些方法可以确定绩效考评权重?(16分)

2. 简述工作岗位调查的其他方法。(14分)

3. 简述新招聘人员信息的收集内容。(16分)

二、计算题(本题18分。先根据题意进行计算,然后进行必要分析,只有计算结果没有计算过程不得分)

4. 某市基本养老保险企业缴费费率为19%,个人为7%;医疗保险企业缴费费率为10%,个人是2%元;失业保险企业缴费费率是1.5%,个人是0.5%。某企业现有员工10名,工资情况(每月)如表1所示。

表1　某企业员工工资分布

工资(元)	5000	3000	2000	1000
人数(人)	1	3	4	2

问题:(1)企业每月三项保险共需缴纳多少保险费?(5分)

(2)每个员工每月应该缴纳多少保险费?(13分)

三、综合分析题(本题共2题,每小题18分,共36分)

5. 在麦当劳的企业里,有超过75%的餐厅经理,50%以上的中高级主管,以及1/3以上的加盟经营者,普通雇员在麦当劳的职业生涯是由计时员工开始的。“麦当劳的训练魔法”一直令外界好奇。(一)认定训练利益麦当劳创始人雷克罗克先生说过一句经典的话:“无论在哪里,我们都需要人才。我们要不断为人才投资。”麦当劳认定了训练带来的利益。早在1976年,麦当劳就已经开始在人员的发展上做投资。(二)训练不只是课程和其他企业不同,麦当劳的训练发生在真实的工作里面,而不只是一个课程。强调对人员策略的重视,主动地执行训练计划,并且把训练和人员的自我梦想期望结合在一起。麦当劳还强调员工的参与、认同和责任感。在麦当劳香港汉堡大学的课程中,有一堂叫做“与成功有约”,目的是让高层主管有机会分享成功经验,同时也帮助未来经营领导者的成长与训练。最后一个就是“衡量”。麦当劳有很好的培训需求分析，针对需要进行设计，同时必须评估培训的成果是否达到组织所需。(三)四个层次的评估第一个是“反应”，就是检查上课后大家对课程的反应如何。第二是对讲师的评估，评价讲师的技巧、知识，是否符合组织所要传递的内容。第三是“行为”，检查员工所学到的东西能否应用到工作中，达到更高的绩效。第四是“绩效”方面，每次上完课，学生必须制定他的行动计划，回去之后必须执行，执行后要由主管来做鉴定，以确保训练与绩效结合。(四)全职业生涯计划麦当劳对所有员工，从计时员工到高层主管，都有不同的培训计划，除了传递全球一致的产品和服务以外，还帮助员工实现梦想，给予每一个员工能力提升的机会。在麦当劳，经理可以从计时员工晋升，也可以从实习经理培训而成。培训内容包括楼面经营、最基本的餐厅运作、如何使顾客用餐舒畅等。中层主管培训重点有两个：一是顾问的技巧，另一个是部门的领导。提升为麦当劳高层主管之前，在汉堡大学学习也是重要一环。对职能型和管理型的知识技能已经有某种程度的掌握，才能做到高层主管。高层主管训练有三方面：全球讨论会、外部发展讨论会以及执行辅导。

请阅读案例并回答下列问题：

(1)麦当劳的培训理念是什么？(2分)

(2)麦当劳如何将培训与企业需要有效结合在一起的？(4分)

(3)麦当劳在培训评估方面有哪些可取之处？(6分)

(4)麦当劳对员工职业生涯的关注表现在哪些方面？从组织或员工的角度思考，你认为如何保证组织发展和员工发展的双赢？(6分)

6. 邓小姐是某商场的售货员，丈夫是个体户。一天中午，丈夫给正在商场上班的邓小姐打去电话：“我今天晚上为了一笔生意，要请几个客人到饭店去吃饭，饭后还得请他们游泳。你得帮我买四条游泳裤送到饭店来。”下班时，邓小姐趁别的售货员不注意，悄悄从柜台里拿出几条游泳裤装进自己的手提包，带出了商场。酒席宴间，客户因贪杯醉倒，原定的游泳计划只好取消了。第二天上班时，邓小姐把手提包里几件原封未动的游泳裤又带回了商场，准备乘人不注意时放回原处。但是就在她把游泳裤从手提包里拿出，往柜台里放时，被本柜台的组长发现了。商场领导得知此事后，非常重视，认为邓小姐的行为，属于商场规章制度里规定的“私自将商品拿出商场”的行为。按规定此行为属严重违纪，应当给予其解除劳动合同的处罚。邓小姐在承认了错误以后，却坚持认为商场不能与自己解除劳动合同，原因是她现在怀有身孕，属于特殊保护时期。

结合该案例孕期女工严重违纪，用人单位可否与其解除劳动合同？(18分)

真题汇编(八)参考答案及解析

卷册一:职业道德　理论知识

·第一部分　职业道德·

一、职业道德基础理论与知识部分

(一)单项选择题

1.C　2.B　3.C　4.D　5.A　6.C　7.D　8.D

(二)多项选择题

9.ABCD　10.ACD　11.AC　12.ACD

13.ABCD　14.ABC　15.CD　16.ABC

二、职业道德个人表现部分

17~25(本部分为主观题,无标准答案,请根据自己的价值观作答。)

·第二部分　理论知识·

一、单项选择题

26.【答案】　A　⌊基础 P2⌉

【解析】在生产要素市场,居民户是生产要素的供给者,企业是生产要素的需求者。

27.【答案】　B　⌊基础 P26⌉

【解析】在现代经济学中,对于收入差距的衡量指标,有洛伦茨曲线、基尼系数、库兹涅茨比率、人口(或家庭)众数组分布频率、帕累托定律等。最常用的是基尼系数。

28.【答案】　B　⌊基础 P25⌉

【解析】货币政策是指政府以控制货币供应量为手段,通过调节利率来调节总需求水平,以促进充分就业、稳定物价和经济增长的一种宏观经济管理对策。

29.【答案】　B　⌊基础 P30⌉

【解析】平等的就业权和自由择业权是劳动权的核心。对于公民来说,不分性别、民族、政治信仰、财产状况,均有权实现就业,有权依法自由地选择职业。

30.【答案】　C　⌊基础 P37⌉

【解析】劳动关系当事人约定的工资可以高于国家规定的最低工资标准,但是不能低于该项标准;再如工作时间,在正常情况下可以低于每日 8 小时的标准工作日,但是不能约定超过 8 小时的工作日,当然,依照法定程序延长工作时间的不在此列。即使依照法定程序延长工作时间,在正常情况下,每月也不能超过 36 小时。

31.【答案】　B　⌊基础第三版 P42,第四版 P41⌉

【解析】劳动法律关系是一种双务关系,用人单位、劳动者在劳动法律关系之中既是权利主体,又是义务主体,互为对价关系。劳动者的权利即为用人单位的义务,而用人单位的权利则为劳动者的义务。

32.【答案】　B　⌊基础 P48⌉

【解析】顾客力量的分析是企业特定经营环境分析的重要内容。它包括企业产品消费群体分析、顾客购买动机分析等。有时还要分析顾客消费承受能力。

33.【答案】　B　⌊基础 P79 - 80⌉

【解析】产业购买者购买情况大体有三种类型:

(1)直接重购。即企业的采购部门根据过去和许多供应商打交道的经验,从供应商名单中选择供货企业,并直接重新订购过去采购的同类产业用品。

(2)修正重购。即为了更好地完成采购工作任务,产业购买者适当改变要采购的某些产业用品的规格、价格等条件,从而有可能重新选择供货商。

(3)新购。即企业第一次采购某种产业用品。

34.【答案】　A　⌊基础第三版 P77,第四版 P78⌉

【解析】组织市场的类型包括:①产业市场,又称生产者市场或企业市场,是指一切购买产品和服务,并将之用于生 产其他产品或劳务,以供销售、出租或供应给他人的个人和组织;②转卖者市场,是指那些通过购买商品和劳务以转售或出租给他人获取利润为目的的个人和组织;③政府市场,是指那些为执行政府的主要职能而采购或租用商品的各级政府单位。在这三种类型的组织市场中,产业市场最具代表性,是最多样化和最庞大的组织市场,是市场营销分析主要对象。

35.【答案】　A　⌊基础第三版 P79,第四版 P80⌉

【解析】影响产业购买者购买决定的主要因素如下:①环境因素,即企业外部环境,如国家经济前景、市场需求、政治法律状况等;②组织因素,即企业自身的目标、政策、组织结构等;③人际因素,购买参与者在企业中的地位、职权、说服力及他们之间的关系,会对购买行为产生影响;④个人因素,即各个购买参与者的年龄、受教育程度、个性不同,对待问题感觉、看法各异,从而影响购买行为。

36.【答案】　D　⌊基础第三版 P88,第四版 P89⌉

【解析】成熟期企业的营销重点是维持市场占有率并争取利润最大化。企业可以采取以下营销策略:

①市场改良,这种策略不是要改变产品本身,而是发现产品的新用途和寻求新的用户等,以扩大产品销售;②产品改良,这种策略是通过产品自身的改变来满足顾客的不同需求,以扩大产品的销售量;③市场营销组合改良,这种策略是通过改变市场营销组合因素,刺激销售,达到延长产品的成长期、成熟期的目的。

37.【答案】 A ⌊基础第三版 P120,第四版 P167⌉

【解析】个体的沟通风格有四种类型:①自我克制型;②自我保护型;③自我暴露型;④自我实现型。

38.【答案】 A ⌊基础第三版 P102,第四版 P149⌉

【解析】光环效应是指当对一个人的某些特性形成好或坏的印象之后,人们就倾向于据此推论其他方面的特性。就像明亮的月光使周围的星星黯然失色一样,一个突出的特征掩盖了其他特征。所谓"一好百好""一坏百坏"。

39.【答案】 D ⌊基础第三版 P127,第四版 P174⌉

【解析】弗罗姆和耶顿(V. Vroom & P. Yetton)提出了"领导者参与模型"。他们把领导行为风格与下属参与决策相联系,并在具体情境和工作结构下讨论如何选择领导方式和参与决策的形式以及参与的程度。该模型的突出特点是其规范化:它提出了一系列根据不同情境类型而遵循的规则,供领导者决策时确定下属参与的形式与程度。这一复杂的模型包含了七项权变因素和五种可供选择的领导风格。后来,弗罗姆和加格(A. Lago)对模型进行了修订。修订后的模型仍包括过去的五种领导风格,但权变因素扩展为 12 个。

40.【答案】 A ⌊基础第三版 P126,第四版 P173⌉

【解析】选择领导方式的权变因素——被领导者的成熟度,在领导情境理论中主要包括两个方面的内容:①工作成熟度;②心理成熟度。

41.【答案】 D ⌊基础第三版 P176,第四版 P226⌉

【解析】组织开发是提高组织能力的一套技术措施,其基本目标是改变组织氛围、组织环境和组织文化。

42.【答案】 A ⌊基础第三版 P190,第四版 P240 - 241⌉

【解析】人是由一系列复杂交错、不断变化更新的因素组成的多面体。员工的动态特征包括员工激励、员工的自我保护机制、员工的成熟和发展。

43.【答案】 D ⌊四级 P9⌉

【解析】企业组织信息的应用包括:①企业组织信息的传输,形成了企业信息流,在其传输过程中,信息发布方和接收方之间建立起了双边或多边关系。②企业组织信息的存储。有价值的企业组织信息要么对组织现在的管理决策有指导作用,要么对组织未来的管理决策有指导作用,要么对二者均有指导作用。③企业组织信息的检索。企业信息库中存储着大量关于技术、经济、生产、人事等的信息,因此,应建立一套科学的检索方法,以便能迅速从中查找所需信息。

44.【答案】 D ⌊四级第三版 P5 - 6,第四版 P6⌉

【解析】询问法是指调查者通过询问的方式向被调查者展开调查的方法。根据调查者与被调查者接触方式方法的不同,询问法可以分为当面调查法、电话调查法、会议调查法、邮寄调查法和问卷调查法等。

45.【答案】 B ⌊四级第三版 P9 - 10,第四版 P41 - 42⌉

【解析】劳动定额是指在一定生产、技术、组织条件下,采用科学合理的方法,对生产单位合格产品或完成一定工作任务的活劳动消耗量所预先规定的限额。劳动定额不仅受到各种客观物质条件的制约,还受到各种主观因素的影响,如生产者的文化水平,生产专业知识和技能操作,劳动态度及主动性、积极性,管理者的专业素质和管理水平,劳动关系等。

46.【答案】 C ⌊四级第三版 P11,第四版 P43⌉

【解析】服务定额是指按一定的质量要求,对服务人员在制度时间内提供某种服务所规定的限额。

47.【答案】 B ⌊四级第三版 P17,第四版 P49⌉

【解析】"快、准、全"地制定劳动定额,是企业管理对劳动定额工作提出的一项基本要求。"快"是时间上的要求,就是定额的制定应该迅速及时,以满足生产和管理的需要;"准"是质量上的要求,即制定的劳动定额应该先进合理,同时在不同产品、不同车间和工种之间保持水平平衡,只有这样,才能使劳动定额在生产和分配中发挥积极的作用;"全"是定额制定范围上的要求,即制定的劳动定额应该完整齐全,凡是需要和可能制定劳动定额的产品、车间、工种、岗位都要实施定额管理。

48.【答案】 C ⌊四级第三版 P34 - 35,第四版 P23 - 24⌉

【解析】工作岗位研究的原则:①系统的原则,所谓系统,就是由若干既有区别又相互依存的要素所组成的,处于一定环境条件中,具有特定结构和功能的有机整体;②能级的原则,能级是指组织机构中各个岗位功能的等级,也就是岗位在组织机构这个"管理场"中所具有的能量等级;③标准化原则,标准化是现代企业人力资源管理的基础,也是有效推行各项管理的重要手段;④最优化原则,最优化是指在一定约束条件下,使系统的目标函数达到最大值或最小值。

49.【答案】 D ⌊四级第三版 P76,第四版 P72⌉

【解析】内部招募是指通过内部晋升、工作调换、工作轮换、人员重聘等方法,从企业内部人力资源储备中选拔出合适的人员补充到空缺或新增的岗位上去的活动。内部招聘的优势有:①准确性高;②适应较快;③激励性强;④费用较低。从激励方面来分析,内部招聘能够给员工提供发展的机会,强化员工为组织工作的动机,也增强了员工对组织的责任感。

50.【答案】 B ⌞四级第三版 P34 - 35,第四版 P23 - 24⌝

【解析】工作岗位研究应遵循的原则包括:系统的原则、能级的原则、标准化的原则和最优化的原则。

51.【答案】 A ⌞四级第三版 P36 - 37,第四版 P25 - 26⌝

【解析】工作岗位的调查方式包括:①面谈,是指为了获得岗位的相关信息,调查人直接与员工见面,调查其所在岗位的情况的方法;②现场观测,是指调查人直接到工作现场进行实地观察和测定的方法,如测时、工作日写实、工作抽样等;③书面调查,是指利用调查表进行岗位调查的方法。调查表由专业人员在调查之前设计编制。

52.【答案】 D ⌞四级第三版 P105,第四版 P107⌝

【解析】材料筛选法是通过一些材料信息来考察和选拔人才的方法。申请表、履历分析、证明材料、推荐信、背景调查等都是材料筛选法的具体形式。材料筛选法主要依据应聘者个人的基本信息及背景材料,因而必须与其他人才选拔方法如面试、笔试等方法结合使用,才能取得令人满意的结果。总之,材料筛选法是一种适合于初步选拔应聘者的重要方法。

53.【答案】 A ⌞四级 P74⌝

【解析】竞聘上岗的理论基础是能岗匹配原理。根据这一原理,企业聘任谁来承担某一管理岗位的工作,谁是这一岗位的最适合者,不是凭领导主观判断,而是通过公开竞聘的方式,从企业现有的具备聘任条件的各级专业技术、经营管理人员中来挑选。

54.【答案】 A ⌞四级第三版 P120,第四版 P121⌝

【解析】在通知被录用者方面,最重要的原则是及时。录用通知哪怕晚发一天,都有可能损失单位重要的人力资源。因此录用决策一旦做出,就应该马上通知被录用者。

55.【答案】 B ⌞四级第三版 P101,第四版 P102⌝

【解析】在企业人员招聘活动中,公司和应聘者之间是双向选择的关系,公司希望了解应聘者的相关信息,以判断其是否适合本公司的招聘需求;同时,应聘者也希望获得公司全面、真实、客观的资料,做出自己正确的职业生涯选择。因此,企业为了吸引应聘者,向应聘人员乃至全社会树立企业的良好形象,应当对本公司以及工作岗位的基本情况做出全面的介绍。公司不应该只显露强势的一面,还应该客观全面地介绍公司现在和未来的整体信息,让应聘者了解组织的真实情况。

56.【答案】 B ⌞四级第三版 P108,第四版 P109⌝

【解析】背景调查内容应以简明、实用为原则。内容简明是为了控制背景调查的工作量,降低调查成本,缩短调查时间,以免延误上岗时间而导致用人部门人力紧张,影响业务开展。再者,优秀人才往往被几家企业互相争夺,长时间的调查就会给竞争对手制造机会。内容实用是指调查的项目必须与拟任职位需求高度相关,以避免查非所用,用者未查。

57.【答案】 B ⌞四级第三版 P153,第四版 P147⌝

【解析】组织中的培训工作必然会影响到组织成员的日常工作和行为,因而培训需求分析的结果应该能够赢得组织人员对培训活动的支持,从而有助于保证培训活动的顺利进行。组织成员支持贯穿于培训的全过程,如果没有组织的支持,任何培训项目都不可能顺利进行,更不可能获得成功。而获得组织支持的重要途径之一就是进行培训需求分析。

58.【答案】 D ⌞四级 P117⌝

【解析】招聘小组人员包括人力资源部人员,控制招聘流程,安排细节;需求人才部门的主管人员,着重于考察应聘者的能力,解疑等;了解学校情况的人,主要是能对人才做出较为准确的判断。

59.【答案】 C ⌞四级第三版 P129,第四版 P130 - 131⌝

【解析】培训对员工的重要性主要体现在:①可以提高员工的综合素质;②能够改善员工的工作质量;③有利于增强员工职业的稳定性;④可增加员工获得较高收入的机会;⑤能够帮助员工激发自己的潜能。C 项属于培训对企业的作用。

60.【答案】 C ⌞四级 P136⌝

【解析】现代企业有效的培训系统是指企业从自身的生产发展需要出发,积极通过学习训练等手段提高员工的工作能力、知识水平及潜力发挥,最大限度地使员工的个人素质与工作需求相匹配,促进员工现在和未来工作绩效的提高,最终能够有效地改善企业的经营业绩这样一个系统化的行为改变过程。

61.【答案】 B ⌞四级第三版 P200,第四版 P194 - 195⌝

【解析】现场培训的过程是受训者在指导者的指导下进行观察、实践或锻炼,其中指导者的作用很重要。指导者应由本部门的领导或资深员工担任。指导者确定后应在人力资源部门备案,现场培训指导者最好不要频繁更换。除了技能培训外,现场培训应当是以自学、观察和实践为主,指导为辅。

62.【答案】 A 〖四级第三版 P226,第四版 P221 - 222〗

【解析】绩效管理五阶段模型由绩效计划、绩效沟通、绩效考评、绩效诊断和绩效总结这五个阶段和部分组成。绩效管理是在互动中实现的,主管与下属之间通过有效的沟通,可以及时地对下属的工作进行必要的指导,帮助下属解决工作中遇到的困难和问题。绩效沟通与指导使绩效管理建立在科学合理、现实可行的基础上,从这个意义上看,绩效沟通与指导是绩效管理体系的灵魂。

63.【答案】 D 〖四级第三版 P180,第四版 P174〗

【解析】一级培训:总体管理教程。培训对象:管理业务或项目并对其业绩全权负责者;至少负责两个职能部门者;培训目的:塑造领导能力;培训内容:高级战略管理技术、知识管理、识别全球趋势、调整公司业务、管理全球性合作;培训日程:与工作同步的两年培训;每次为期 6 天的研讨会 2 次。

64.【答案】 C 〖四级第三版 P198,第四版 P192 - 193〗

【解析】现场培训的方法的具体形式有:工作指导法、工作轮换法、特别任务法和个别指导法。其中特别任务法是指企业通过为某些员工分派特别任务对其进行培训的方法,此法常用于管理培训。

65.【答案】 D 〖四级第三版 P246,第四版 P231〗

【解析】在上级考评中,管理人员(上级)是被考评者的上级主管,他对被考评者承担着直接的领导、管理与监督责任,对下属人员是否完成了工作任务,达到了预定的绩效目标等实际情况比较熟悉,而且在思想上也没有更多的顾忌,能较客观地进行考评,所以在绩效管理中。一般以上级主管的考评为主。(第四版教材中删除具体占比。)

66.【答案】 B 〖四级 P230〗

【解析】绩效管理制度的可操作性与精确性是指考评标准必须便于操作,即可直接测量;考评指标应尽可能量化;绩效管理标准应是“有形的”、可度量的,尽量转化为具体行为或活动,“工作热情高”的标准显然不符合上述要求。应当规定什么样的行为表现才能算“工作热情高”,若变为“工作认真,不闲聊,不使设备停机或空转”,就满足了具体性与可操作性的要求。

67.【答案】 D 〖四级第三版 P260,第四版 P258〗

【解析】绩效数据的分析是利用科学的分析方法,对绩效数据及相关资料进行综合考评,为人力资源的决策提供依据。分析绩效数据大致有下面几种方法:①顺序法;②能级分析法;③对比分析法;④综合分析法;⑤常模分析法。其中,综合分析法是指运用绩效数据对员工进行全面细致综合的考评,这种考评只根据考评标准进行分析,不与别人的考评结果进行对比。

68.【答案】 A

【解析】在绩效改进指导过程中,切实保证本岗位工作的有效性,应当是考评者与被考评者讨论的核心问题。上级主管应经常对下属工作绩效的改进做出正确的指导,并在精神上、物质上予以必要的支持。

69.【答案】 C 〖四级第三版 P242 - 243,第四版 P227〗

【解析】“业绩考评”就是对行为的结果进行绩效考评和评价,是对员工承担岗位工作的成果所进行的评定和估价。

70.【答案】 A 〖四级第三版 P302,第四版 P301〗

【解析】按照计算的时间单位不同,我国常用的计时工资制包括:①月工资制,即依照工资标准按月计发员工工资的制度;②日工资制,即根据工人的日工资标准和实际工作日数计发员工工资的形式;③小时工资制,即根据工人的小时工资标准和实际工作小时数计发员工工资的形式。目前,我国计时工资一般是以月工资率为基准。

71.【答案】 B 〖四级第三版 P310,第四版 P311〗

【解析】根据员工所在薪酬等级,确定各项津贴、补贴的金额,再根据员工考勤记录,扣除缺勤工资、各项社会保险个人承担部分以及个人所得税,计算员工的实际工资额。

72.【答案】 B 〖四级第三版 P278,第四版 P279〗

【解析】销售提成制是指根据员工所销售产品的数量和事先确定的销售单位产品可以得到的提成金额或提成比例计算工资的一种工资制度,提成金额或提成比例的高低取决于商品销售的难易程度,难销售的商品提成多一些,反之则少一些。销售提成制最适用于销售人员。

73.【答案】 A 〖四级第三版 P329,第四版 P336〗

【解析】在劳动关系领域,劳动者通常表述为雇员,用人单位通常表述为雇主。雇员是与雇主相对的一个概念,通常是指基于劳动合同为获取工资而有义务处于从属地位、为他人即雇主提供劳动的人。判断劳动给付的一方主体是否属于雇员,不能从所从事的劳动种类上加以识别,因为几乎任何劳动都有可能由雇员从事也可以由独立的劳务人员承担。

74.【答案】 C 〖四级第三版 P305 - 306 第四版 P304 - 305〗

【解析】津贴和补贴是员工工资的一种补充形式,主要有以下特点:①是一种补偿性的劳动报酬;②具有单一性;③具有较大的灵活性。

75.【答案】 A 【四级第三版 P335,第四版 P343】
【解析】集体合同是集体协商双方代表根据劳动法律、法规的规定,就劳动报酬、工作时间、休息休假、劳动安全卫生、保险福利等事项,在平等协商一致的基础上签订的书面协议。集体合同根据协商、签约代表所代表的范围不同,分为基层集体合同、行业集体合同、地区集体合同等。我国集体合同体制以基层集体合同为主导体制,即集体合同由基层工会组织与企业签订,只对签订单位具有法律效力。

76.【答案】 A 【四级第三版 P331-332,第四版 P338】
【解析】劳动合同当事人的法律地位平等,但在组织管理上具有隶属关系。劳动合同当事人这种职责上的隶属关系是在双方当事人权利、义务关系对等的基础上,依照社会化大生产劳动过程的分工要求形成的,并不是一种人身依附关系。

77.【答案】 B 【四级第三版 P308,第四版 P307】
【解析】按产量、销售量、成本节约量来发放奖金总额,据情况不同有以下三种计算方法:
(1)按企业实际经营效果和实际支付的人工成本两因素决定奖金的支付。计算公式为:奖金总额=生产(或销售)总量×标准人工成本费用-实际支付工资总额。
(2)按企业年度产量(销售量)的超额程度提取奖金。计算公式为:年度奖金总额=(年度实现销售额-年度目标销售额)×计奖比例。
(3)按成本节约量的一定比例提取奖金总额。计算公式为:奖金总额=成本节约额×计奖比例。

78.【答案】 D 【四级第三版 P306,第四版 P305】
【解析】日工资制的计算方法为:日工资标准=月工资标准/21.75。

79.【答案】 C 【四级第三版 P320,第四版 P324】
【解析】企业缴纳基本养老保险费的比例,一般不得超过企业工资总额的20%(包括个人账户的部分),具体比例由省、自治区、直辖市人民政府确定。

80.【答案】 C 【四级第三版 P196-197,第四版 P192】
【解析】C 项应该是需要改善绩效的员工。这类员工要改进的项目适合于现场培训。

81.【答案】 B 【四级第三版 P334,第四版 P341】
【解析】劳动法律、法规由国家制定,体现国家意志,覆盖所有劳动关系,通常为调整劳动关系应当遵循的原则性规范和最低标准。其基本特点是体现国家意志。

82.【答案】 D 【四级第三版 P178,第四版 P172】
【解析】转岗培训的方式有:与新员工一起参加拟转换岗位的岗前培训;接受现场的一对一指导;外出参加培训;接受企业的定向培训。

83.【答案】 B 【四级第三版 P355,第四版 P363】
【解析】法人机关有权代表法人进行活动,法人机关是法人的权利能力和行为能力的行使者。法人机关通常分为意思机关、执行机关、代表机关和监察机关。

84.【答案】 B 【四级第三版 P362,第四版 P370】
【解析】劳动合同的变更是指劳动合同双方当事人就已经订立的合同条款达成修改或补充的法律行为。通过权利义务关系的调整,使劳动合同适应变化发展的新情况,从而保证合同的继续履行。劳动合同的变更仅限于劳动合同内容的变化,而不是主体的变更。主体变更须另行订立劳动合同。

85.【答案】 B 【四级第三版 P262,第四版 P265】
【解析】集中归档的优点是:可以避免绩效管理资料的重复和浪费;工作人员能提供质量更好的服务;不会出现积压等待归档的资料;只需要一种存档的程序。

二、多项选择题

86.【答案】 ADE 【基础 P13】
【解析】劳动力市场均衡的意义包括:①劳动力资源的最优分配,在完全竞争的市场结构中,劳动力市场实现均衡,劳动力资源就能达到最有效率的分配;②同质的劳动力获得同样的工资,不存在任何职业的、行业的和地区的工资差别;③充分就业,劳动力供给与劳动力需求的竞争在均衡工资决定的同时,实现充分就业。

87.【答案】 CD 【基础 P20】
【解析】经济社会的总需求价格与总供给价格相等时的社会总需求,一般称为有效需求,亦称均衡国民收入。因而,社会就业总量取决于均衡国民收入,或者更准确地说,取决于总需求水平。

88.【答案】 BDE 【基础 P24】
【解析】当经济处于不景气时期,总需求小于总供给,由于有效需求不足,导致企业开工不足,经济中存在较高水平的失业率,政府就要实行扩张性的财政政策,如免税、退税、降低税率,增加公共工程开支、扩大政府购买,增加政府转移支付等。

89.【答案】 ABCD 【基础 P30】
【解析】劳动权是指法律保证的有劳动能力的公民能够参加社会劳动并因劳动而产生或与劳动有密切联系的各项权利,包括:①平等的劳动就业权;②自由择业权;③劳动报酬权;④休息休假权;⑤劳动保护权;⑥职业培训权等。劳动权绝不是仅仅包括工作权一项权利,而是包括与劳动相关的一组权利束,劳动权亦是人权的重要组成部分。

90.【答案】 AD ⌊基础 P30⌉
【解析】劳动权是指法律保证的有劳动能力的公民能够参加社会劳动并因劳动而产生或与劳动有密切联系的各项权利，包括平等的劳动就业权、自由择业权、劳动报酬权、休息休假权、劳动保护权、职业培训权等。平等的劳动就业权和自由择业权是劳动权的核心。

91.【答案】 ABCDE ⌊基础第三版 P47 - 48 第四版 P45、P47 - 48⌉
【解析】微观环境指市场和产业环境，企业的生产经营活动直接处于微观环境的影响下。企业经营环境的微观分析具体包括：①现有竞争对手的分析；②潜在竞争对手分析；③替代产品或服务威胁的分析；④顾客力量的分析；⑤供应商力量的分析。

92.【答案】 ACDE ⌊基础第三版 P76，第四版 P77⌉
【解析】按照消费者在购买决策过程中的作用不同，角色可分为：①倡议者，即首先提出或有意购买某一产品和服务的人；②影响者，即其看法和建议对最终决策具有一定影响的人；③决策者，即对是否买、如何买、何处买等方面的购买决策做出完全或部分最后决定的人；④购买者，即执行购买决策的人；⑤使用者，即实际消费或使用产品和服务的人；营销者分清参与购买的不同角色，有针对性地开展活动，才能取得最佳效果。

93.【答案】 BCDE ⌊基础第三版 P78，第四版 P79⌉
【解析】所有参与购买决策的人员构成采购组织的决策单位，称为采购中心。企业采购中心通常包括五种成员：①使用者，即具体使用欲购买的某种产业用品的人员。他们是最初提出某种产业用品意见的人，在确定产品品种、规格时起重要作用；②影响者，即在企业内外部直接或就间接影响购买决策的人员，如企业技术人员等；③采购者，即在企业中负责采购工作的有正式职权的人员；④决定者，即在企业中有批准购买产业用品权力的人，在例行采购中采购者常常是决定者，而在复杂的采购中，领导人常常是决定者；⑤信息控制者，即在企业内外部能控制信息并传递给决策者、使用者的人员，如购买代理商、技术人员等。

94.【答案】 ABCD ⌊基础 P105⌉
【解析】E 项，影响他人并改变他们的态度和行为属于满足权力需要的行为。

95.【答案】 ACE ⌊基础第三版 P123，第四版 P169⌉
【解析】亨利・明茨伯格用三类十种不同的却是高度相关的角色来说明了管理者，将其分类为三种不同的角色：①人际关系类角色，包括挂名首脑、联络员和领导者；②信息类角色，包括监听者、传播者和发言人；③决策类角色，包括企业家、障碍处理者、谈判者和资源分配者。

96.【答案】 ACE ⌊基础第三版 P138，第四版 P186⌉
【解析】个性是指个体在社会关系中形成的带有倾向性的、本质的、稳定持久的心理特征的总和；个性心理特征是个体在能力、气质和性格等方面表现出的个性差异。正是因为这些个性心理特征差异，人与人之间彼此区别开来。BD 两项，个性意识倾向是指一定社会条件下所形成的个人的需要、动机、兴趣、态度、理想、信念、价值观等意识倾向。

97.【答案】 CDE ⌊基础第三版 P149，第四版 P197⌉
【解析】人的积极性、创造性的发挥，人的全面发展，亦受到环境的重要影响与制约。对于企业员工而言，主要有两大环境因素：①工作本身的条件与环境；②企业中的人际关系环境。工作条件和环境直接影响人的心境、情绪。优化工作环境，即可提高工作条件和环境质量。

98.【答案】 ABCE ⌊四级第三版 P3，第四版 P3 - 4⌉
【解析】企业组织信息采集和处理的基本原则包括：①准确性原则，是指在企业信息采集和处理的过程中，调研人员必须本着科学的态度和实事求是的精神，客观地反映企业实际情况；②系统性原则，是指对企业信息要进行科学的分类、整理、加工，做到系统化，保证和调查主题相关信息的完整性；③针对性原则，是指有的放矢，有目的、有计划地采集和处理企业信息；④及时性原则，是指信息只在一定时间范围内发挥作用；⑤适用性原则，是指根据企业内部各管理层次和管理系统的不同需求，提供不同类别和形式的信息；⑥经济性原则，是指在信息采集和处理的过程中，统筹考虑企业的经济效益。

99.【答案】 ACD ⌊四级第三版 P17，第四版 P48 - 49⌉
【解析】制定劳动定额的科学依据：①技术依据，它包括：生产条件；对工作地的供应服务和组织的状况；操作者的技术水平、经验和技能；②经济依据，它包括：劳动者在一定的工作时间内工作负荷程度；整个生产周期和产品总劳动量；③心理生理依据，它包括：劳动环境和生产条件对操作者的影响；工作时间的长度和休息时间的比重；劳动分工和协作的状况。

100.【答案】 ABCD ⌊四级第三版 P40，第四版 P29 - 30⌉
【解析】岗位抽样的特点：①使用范围广；②节省时间，节约费用；③取得的数据真实可靠，能消除被观测人员在生理心理上的影响；④测定人员不必整天连续在工作现场进行观察，大大减少了工作量，避免因冗长的观测所带来的疲劳和厌烦情绪。

101.【答案】 BCD 〖四级第三版 P51,第四版 P40－41〗

【解析】AB 两项,活动记录法是指采用现代数字工具,如摄像机、录音机等设备,记录岗位相关信息的方法;采用本方法采集的信息真实可靠,但投入费用很高。CE 两项,日志法是由操作者对其一天或连续几天内工作活动的情况进行登记记录的信息采集方法;操作者所使用的"日志"没有固定的格式;日志的登记必须当日完成,不能在第二天以后再补记。D 项,关键事件法是由岗位调查者对承担本岗位工作的操作者的劳动行为进行观察,将其"最好"和"最差"(或者"有效"和"无效")的行为进行登记记录的方法;采用关键事件法有助于鉴别出本岗位工作的中心内容和重要项目。

102.【答案】 ABDE 〖四级 P77〗

【解析】学校是人才资源的重要来源,每年学校有几百万的毕业生走出校门,进入社会。学校毕业生已成为各企业技术人才和管理人才的最主要来源。跟社会招聘相比,学校招聘的优势包括:①学生的可塑性强;②选择余地大;③候选人专业多样化,可满足企业多方面需求;④招募成本较低;⑤有助于宣传企业形象等。

103.【答案】 ABCDE 〖四级第三版 P57 第四版 P14－15〗

【解析】工作时间的构成:①日历时间;②制度公休时间;③制度工作时间;④缺勤时间;⑤出勤时间;⑥停工时间;⑦非生产时间⑧制度内实际工作时间;⑨加班时间;⑩全部实际工作时间。

104.【答案】 ABCDE 〖四级 P73－74〗

【解析】外部招募的局限:①筛选难度大,时间长;②进入角色慢;③招募成本大;④决策风险大;⑤影响内部员工的积极性。

105.【答案】 ABC 〖四级第三版 P123,第四版 P124〗

【解析】员工信息管理是指记述和保存员工在社会活动中的经历和德才表现等方面信息的管理。员工信息以其个人为单元,是个人经历、思想品德、业务能力等情况的真实记录,客观地反映了一个员工的真实情况。当企业按照一定的原则与方法对员工信息进行加工整理,并由各企业的人力资源部门设专人统一保管时,就构成了员工信息管理。

106.【答案】 ABCE 〖四级第三版 P101,第四版 P103〗

【解析】通过编制和发放公司简介可以起到以下几个方面的作用:①公司传达其价值观,展示真实的公司概况和工作情景可以使应聘者首先进行一次自我筛选,判断自己与这家公司的要求是否匹配;②公司简介可以使应聘者清楚地知道什么是可以在这个组织中期望的,什么是不可以期望的;③公司向应聘者全面、真实地介绍公司概况及工作情景会使应聘者感到公司是真诚的,值得信赖的;④公司简介所呈现出的工作概况以及对具体环境和条件的描述,可以使应聘者对未来发展可能面临的困难和问题,有一定的思想准备,即使将来在工作中遇到一些困难和问题,他们也不致退缩和回避,而是采取积极的态度,面对困难,想方设法去解决问题。

107.【答案】 BDE 〖四级第三版 P107,第四版 P112－113〗

【解析】假文凭的识别方法有:①观察法,有些假文凭做工比较低劣,如纸质硬度不够、学校公章模糊、钢印不清等,通过肉眼可以识别出来,但有些假文凭制作比较逼真,这时可以将它与真文凭进行对比,从而识别假文凭;②提问法,通过对应聘者学识、常识和能力的提问来鉴别文凭的真假是有效的方法之一;③核实法,招聘单位可以与颁发文凭的学校的学籍管理部门取得联系,让学校协助调查文凭的真伪;④网上查询,教育部建立了全国高等教学学历网络查询系统,用人单位若想查询 20 世纪 90 年代以后毕业的学生信息,上网便可查到。

108.【答案】 CDE 〖四级第三版 P170,第四版 P164〗

【解析】岗前培训的三阶段培训包括:①总部培训;②分支机构或部门培训;③工作现场培训。岗前培训的前提是企业要建立两级培训体制,下属企业或部门在上级人力资源部门的监督和指导下对岗前培训进行安排和组织,培训结束后,下属企业或部门应将培训情况和结果报上级人力资源部门备案。

109.【答案】 BCDE 〖四级第三版 P183,第四版 P180〗

【解析】教室布置的决定因素包括:①参训者人数;②不同的培训活动形式;③课程的正式程度;④培训者希望对课堂的控制程度。教室布置过程中,要走到最后的座位,从学员的角度对整个教室进行观察。留意是否有分散注意力的因素,是否大家都能听得见、看得清,这种布置是否是最佳的。A 项属于影响课堂培训效果的因素。

110.【答案】 ABCE 〖四级第三版 P177,第四版 P171〗

【解析】培训指导负责人的职责:接受并带领参训员工进行培训;掌握培训的进展速度。培训指导负责人应该具备以下条件:深厚的学识修养和高超的职业技能;一定的组织能力和策划能力;相当强的协调能力;一定的语言表达能力和控制能力;较强的自制能力。

111.【答案】 ABCD 〖四级第三版 P188,第四版 P182〗
【解析】圆桌会议布置法适应于人数在15人以下的研讨性培训,也容易增加亲近感,学员精神比较容易集中。而圆桌分组布置方式的主要优势是:比较适合较大型的团队培训;有利于培养团队意识,可以在桌与桌之间进行沟通,不离开位置就能组成新的小组,培训师可以在各桌之间巡视,并且加入任何一组。其不足是:学员们不容易看到培训师,并且在观看投影时都得转动一个角度,在演讲时,这种布置方式鼓励了私下的谈话,削弱了演讲效果。

112.【答案】 BCDE 〖四级第三版 P241 第四版 P251－252〗
【解析】通过绩效考评可以发挥以下作用:①上级主管不必介入到所有具体事务中;②通过赋予员工必要的知识来帮助他们进行合理的自我决策,从而节省管理者的时间;③减少员工之间因职责不明而产生的误解,减少出现当上级主管需要信息时没有信息的局面;④通过帮助员工找到效率低下的原因,以减少错误和偏差(包括重复出错的问题),同时还能使员工得到有关他们工作业绩和工作现状的反馈;⑤通过定期的交流,员工不但对自己的长处有了全面的正确的估价,也能清醒、冷静地面对自己的不足和缺陷,从而激发他们劳动的积极性、主动性和创新性,扬长避短,努力学习,不断进步。

113.【答案】 AC 〖四级第三版 P249,第四版已删除〗
【解析】科学地确定考评的基础需要做到以下几点:①确定工作要项,工作要项是指工作结果对组织有重大影响的活动或大量的重复性活动;②确定绩效标准,绩效应以完成工作所达到的可接受的条件为标准,必须客观化、定量化,具体做法是将考评要项逐一分解,形成考评的评判标准。

114.【答案】 ABC 〖四级第三版 P233,第四版已删除〗
【解析】绩效考评指标要以组织战略和岗位职责为基本参考,因此绩效考评的目的和被考评人员所承担的工作内容和绩效标准就成为绩效考评指标的选择依据。绩效考评指标的选择依据包括:①绩效考评的目的;②被考评人员所承担的工作内容和绩效标准;③取得考评所需信息的便利程度。

115.【答案】 BCDE 〖四级第三版 P241,第四版已删除〗
【解析】(1)绩效考评不是孤立的事件,它与企业的发展战略、组织架构、人力资源管理、经营管理息息相关。
(2)绩效考评具有指向性,它的出发点和终点就是企业的整体绩效,是为了使企业更好地生存和发展。
(3)绩效考评具有层次性和针对性,不同的岗位、不同的部门和不同的行业对绩效考评的标准、方式和内容的要求是不同的。
(4)绩效考评具有时限性,它要求在一段时间以内,对考评做出明确的结论。考评既可以按照月度、季度、年度定期进行,也可以不定期进行。
(5)绩效考评是一个过程,不是简单的行为,它是由诸多步骤共同组合而成的行为的集合。
(6)实际管理过程中,对员工的绩效考评和评价工作可以是正式的,也可以是非正式的。现代企业里,正式的绩效考评是必不可少的,非正式的考评评价也很重要。

116.【答案】 ABDE 〖四级第三版 P279,第四版 P280〗
【解析】薪点工资制是用点数和点值来确定员工的工资,即员工的工资由薪点数乘以点值确定。点值取决于企业、所在部门的经济效益。薪点数的决定在各企业、各类员工中有所不同,有的企业或员工主要取决于岗位点数,有的企业或员工主要取决于技能或能力点数,有的企业或员工主要取决于员工的个人贡献点数,还有的企业取决于岗位点数、技能点数、个人绩效点数、工龄点数、基本生活保障点数的综合或部分点数之和。

117.【答案】 ACD 〖四级第三版 P288,第四版 P286〗
【解析】工资指导线对不同类别的企业实行不同的调控办法。国有企业和国有控股企业,应严格执行政府颁布的工资指导线。非国有企业(城镇集体企业、外商投资企业、私营企业等)应依据工资指导线进行集体协商确定工资,尚未建立集体协商制度的企业,依据工资指导线确定工资分配,并积极建立集体协商制度。

118.【答案】 ABCE 〖四级第三版 P297,第四版已删除〗
【解析】D项,直接的信息来源所获得的岗位信息真实可靠、详细全面,但需要投入大量人力、物力和时间;间接信息来源所获取的信息过于笼统、简单,有可能影响岗位评价的质量。

119.【答案】 ABCD 〖四级第三版 P315,第四版 P318〗
【解析】补充福利(第四版调整为"企业自定福利")是指在国家法定的基本福利之外,由企业自定的福利项目。经常见到的补充福利的项目包括:房租补助、免费住房、工作午餐、女工卫生费、通信补助、员工生活困难补助、财产保险、人寿保险、法律顾问、心理咨询、贷款担保、内部优惠商品、搬家补助、子女医疗费补助等。E项,法定福利又称基本福利,是指按照国家法律、法规和政策规定必须发生的福利项目,包括:①社会保险;②法定带薪假日;③特殊情况下的工资支付;④工资总额外补贴项目。

120.【答案】 ACDE 〖四级第三版 P287,第四版 P285〗

【解析】最低工资率考虑到同一地区不同区域和行业的特点,对不同经济发展区域和行业可以确定不同的最低工资率。各省、自治区、直辖市劳动行政主管部门会同工会、企业家协会在确定最低工资率时,应该向当地工商业联合会、财政、民政、统计等部门咨询。

121.【答案】 ABCDE 〖四级第三版 P304 第四版 P303 - 304〗

【解析】计件工资是指根据员工完成合格产品的数量,按计件单价支付的劳动报酬,包括:实行超额累进计件、直接无限计件、限额计件、超定额计件等工资制,按劳动部门或主管部门批准的定额和计件单价支付给个人的工资;按工作任务包干方法支付给个人的工资;按营业额提成或利润提成办法支付给个人的工资。

122.【答案】 BCDE 〖四级第三版 P333 - 334 第四版 P340 - 341〗

【解析】劳动法律关系的特点包括:①劳动法律关系是劳动关系的现实形态;②劳动法律关系的内容是权利和义务;③劳动法律关系的双务关系;④劳动法律关系具有国家强制性。

123.【答案】 ACD 〖四级第三版 P351 - 352 第四版 P359 - 360〗

【解析】劳动合同除以上法定条款以外,双方当事人可以根据实际需要在协商一致的基础上,规定其他补充条款。约定条款的内容只要合法,就同法定条款一样,对当事人具有法律约束力。一般常见的约定条款有以下内容:试用期限、培训、保密事项、补充保险和福利待遇、当事人协商约定的其他事项。

124.【答案】 ABCDE 〖四级第三版 P382 第四版 P389 - 390〗

【解析】国家为了减少和解决女职工在劳动中因生理特点造成的特殊困难,保护女职工健康制定的规范称为女职工劳动保护制度。其基本内容包括:确定女职工禁忌从事的劳动范围;怀孕、生育、哺乳期保护;产假保护;哺乳期劳动时间;女职工特殊保护设施;在劳动场所的劳动保护。

125.【答案】 ABCD 〖四级第三版 P391,第四版 P396〗

【解析】劳动保障监察的职责包括:宣传劳动保障法律、法规和规章,督促用人单位贯彻执行;检查用人单位遵守劳动保障法律、法规和规章的情况;受理对违反劳动保障法律、法规或者规章的行为的举报、投诉;依法纠正和查处违反劳动保障法律、法规或者违章的行为。

卷册二:专业能力

一、简答题(本题共 3 题,第 1 小题 16 分,第 2 小题 14 分,第 3 小题 16 分,共 46 分)

1. 〖四级第三版 P234 - 236,第四版 P237 - 242〗

【答案】 (1)层次分析法确定绩效考评权重的主要步骤如下:

1)建立层次结构模型

在深入分析实际问题的基础上,将有关的各个因素按照不同属性自上而下地分解成若干层次,同一层的诸因素从属于上一层的因素或对上层因素有影响,同时又支配下一层的因素或受到下层因素的作用。

2)确立思维判断定量化的标度

在两个因素互相比较时,需要有定量的标度,通过建立科学合理的定量标度,同时确定每一标度所代表的含义,以达到两个因素能够相互比较的目的。

3)构造判断矩阵

运用两两比较方法,对各相关元素进行两两比较评分,根据中间层的若干指标,绘制因素比较矩阵。

4)最底层元素对目标层的组合权重的计算

总排序是指每一个判断矩阵各因素针对目标层(最上层)的相对权重。这一权重的计算采用自上而下的方法,逐层合成。在得到递阶层次结构中单一准则的各元素的相对权重后,需要计算各层元素对于总目标的相对权重,特别是最底层元素对总目标的相对权重,即"组合权重"。

5)对结果进行汇总,确定绩效考评权重

上述结果是某位专家的评价结果,实际上仅靠一位专家的判断是远远不够的,需要对多个专家的评价结果综合进行分析,即计算各个指标的平均权重得分,从而确定该指标的最终权重。另外还有的设计会根据专家对绩效考评指标的了解程度进行权重设计,这样计算最终结果的时候需要进行加权平均。

(2)确定绩效考评权重的方法除了层次分析法以外,还包括以下几种方法:

1)专家经验判定法

专家经验判定法是决策者个人根据自己的经验和对各项考评指标重要程度的认识,或者从引导意图出发,对各项考评指标的权重进行分配。有时决策者也会召集一些人讨论一下,听取大家的意见,然后由决策者确定权重的大小。

2)排序法

排序法建立在专家判断的基础上,同时又要求专家对各个指标进行排序,区分出各个指标的相对重要程度,然后在此基础上计算权重。

2. 〖四级第三版 P51,第四版 P40 - 41〗

【答案】　工作岗位调查的其他方法：

(1)技术会议法。亦称专家讨论法，是指召开由对被调查岗位有深入了解和研究的专家(包括技术设计、工艺施工、一线主管以及具有本岗位长期实践经验的操作者)参加的专题讨论会，请与会者围绕岗位调查项目分别发表自己的意见，经过深入讨论，取得专家共识，以获得岗位信息的一种方法。

(2)结构调查表。即根据岗位调查的具体内容和要求，预先设计出结构完整、项目齐全的岗位调查表，由被调查岗位的员工及其他相关人员填写，最后通过对调查表的整理汇总采集岗位信息的方法。

(3)日志法。即由操作者对其一天或连续几天内工作活动的情况进行登记记录的信息采集方法。操作者所使用的"日志"没有固定的格式，但一般应包括：本岗位各种具体活动的事项，每项活动所耗费的时间，涉及的人员、物品、器件等。日志的登记必须当日完成，不能在第二天以后再补记。

(4)关键事件法。即由岗位调查者对承担本岗位工作的操作者的劳动行为进行观察，将其"最好"和"最差"(或者"有效"和"无效")的行为进行登记记录的方法。采用本方法可以延续一段时间，通过反复比较，以掌握本岗位的关键信息。采用关键事件法有助于鉴别出本岗位工作的中心内容和重要项目。

(5)设计信息法。即在调查岗位过程中，根据岗位原有的设计文件、蓝图和设计参数，对人一机系统进行全面深入的调查分析，掌握劳动者与劳动资料、劳动对象之间的配置关系，采集相关信息的方法。通过该方法，不但有助于掌握现有人机总体系统的性质和特征，也有利于对岗位进行再设计、再改进。

(6)活动记录法。即采用现代数字工具，如摄像机、录音机等设备，记录岗位相关信息的方法。采用本方法采集的信息真实可靠，但投入费用很高。

(7)档案资料法。即查阅现存的各种与岗位活动有关的档案资料，采集相关信息的方法。

3. 【四级第三版 P124，第四版 P125 - 126】

【答案】　对于企业新招聘的员工而言，所有信息都需要收集和进入企业初期的信息，一般来说新招聘员工信息包括以下几个部分。

(1)新员工的历史材料包括新员工在进入本企业之前的工作经历与表现。

(2)新员工的招聘材料是指在招聘此新员工时所发生的相关记录包括：

①求职申请表；

②新员工求职时递交的简历；

③新员工的笔试、面试材料；

④在选拔时对新员工进行的评价，录用的理由；

⑤录用通知以及相关材料。

(3)新员工进入企业后的材料是指新员工在进入企业后所发生的相关记录包括：

①试用期的工作表现；

②工作业绩考核结果；

③所在部门对其表现的反馈信息。

(4)新员工个人资料：

①新员工的个人简介(姓名、性别、个人特长、受教育程度、专业技能等)；

②现任岗位名称；

③薪酬及相关收入；

④职业生涯规划。

二、计算题(本题 18 分，先根据题意进行计算，然后进行必要的分析，只有计算结果，没有计算过程不得分)

4. 【四级第三版 P311 - 324，第四版 P324 - 325】

【答案】　(1)企业每月需缴纳三项保险费为：

企业的工资总额为：$5000 + 3000 \times 3 + 2000 \times 4 + 1000 \times 2 = 24000$(元)

企业所缴纳的养老保险费 $= 24000 \times 19\% = 4560$(元)

企业所缴纳的医疗保险费 $= 24000 \times 10\% = 2400$(元)

企业所缴纳的失业的保险费 $= 24000 \times 1.5\% = 360$(元)

企业每月所缴纳的三项保险费总和 $= 4560 + 2400 + 360 = 7320$(元)

(2)每位员工每月需缴纳保险费总额具体如表 4 所示。

表 4　每月需缴纳保险费总额

员工工资(元/月)		5000	3000	2000	1000
员工缴费(元/月)	养老保险费	350	210	140	70
	医疗保险费	100	60	40	20
	失业保险费	25	15	10	5

三、综合题(本题共 2 题，每小题 18 分，共 36 分)

5. 【四级第三版 P127 - 143，第四版 P128 - 144】

【答案】　(1)麦当劳的培训理念是培训是一种人力资本投资。麦当劳创始人雷克罗克先生说过一句经典的话："无论在哪里，我们都需要人才。我们要不断为人才投资。"麦当劳把员工培训作为一种企业人力资本的投资行为来看待。

(2)麦当劳的培训通过以下方式与企业的需要有效地结合在一起：

1)有科学的培训需求分析，针对性强。

2)培训不只是课程，而是发生在真实的工作中，实用性强。

3)对培训效果进行有效评估,保证培训符合组织需要。

4)培训范围大,培训内容丰富,满足组织的需要。

(3)1)麦当劳在培训评估中采用了四层次评估模型,通过对培训中、培训后的效果进行评估,保证了培训的有效性。

2)培训评估不仅评估学员对培训课程的反应如何,员工所学到的东西能否应用到工作中,还评估员工能否学以致用,真正实现培训与绩效相结合。评估体系全面完整,避免了培训流于形式。

3)麦当劳不仅对学员进行评估,还评估培训讲师的技巧、知识,保证讲师能满足企业的需要。

(4)1)麦当劳对员工职业生涯的关注表现在以下方面:

a.麦当劳的所有员工,从计时员到高层主管都有不同的培训计划;

b.麦当劳将训练和员工的自我梦想结合在一起,重视员工参与、认同和责任感;

c.麦当劳的内部晋升制度,每一个员工都有可晋升的职业生涯通道。

2)从组织的角度来看,保证组织发展和员工发展的双赢可以采取以下措施:

a.为了保证组织发展和员工发展的双赢,组织应当建立基于企业战略和员工职业生涯发展的培训开发计划;

b.组织应当为员工提供测评工具,帮助员工认识自己、了解自己的优势,从而帮助员工确定符合自身特点的职业生涯发展规划;

c.组织可以通过培训、企业文化熏陶等其他方式使员工接受组织的战略目标,使员工把他们自己的职业发展目标看成是企业发展目标的一部分,组织目标的实现是个体目标实现的集合,从而实现组织发展和员工发展的双赢。

3)从员工的角度来看,保证组织发展和员工发展的双赢可以采取以下措施:

a.员工作为企业的一员,员工的目标不能脱离组织的目标。

b.员工应该积极配合组织提供的培训,提升自己的能力,实现组织的战略目标。

c.员工自己的职业生涯规划应该与组织的战略目标保持一致,通过依托组织战略目标的实现促使自身职业生涯目标的达成,实现自己的价值。

6.〖四级第三版 P371 - 372,第四版 P379 - 380〗

【答案】 商场有权依法与邓小姐解除劳动合同。《中华人民共和国劳动合同法》第四十二条规定:劳动者有下列情形之一的,用人单位不得依照本法第四十条、第四十一条的规定解除劳动合同:1)从事接触职业病危害作业的劳动者未进行离岗前职业健康检查,或者疑似职业病病人在诊断或者医学观察期间的。

2)在本单位患职业病或者因工负伤并被确认丧失或者部分丧失劳动能力的。

3)患病或者非因工负伤,在规定的医疗期内的。

4)女职工在孕期、产期、哺乳期的。

5)在本单位连续工作满 15 年,且距法定退休年龄不足 5 年的。

6)法律、行政法规规定的其他情形。也就是说,如果劳动者存在孕期、产期、哺乳期等特殊情形,用人单位不能依据《中华人民共和国劳动合同法》第四十条、第四十一条的规定与其解除劳动合同。但是,如果该劳动者有过错,存在《中华人民共和国劳动合同法》第三十九条所规定的情形,用人单位也有权解除劳动合同。

在本案中,邓小姐虽处在孕期,但其严重违反了商场的规章制度,依据《中华人民共和国劳动合同法》第三十九条规定,商场有权立即与其解除劳动合同,而且不用支付经济补偿金,即法律对劳动者特殊保护是有限度的。

国家职业资格考试

押题试卷(一)

职　　业：企业人力资源管理师
等　　级：国家职业资格四级
卷 册 一：职业道德
　　　　　理论知识

(押题试卷合订版)

注意事项：1. 考生应首先将自己的姓名、准考证号等用钢笔、圆珠笔等写在试卷册和答题卡的相应位置上，并用铅笔填涂答题卡上的相应位置处。
2. 本试卷册包括职业道德和理论知识两部分：
第一部分，1～25 小题，为职业道德试题；
第二部分，26～125 小题，为理论知识试题。
3. 每小题选出答案后，用铅笔将答题卡上对应题目的答案涂黑。如需改动，用橡皮擦干净后，再选涂其他答案。所有答案均不得答在试卷上。
4. 考试结束时，考生务必将本卷册和答题卡一并交给监考人员。
5. 考生应按要求在答题卡上作答。如果不按标准要求进行填涂，则均属作答无效。

姓　　名：____________________

准考证号：____________________

卷册一：职业道德　理论知识

·第一部分　职业道德·

(第1~25题,共25道题)

一、职业道德基础理论与知识部分(第1~16题)

答题指导

◆该部分均为选择题,每题均有四个备选项,其中单项选择题只有一个选项是正确的,多项选择题有两个或两个以上选项是正确的。

◆请根据题意的内容和要求答题,并在答题卡上将所选答案的相应字母涂黑。

◆错选、少选、多选,则该题均不得分。

(一)单项选择题(第1~8题)

1. 下列关于职业道德的说法中,正确的是(　　)。
   A. 社会分工和专业化程度的增强,对职业道德提出了更高要求
   B. 职业道德的稳定性特征,说明职业道德是稳定而不变化的
   C. 职业选择属于个人权利的范畴,不属于职业道德的范畴
   D. 职业道德与法律分属不同领域,二者没有关联性

2. 社会主义道德建设的基本要求是(　　)。
   A. 心灵美、语言美、行为美、环境美
   B. 爱祖国、爱人民、爱劳动、爱科学、爱社会主义
   C. 仁、义、礼、智、信
   D. 树立正确的世界观、人生观、价值观

3. 关于创新,理解正确的是(　　)。
   A. 不是人人都能够做到创新的,只要善于学习就可以了
   B. 只有大的发明创造才是创新
   C. 创新需要树立科学的思维方式,需要标新立异
   D. 只有被专利局认可才是真正的创新

4. 古人在道德修养方面所倡导的"慎独"的本质要求是(　　)。
   A. 培养独立人格
   B. 无人监督时,依然按道德要求做事
   C. 耐心细致地做好每一件事情
   D. 无论取得多大成就都应谦虚谨慎

5. 下列关于爱岗敬业的说法中,你认为正确的是(　　)。
   A. 市场经济鼓励人才流动,再提倡爱岗敬业已不合时宜
   B. 即便在市场经济时代,也要提倡"干一行,爱一行,专一行"
   C. 要做到爱岗敬业就应一辈子在同一岗位上无私奉献
   D. 在现实中,我们不得不承认,"爱岗敬业"的观念阻碍了人们的择业自由

6. 关于勤劳节俭,正确的是(　　)。
   A. 勤劳节俭仅仅是中华民族的传统美德
   B. 勤劳节俭与扩大消费相矛盾
   C. 勤劳节俭有利于增产增收
   D. 勤劳节俭不能防止腐败

7. 关于合作,不正确的说法是(　　)。
   A. 合作是企业生产经营顺利实施的内在要求
   B. 合作是从业人员汲取智慧和力量的重要手段
   C. 合作是打造优秀团队的有效途径
   D. 合作是确立垄断地位、实现共同利益的需要

8. (　　)不属于"跳槽热"现象出现的原因。
   A. 社会原因
   B. 政治原因
   C. 经济原因
   D. 生活原因

(二)多项选择题(第9~16题)

9. 企业价值观是企业职工在长期生产、生活和经营管理中逐渐建立起来的一种共同的(　　)。

A. 礼仪习俗
B. 价值取向
C. 心理趋向
D. 文化定势

10. 职业道德的规范功能表现在(　　)。
A. 通过教育引导，帮助从业人员树立崇高的职业理想
B. 通过岗位责任的总体规定，使从业人员明白职业活动的基本要求
C. 通过具体的操作规程和违规处罚规则，让从业人员了解职业行为底线，避免受处罚
D. 通过榜样、典型的示范，提供鲜活、明确、具有感召力的行为坐标参照系

11. 关于德才兼备，理解正确的有(　　)。
A. 按照职业道德的准则行动，是德才兼备的一个基本尺度
B. 德才兼备的人应当对职业有热情，参与服从各种规章制度
C. 德才兼备的人只需要有很高的素质
D. 德才兼备中才能具有决定性的作用

12. 市场经济对职业道德的负面影响，在于它有助于增强人们的(　　)。
A. 利己主义
B. 拜金主义
C. 享乐主义
D. 平均主义

13. 当企业利益与公共利益之间出现矛盾和冲突时，企业应该(　　)。
A. 注重当前利益
B. 维护公共利益
C. 维护自身利益
D. 既要考虑眼前利益，也要考虑长远利益

14. 从业人员节约资源，要做到(　　)。
A. 强化节约资源意识
B. 明确节约资源责任
C. 创新节约资源方法
D. 获取节约资源报酬

15. 下列关于奉献与企业健康发展关系的论述中，正确的是(　　)。
A. 奉献是企业发展的道德要求
B. 奉献能够提升企业的道德境界
C. 奉献能给企业带来直接经济效益
D. 奉献与企业的发展关系不大

16. 在职业活动中，从业人员要实践为人民服务，必须(　　)。
A. 树立为人民服务的意识
B. 培育为人民服务的荣誉感
C. 提高为人民服务的本领
D. 增强为人民服务的动力

二、职业道德个人表现部分(第 17 ~ 25 题)

答题指导

◆该部分均为选择题，每题均为四个备选项，您只能根据自己的实际状况选择其中一个选项作为您的答案。

◆请在答题卡上将选择的答案的相应字母涂黑。

17. 当你写完一份公司年终工作总结后，你通常会采取的做法是(　　)。
A. 反复检查，确认没有错误才上交
B. 确信自己已做得很好，不再检查就上交
C. 先让下级或同事检查，然后自己检查后再上交
D. 先交给上司，视领导意见而定

18. 在工作中当你业绩不如别人时，你通常会采取的做法是(　　)。
A. 顺其自然
B. 努力想办法改变现状
C. 请同事帮忙
D. 换个工作

19. 作为一名职工，我可以将自己描述为：清廉公正(　　)。
A. 从不
B. 较少
C. 较多

D. 总是

20. 你认同以下哪一种说法(　　)。
A. 现代社会提倡人才流动,爱岗敬业正逐步削弱它的价值
B. 爱岗与敬业在本质上具有统一性
C. 爱岗与敬业在本质上具有一定的矛盾
D. 爱岗敬业与社会提倡人才流动并不矛盾

21. 作为一名职工,我可以将自己描述为:勤勉(　　)。
A. 从不
B. 较少
C. 较多
D. 总是

22. 当你的同事把公司的实际情况告诉顾客,使得即将签订的一份生意丢失时,你认可的是(　　)。
A. 损害了公司的利益,是一种不敬业的表现
B. 损害了公司的名誉,是一种严重的泄密行为
C. 虽然损害了公司的名誉,但是一种诚信行为
D. 虽然损害了公司的利益,但维护了公司信誉

23. 关于人与人的工作关系,你认可以的观点是(　　)。
A. 主要是竞争
B. 有合作,也有竞争
C. 竞争与合作同样重要
D. 合作多于竞争

24. 假设你是单位公关部职员,需要经常参加宴请宾客的活动,饭桌上喝酒是少不了的,但你不胜酒力。为了既做好公关工作,又能让客人满意,你通常会选择(　　)。
A. 为了完成工作,不能喝也喝
B. 事先向客人做出解释,获得客人的理解
C. 客人怎么劝也不喝
D. 虽然自己酒量不行,但可以通过展示自己的人格魅力,赢得客人的尊重

25. 当领导交给你一项对你来说比较困难的工作时,你会选择(　　)。
A. 先接受,能否完成再说
B. 接受时向领导说明情况,再想尽办法去完成
C. 接受时向领导说明难度,请求领导多派人手
D. 接受时让领导降低难度

·第二部分　理论知识·

(第 26 ~ 125 题,共 100 道题,满分为 100 分)

一、单项选择题(第 26 ~ 85 题,每题 1 分,共 60 分。每小题只有一个最恰当的答案,请在答题卡上将所选答案的相应字母涂黑)

26. 劳动力需求的自身工资弹性是(　　)变动对工资率变动的反应程度。
A. 劳动力供给量
B. 劳动力供给率
C. 劳动力需求量
D. 劳动力需求率

27. 一般而言,正常的收入差距范围的基尼系数水平是(　　)。
A. 0.1 ~ 0.3
B. 0.2 ~ 0.3
C. 0.2 ~ 0.4
D. 0.2 ~ 0.5

28. (　　)在国家的法律体系中具有最高法律效力。
A. 劳动法
B. 宪法
C. 国务院劳动行政法规
D. 劳动规章

29. 下列关于劳动法的监督检查制度的说法,不正确的是(　　)。
A. 它规定了劳动合同关系的调整规则
B. 它是实施劳动监督检查的职权划分和行为规则
C. 它规定了以何种手段实现和保证各项劳动法律制度的实施
D. 各项劳动法律制度的范围与劳动监督检查制度的范围是一致的

30. (　　)是影响企业战略决策的首要外部条件。

A. 经济环境
B. 政治法律环境
C. 技术环境
D. 社会文化环境

31. 市场按买方的类型可分为消费者市场和(　　)。
A. 组织市场
B. 信息市场
C. 服务市场
D. 产品市场

32. (　　)把下属作为权变的变量，即认为下属的成熟水平是选择领导风格的依赖条件。
A. 领导者参与模型
B. 领导情境理论
C. 费德勒的权变模型
D. 路径—目标理论

33. 心理测验按测验的内容可分为两大类，一类是能力测验，一类是(　　)。
A. 人格测验
B. 成就测验
C. 性向测验
D. 情商测验

34. 人力资源的(　　)能力是企业竞争优势的根本。
A. 技术
B. 创新
C. 智力
D. 管理

35. 在管理技术上，现代人力资源管理(　　)。
A. 照规章办事
B. 追求科学性和艺术性
C. 以事为中心
D. 追求精确性与科学性

36. (　　)不属于企业信息采集和处理的基本原则。
A. 准确性
B. 系统性
C. 全面性
D. 经济性

37. (　　)是指向企业的档案管理部门或档案管理人员了解组织过去的建设、运行状况以及关于重大事件或决策的档案记录的方法。
A. 调查研究法
B. 当面调查法
C. 行为记录法
D. 档案记录法

38. (　　)是通过对生产技术条件的分析，在挖掘生产潜力以及操作合理化的基础上，采用分析计算或实地测定来制定定额的方法。
A. 经验估工法
B. 统计分析法
C. 类推比较法
D. 技术定额法

39. 某企业上个季度的工时定额下降 20 个百分点，那么相应的产量定额提高率为(　　)。
A. 15%
B. 20%
C. 25%
D. 30%

40. 职务与职位的主要区别不包括(　　)。
A. 职务主要强调的是规定员工应该承担工作的内容和要求
B. 职位主要强调的是工作任务的地点和时空条件
C. 职位是对其所承担的任务内容和特点的高度概括和总结
D. 职务反映了员工所承担的工作性质

41. (　　)是依照企事业单位的有关规章制度，为了保证员工尽职尽责地完成本岗位各项工作任务，对其岗位职责内可行使的权力范围和内容所作的界定。
A. 职权
B. 权限
C. 职责
D. 职位

42. 若企业规模较大，岗位设置繁杂，进行岗位调查时应采用(　　)。
A. 现场观测法
B. 面谈法
C. 书面调查法
D. 综合采用上述方法

43. 全面了解被调查对象在一个工作日内工作活

动的情况,掌握其具体的工作内容、程序、步骤和方法的是(　　)的基本功能。

A. 岗位写实

B. 岗位分析

C. 岗位观察

D. 作业测时

44. 在招聘广告中不出现招聘企业名称的广告称为(　　)。

A. 隐瞒广告

B. 秘密广告

C. 遮蔽广告

D. 不公开广告

45. (　　)冲击了传统的“铁饭碗”制度,促进了企业劳动人事制度的改革。

A. 岗位轮换

B. 计件工资

C. 竞聘上岗

D. 内部选拔

46. 招聘工作一般是从(　　)的提出和确定开始的。

A. 招聘计划

B. 招聘策略

C. 工作分析

D. 招聘需求

47. 应聘申请表设计时,要符合当地有关(　　)和政策的要求。

A. 法律

B. 上级主管部门

C. 业务部门主管

D. 人事行政总监

48. (　　)原则要求管理者对员工给予充分的信任与尊重。

A. 以人为本

B. 任人唯贤

C. 用人不疑

D. 严爱相济

49. (　　)属于按照功能结构划分的典型的员工信息管理系统层面。

A. 业务执行层

B. 业务处理层

C. 智囊咨询层

D. 数据处理层

50. 在进行人员筛选时,体检适宜在(　　)进行。

A. 初次筛选后

B. 所有筛选方法使用之后

C. 背景调查后

D. 面试后

51. 关于背景调查应遵循的原则,下列说法错误的是(　　)。

A. 只调查与工作相关的情况

B. 要评估调查材料的可靠程度

C. 重视客观内容的调查核实

D. 重视应聘者性格方面的主观评价内容

52. 在(　　)的情况下,比较不合适采用杂志刊登招聘广告。

A. 流失率较高的行业或企业

B. 空缺岗位的地区分布较广

C. 空缺岗位并非迫切需要补充

D. 候选人相对集中在某个专业领域内

53. 因员工离职或调动到其他部门、员工正常退休、员工短期休假等产生岗位的空缺属于(　　)。

A. 组织人力资源自然减员

B. 组织业务量变化引起的人力资源需求

C. 组织人力资源配置不合理引起的人力资源需求

D. 组织人力资源满负荷

54. 企业若要进行全员培训,应采用(　　)。

A. 岗前培训

B. 脱产培训

C. 在岗培训

D. 轮岗培训

55. 关于案例编写的步骤,下列说法不正确的是(　　)。

A. 确定培训的目的

B. 对案例进行认真研究,明确通过案例分析要解决的问题及解决问题的可能答案

C. 请具有一定专业知识的人或经验丰富的人来审阅案例,看它是否存在缺陷或遗漏

D. 写作案例时,事件的起因、发展、结果应忠于事实,引用的数据要准确

56. 在管理人员教程培训中,总体管理培训的培

训目的是(　　)。
A. 塑造领导能力
B. 开发参与者的企业家潜能
C. 让参与者准备好进行初级管理工作
D. 提高参与者的自我管理能力和团队建设能力

57. 关于培训计划的层次和类型,下列说法正确的是(　　)。
A. 企业培训计划是单一的
B. 从培训计划的横向结构来看,有长期培训计划、中期培训计划和短期培训计划
C. 从培训计划的纵向结构来看,有整体培训发展计划、培训管理计划和部门培训计划
D. 一般长期培训计划的期限为 3 ~5 年

58. 在新员工对企业及员工不熟悉的情况下,(　　)是新员工获取企业信息的基本来源。
A. 企业简介
B. 企业宣讲
C. 员工手册
D. 电视广告

59. 转岗培训是在岗培训的主要类型之一,造成转岗的原因不包括(　　)。
A. 企业经营规模与方向的变化
B. 员工不能胜任现在的工作,需要重新安置
C. 员工对现在的工作感到厌倦,要求重新安置
D. 企业生产技术进步

60. (　　)是指让受训者在预定时期内变换工作岗位,使其获得不同岗位的工作经验的培训方法。
A. 工作指导法
B. 特别任务法
C. 工作轮换法
D. 现场培训法

61. 人事部门对自学的管理不包括(　　)。
A. 制订自学计划
B. 指导员工进行自学
C. 提供学习资料
D. 检查评价自学效果

62. 下列各项不属于无形资本费用的是(　　)。
A. 培训组织人员、内聘教学人员因从事培训工作,未能参加企业的生产活动而造成的损失
B. 受训人员因从事培训工作,未能参加企业的生产活动而造成的损失
C. 培训组织人员和内聘教学人员在组织培训过程中的工资
D. 由于管理不善而造成的损失费用

63. (　　)是进行培训的物质基础。
A. 培训预算
B. 培训经费
C. 培训设施
D. 培训基地

64. 下列对以改善绩效为目的的培训说法不正确的是(　　)。
A. 对员工进行的绩效评价应该每年进行一次
B. 制订好的绩效改进计划可以针对多个项目
C. 应该在指导者的指导下严格按照绩效改进计划进行
D. 在评估面谈中,考核双方应就绩效改进的方向达成一致

65. (　　)是进行绩效考评的基础,也是绩效管理的关键。
A. 定义绩效
B. 岗位分析
C. 企业战略
D. 企业文化

66. 绩效低下的原因可分为(　　)。
A. 总体原因和个体原因
B. 总体原因和组织或系统原因
C. 个体原因和组织或系统原因
D. 主观原因和客观原因

67. (　　)是衡量企业战略实施效果的指标,是企业战略目标经过层层分解产生的可操作性的指标体系,体现了对组织战略目标的增值作用。
A. 关键绩效指标
B. 一般绩效指标
C. 否决指标
D. 定性指标

68. 在绩效管理中,一般以(　　)的考评为主。
A. 上级主管
B. 同事
C. 考评者的下属

D. 外部人员

69. 员工直接薪酬不包括(　　)。

A. 基本工资

B. 员工福利

C. 奖金

D. 补贴

70. 下列有关绩效工资的说法,错误的是(　　)。

A. 绩效工资是指根据员工的年度绩效评价结果确定的对基础工资的增加部分

B. 一般会根据员工绩效评价的等级,将员工的基本工资上下浮动15%左右

C. 通常将绩效提薪纳入基本工资的范畴

D. 绩效提薪在一定程度上激励效果不明显,反而增加企业的工资支付成本

71. 工资结构线愈陡,各等级之间工资差距(　　)。

A. 愈大

B. 愈小

C. 不变

D. 不确定

72. 非经济性福利中的工作环境保护项目不包括(　　)。

A. 实行弹性工作时间

B. 缩短工作时间

C. 员工参与民主化管理

D. 实行轮班制度

73. 根据《失业保险条例》,城镇企业、事业单位应按照本单位职工工资总额的(　　)缴纳失业保险费。

A. 1%

B. 2%

C. 3%

D. 5%

74. 在劳动关系中,由于劳动力是人体中的一种机能,它只能寓寄在活的人体中,因而劳动关系就其本来意义上说是一种(　　)关系。

A. 权利义务

B. 法律

C. 人身

D. 财产

75. 劳动法律关系和劳动关系的区别在于前者体现了(　　)。

A. 国家的意志

B. 劳动者的意志

C. 企业的意志

D. 工会的意志

76. 企业内部劳动规则所调整的行为是作为劳动过程组成部分的(　　)。

A. 用工行为

B. 劳动行为

C. 劳动行为和用工行为

D. 管理行为

77. 对伪造、涂改、冒用、转让、买卖就业证和许可证书的外国人和用人单位,由劳动行政部门收缴就业证和许可证书,没收其非法所得,并处以(　　)罚款。

A. 5000 元以下

B. 5000 元以上 1 万元以下

C. 1 万元以上 10 万元以下

D. 10 万元以上

78. (　　)是必须具备特定的形式或履行一定手续方具有法律效力的合同。

A. 专项协议

B. 劳动合同

C. 要式合同

D. 集体合同

79. 劳动者的工种与岗位、工作地点和场所通常在劳动合同的(　　)中加以约束。

A. 法定条款

B. 约定条款

C. 专项协议

D. 补充协议

80. 劳动者通过求职信、求职登记等形式向用人单位提出工作申请,此种情形可以说劳动者是(　　)。

A. 要约方

B. 被要约方

C. 要约

D. 承诺

81. 2011 年 3 月,李某与甲企业签订了 5 年期的劳动合同,2014 年 12 月,企业因工作需要与李某协商一致,同意解除劳动合同,李某可得

到(　　)工资的经济补偿金。
A. 3 个月
B. 4 个月
C. 5 个月
D. 12 个月
82. (　　)不属于法人机关。
A. 意思机关
B. 履行机关
C. 执行机关
D. 监察机关
83. 我国《中华人民共和国劳动法》规定，用人单位依法在法定休假节日时安排员工加班的，应支付不低于劳动者本人日或小时工资的(　　)支付劳动者工资。
A. 100%
B. 150%
C. 200%
D. 300%
84. 劳动者患病，(　　)不能从事原工作也不能从事用人单位另行安排工作的，用人单位可以解除劳动合同。
A. 病愈后
B. 休假 3 个月后
C. 休假 6 个月后
D. 医疗期满后
85. 女职工劳动保护制度不包括(　　)。
A. 确定女职工近期从事的劳动范围
B. 怀孕、生育、哺乳期的保护
C. 产假保护
D. 生病住院期间保护

二、多项选择题(第 86 ~ 125 题，每题 1 分，共 40 分。每题有多个答案正确，请在答题卡上将所选答案相应字母涂黑。错选、少选、多选，均不得分)

86. 关于计时工资的计算公式，正确的是(　　)。
A. 小时工资率实际工作时间
B. 小时工资率标准工作日小时数
C. 日工资率标准工作周日数
D. 小时工资率标准工作日数
E. 日工资率合格产品数量
87. 下列对摩擦性失业的表述，正确的有(　　)。
A. 是一种非正常性失业
B. 是低效率利用劳动资源的需要
C. 是一种岗位变换之间的失业
D. 是动态性市场经济的一个自然特征
E. 表明劳动力经常处于流动过程之中
88. 政府制定或调整重大劳动关系标准应当贯彻“三方原则”，其中“三方”指的是(　　)。
A. 行业协会
B. 政府
C. 企业员工
D. 工会
E. 企业家协会
89. 企业战略的特点包括(　　)。
A. 全局性
B. 系统性
C. 长远性
D. 风险性
E. 科学性
90. 人格很复杂，包括(　　)。
A. 动机
B. 行为
C. 价值观
D. 态度
E. 自我观念
91. 领导者与众不同的特质包括(　　)。
A. 自信心
B. 创造性
C. 领导动机
D. 内驱力
E. 人格健全
92. 人性的特征包括(　　)。
A. 能动性
B. 社会性
C. 整体性
D. 一致性
E. 可变性
93. 创新是把一种从没有过的生产要素和生产条件的“新组合”引入生产体系，包括(　　)。
A. 引进新产品
B. 引用新技术
C. 实现企业的新组织

D. 开辟新市场
E. 改进生产装备设施

94. 企业员工分类的方法包括(　　)。
A. 按性别构成分类
B. 按学历结构分类
C. 按专业构成分类
D. 按职责类别分类
E. 按职业能力分类

95. 工作岗位调查的目的是(　　)。
A. 为进行岗位分析提供资料
B. 为改进工作岗位的设计提供信息
C. 为制定各种人事文件提供资料
D. 为工作岗位评价与工作岗位分类提供必要依据
E. 收集有关信息,以便系统、全面地对岗位进行描述

96. (　　)是任何一个系统都具有的特征。
A. 整体性
B. 独立性
C. 相关性
D. 目的性
E. 环境适应性

97. 工作的含义包括(　　)。
A. 为达到一定的工作目标而进行的一项劳动活动
B. 专指职业
C. 特指若干项专门任务
D. 指根据劳动分工与协作的要求,规定员工在本岗位范围内对事、对物或对人所承担的各种义务
E. 泛指体力和脑力劳动活动

98. 单件产品工序、工时定额应包括(　　)。
A. 非生产工作时间
B. 作业时间
C. 作业宽放时间
D. 个人需要与休息宽放时间
E. 准备与结束时间

99. 下列属于招聘费用的有(　　)。
A. 调研费、广告费、招聘会经费
B. 选拔测试方案制订与实施的经费
C. 通知录取结果的经费
D. 高校奖学金
E. 签订劳动合同的经费

100. 正式录用过程中用人部门与人力资源部门应完成的工作有(　　)。
A. 员工试用期的考核鉴定
B. 根据考核情况进行正式录用决策
C. 制订员工发展计划
D. 为员工提供必要的帮助与咨询服务
E. 解除试用合同

101. 人员录用包括(　　)等内容。
A. 决定录用人员
B. 通知录用人员
C. 劳动合同的签订
D. 员工的初始安排
E. 绩效考评

102. 企业编写校园招聘记录表需要获取应聘者的有关信息,内容包括(　　)。
A. 应聘者的姓名
B. 应聘者的专业
C. 应聘者的兴趣
D. 通过面试考察分析得到的应聘者能力情况
E. 应聘者的家庭状况

103. 背景调查应关注的重要问题包括(　　)。
A. 对空缺职位的胜任能力模型要做到心中有数
B. 应当采用恰当的询问方法
C. 注意调查对象的选择
D. 背景调查的内容应简明、实用
E. 背景调查应确定明确的主题

104. 个人简历分析用于人员测评的特点包括(　　)。
A. 预测效度随着时间的推进会越来越低
B. 预测效度随着时间的推进会越来越高
C. 成本较高
D. 真实性可能存在问题
E. 依据较为客观

105. 材料筛选法的具体形式包括(　　)。
A. 申请表
B. 调查问卷
C. 工作日志
D. 证明材料

E. 背景调查

106. 分专业脱产培训的特点包括(　　)。
A. 具有定期轮训的特性
B. 强调标准化规范化培训
C. 强调培训的专业性
D. 强调培训内容的单一性
E. 强调专业知识和技能的层次

107. 研讨法的实施要点包括(　　)。
A. 指导教师制订讨论计划，准备讨论资料
B. 对受训人员的要求
C. 对研讨题目和内容的要求
D. 对指导教师的要求
E. 对培训机构的要求

108. 讲授法是课堂培训的主要方法之一，其方式包括(　　)。
A. 案例分析式讲授
B. 辩论式讲授
C. 灌输式讲授
D. 启发式讲授
E. 画龙点睛式讲授

109. 影响课堂效果的因素有(　　)。
A. 教师的教学水平
B. 教学方法
C. 课堂时间的长短
D. 培训内容
E. 学员的学习态度

110. 现场培训的具体形式有(　　)。
A. 工作指导法
B. 个别指导法
C. 案例研讨法
D. 特别任务法
E. 工作轮换法

111. 成绩效信息失真的原因包括(　　)。
A. 使用实地调查法采集信息
B. 组织内部绩效信息传输渠道不畅
C. 绩效信息提供者提供虚假数据
D. 采用本企业人力资源部门自己编制的绩效考评表格
E. 绩效信息监督机制的缺失

112. 常见的绩效信息采集方法包括(　　)。
A. 实地调查法
B. 现场记录法
C. 抽样调查法
D. 顺序法
E. 对比分析法

113. 科学地确定考评的基础，需要做的主要工作有(　　)。
A. 确定考评者
B. 确定工作要项
C. 确定绩效标准
D. 确定考评对象
E. 确定考评的具体步骤

114. 绩效考评步骤包括(　　)。
A. 改进绩效的指导
B. 评价实施
C. 制定绩效改进计划
D. 绩效面谈
E. 科学地确定考评的基础

115. 在对中层人员进行考评时，反映部门总体绩效的指标有(　　)。
A. 利润率
B. 任务完成率
C. 劳动生产率
D. 产品合格率
E. 自主性与协调性

116. 根据《中华人民共和国个人所得税法》，须缴纳个人所得税的有(　　)。
A. 工资、薪金所得
B. 经营所得
C. 特许权使用费所得
D. 偶然所得
E. 财产租赁和转让所得

117. 劳动者在参加以下(　　)社会活动期间，企业应依法按照规定正常支付工资。
A. 行使选举权
B. 担任人民法庭的陪审员
C. 出席劳动模范、先进工作者大会
D. 出席政府、党派、工会等组织召开的会议
E. 出席行业协会召开的会议

118. 奖金的主要特点包括(　　)。
A. 单一性
B. 荣誉性

C. 灵活性
D. 综合性
E. 及时性

119. 采用要素计点法进行岗位评价的工作程序包括(   )。
A. 选择评价要素
B. 定义评价要素
C. 确定要素等级
D. 确定要素权重
E. 按权重将各个岗位进行排序

120. 使用排序法进行岗位评价的步骤包括(   )。
A. 获取员工技能信息
B. 获取岗位信息
C. 选择等级参照物并划分岗位等级
D. 选择报酬因素
E. 对岗位进行排序

121. 下列关于《劳动法》的正确论述有(   )。
A. 是调整经济关系的法律
B. 是调整劳动关系以及与之有密切联系的其他社会关系的法律
C. 是从民法中分离出来的
D. 是从经济法中分离出来的
E. 它是一个独立的法律部门

122. 法律通常将自然人分为(   )。
A. 丧失行为能力的人
B. 限制劳动行为能力的人
C. 无劳动行为能力的人
D. 部分劳动行为能力的人
E. 完全劳动行为能力的人

123. 劳动法律关系包括(   )。
A. 劳动合同关系
B. 劳动关系
C. 劳务争议处理关系
D. 劳动行政法律关系
E. 劳动服务法律关系

124. 集体合同制度规定了(   )。
A. 履行集体合同的规则
B. 监督集体合同的规则
C. 检查集体合同的规则
D. 订立集体合同的原则
E. 协商、订立集体合同的程序

125. 我国劳动法律渊源的类别，主要包括(   )。
A. 正式解释
B. 劳动法律
C. 地方性劳动法规
D. 劳动规章
E. 国务院劳动行政法规

国家职业资格考试

押题试卷(一)

职　　业：企业人力资源管理师
等　　级：国家职业资格四级
卷 册 二：专业能力

注意事项：1. 请按要求在试卷的标封处填写您的姓名、准考证号、身份证号和所在地区。
2. 请仔细阅读各种题目的回答要求，并在规定的位置填写您的答案。
3. 请保持卷面整洁，不要在试卷上做任何与答题无关的标记，也不得在标封区填写无关的内容。

姓　　名：____________________

准考证号：____________________

卷册二：专业能力

一、简答题(本题共3题,第1小题12分,第2小题12分,第3小题16分,共40分)

1. 请简述企业组织信息采集的程序。(12分)

2. 请简述采用集中归档方式保管绩效考评文档的优点和不足?(12分)

3. 简述企业薪酬管理的原则及程序。(16分)

二、计算题(本题共2题,第1小题10分,第2小题15分,共25分。先根据题意进行计算,然后进行分析,要求写出计算过程)

4. 某国有公司是一家非常注重培训的企业,该企业将为50名新员工实施一项为期10天的培训,其费用如下:培训使用的教材每人40元,培训教室和视听设备租赁费8000元,每天每人餐费15元,培训管理人员工资及福利6000元,受训员工的工资每人每天80元,企业内培训教师的受训费用2000元,培训教师的课时补贴1500元,培训管理费用系数为0.2。经过培训后,企业新增收益为200万元,其中由培训产生的收益为100万元,由技术改选产生的收益为50万元,其他收益为50万元。

请计算:

(1)总的培训成本和每个受训者的成本。(6分)

(2)本培训项目的成本收益比率。(4分)

5. 某市基本养老保险企业缴费率为19%,个人缴费率为7%;医疗保险企业缴费率为10%,个人缴费率为2%;失业保险企业缴费率为1.5%,个人缴费率为0.5%;工伤保险费率为0.3%。某企业有6类员工共18人,其工资标准及人员分布情况如表1所示。

表1　某企业工资标准与人员分布情况表

序号	员工类别	工资标准(元)	员工人数
1	A	4 000	1
2	B	3 500	2
3	C	3 000	4
4	D	2 500	6
5	E	2 000	3
6	F	1 500	2

请计算：

(1)该企业每月四项保险共需缴纳多少保险费？(5分)

(2)6类员工每月分别应缴纳多少保险费？(10分)

三、综合分析题(本题共2小题,第1小题16分,第2小题19分,共35分)

6. A公司是一家大型商场,公司包括管理人员与员工共有500多人。由于大家齐心努力,公司销售额不断上升。到了年底,A公司又开始一年一度的绩效考评,因为每年年底的绩效考评是与奖金挂钩,大家都非常重视。人力资源部又将一些考评表发放到各个部门的经理,部门经理在规定的时间内填完表格,再交回人力资源部。老张是营业部的经理,他拿到人力资源部送来的考评表格,却不知怎么办。表格主要包括了对员工工作业绩和工作态度的评价。工作业绩那一栏分为五档,每一档只有简短的评语,如超额完成工作任务,基本完成工作任务等。年初由于种种原因,老张并没有将员工的业绩目标清楚地确定下来。因此对业绩考评时,无法判断谁超额完成任务,谁没有完成任务。工作态度就更难填写了,由于平时没有收集和记录员工的工作表现,到了年底,仅对近一两个月的事情有一点记忆。由于人力资源部又催得紧,老张只好在这些考评表勾勾圈圈,再加上一些轻描淡写的评语,交给人力资源部。想到这些绩效考评要与奖金挂钩,老张感到如此做有些不妥,他决定向人力资源部建议重新设计本部门营业人员的考评方法。老张在考虑,为营业人员设计考评方法应该注意哪些问题呢?

问题:

(1)该公司绩效管理存在的哪些问题有待于改进和加强？(10分)

(2)选择营业人员的绩效考评方法时,应该注意哪些问题？(6分)

7. 2015年5月15日,孙红在译名达公司工作就有3年6个月了,工作岗位是组装调配工。该年3月1日,企业引进流水线装置投入生产,经过10天培训,孙仍不能胜任工作。4月15日企业人力资源部主管与其谈话,调整其工作岗位为车间清洁员,被孙红拒绝,要求二次进行培训上岗。企业根据劳动法有关规定,对其培训后考核仍是不合格。为此仍安排其岗位为车间清洁员,孙红未打招呼离岗,至此企业将解除劳动合同通知书送达交给他,并说,如果接受企业变更工作岗位的建议,企业将维持劳动关系到劳动合同期限届满,孙红没有理睬回答。鉴于此情况译名达公司于2015年5月15日与其解除了劳动合同。孙红不接受企业解除劳动合同的决定,申诉到当地劳动争议仲裁委员会,请求维持原劳动关系。

(1)请对上述案例提出您的分析意见。(7分)

(2)该企业对此事处理有哪些不符合劳动法规定的？(12分)

押题试卷(一)参考答案及解析

卷册一:职业道德　理论知识

·第一部分　职业道德·

一、职业道德基础理论与知识部分

(一)单项选择题

1.A　2.B　3.C　4.B　5.B　6.C　7.D　8.D

(二)多项选择题

9.BCD　10.BC　11.AB　12.ABC　13.BD　14.ABC　15.AB　16.ABC

二、职业道德个人表现部分

17～25(本部分为主观题,无标准答案,请根据自己的价值观作答。)

·第二部分　理论知识·

一、单项选择题

26.C　27.C　28.B　29.A　30.B　31.A　32.B　33.A　34.B　35.B　36.C
37.D　38.D　39.C　40.C　41.B　42.D　43.A　44.C　45.C　46.D　47.A
48.C　49.B　50.B　51.D　52.A　53.A　54.C　55.B　56.A　57.D　58.C
59.C　60.C　61.C　62.C　63.B　64.B　65.A　66.C　67.A　68.A　69.B
70.B　71.A　72.D　73.B　74.C　75.A　76.C　77.C　78.C　79.A　80.A
81.B　82.B　83.D　84.D　85.D

二、多项选择题

86.ABC　87.CDE　88.BDE　89.ABCD　90.ACDE　91.ABCD
92.ABCE　93.ABCD　94.ABCE　95.ABCDE　96.ACDE　97.BCE
98.BCDE　99.ABCDE　100.ABCD　101.ABCD　102.ABD　103.ABCD
104.ADE　105.ADE　106.CDE　107.ACD　108.CDE　109.ABDE
110.ABDE　111.BCE　112.ABC　113.BC　114.ABCDE　115.BCD
116.ABCDE　117.ABCD　118.ABCE　119.ABCD　120.BCDE　121.BCE
122.BCE　123.ADE　124.ABCDE　125.ABCDE

卷册二:专业能力(略)

扫右侧二维码,查看详细解析。

国家职业资格考试

押题试卷(二)

职　　业：企业人力资源管理师
等　　级：国家职业资格四级
卷 册 一：职业道德
　　　　　理论知识

注意事项：1. 考生应首先将自己的姓名、准考证号等用钢笔、圆珠笔等写在试卷册和答题卡的相应位置上，并用铅笔填涂答题卡上的相应位置处。
2. 本试卷册包括职业道德和理论知识两部分：
第一部分，1～25小题，为职业道德试题；
第二部分，26～125小题，为理论知识试题。
3. 每小题选出答案后，用铅笔将答题卡上对应题目的答案涂黑。如需改动，用橡皮擦干净后，再选涂其他答案。所有答案均不得答在试卷上。
4. 考试结束时，考生务必将本卷册和答题卡一并交给监考人员。
5. 考生应按要求在答题卡上作答。如果不按标准要求进行填涂，则均属作答无效。

姓　　名：________________

准考证号：________________

卷册一：职业道德　理论知识

·第一部分　职业道德·

(第1~25题,共25道题)

一、职业道德基础理论与知识部分(第1~16题)

答题指导

◆该部分均为选择题,每题均有四个备选项,其中单项选择题只有一个选项是正确的,多项选择题有两个或两个以上选项是正确的。

◆请根据题意的内容和要求答题,并在答题卡上将所选答案的相应字母涂黑。

◆错选、少选、多选,则该题均不得分。

(一)单项选择题(第1~8题)

1. 职业道德的最基本的要求是(　　)。

A. 爱岗敬业

B. 诚实守信

C. 服务群众

D. 办事公道

2. 古人云:“才者,德之资也;德者,才之帅也。”用现代观点来解释是指职业道德对职业技能具有(　　)作用。

A. 统领

B. 支撑

C. 促进

D. 引导

3. 关于诚信,说法错误的是(　　)。

A. 诚实守信是市场经济法则

B. 诚实守信的企业最终能够取信于社会

C. 诚实守信是社会主义市场经济的内在要求

D. 永远奉行诚实守信的原则在市场经济中必定难以立足

4. 在市场经济条件下,从业人员处理义利关系的正确态度是(　　)。

A. 得利弃义

B. 先义后利

C. 唯利而行

D. 重利轻义

5. 符合职业道德规范“公道”的基本要求的做法是(　　)。

A. 轻重缓急一个样

B. 待遇高低一般齐

C. 遵守制度一致化

D. 奖励惩罚一刀切

6. 关于“平等待人”,理解或做法正确的是(　　)。

A. 服务顾客时,不作任何区别

B. 别人如何待我,我就如何待别人

C. 多劳多得,少劳少得,不劳动者不得食

D. 把尊重人格作为平等待人的核心

7. 关于打造品牌,正确的说法是(　　)。

A. 只要掌握了高新技术,就能打造品牌

B. 打造品牌,核心任务是加强广告等媒体宣传工作的力度

C. 员工具有敬业精神和强烈的社会责任感是打造企业品牌的内在力量

D. 只有价高才能打造品牌

8. (　　)不属于“跳槽热”现象出现的原因。

A. 社会原因

B. 政治原因

C. 经济原因

D. 生活原因

(二)多项选择题(第9~16题)

9. 坚持办事公道,必须做到(　　)。

A. 坚持真理

B. 自我牺牲

C. 舍己为人

D. 光明磊落

10. 在企业生产经营活动中,员工之间团结互助

的要求包括(　　)。

A. 讲究合作,避免竞争

B. 平等交流,平等对话

C. 既合作,又竞争,竞争与合作相统一

D. 互相学习,共同提高

11. 关于诚实守信的说法,你认为正确的是(　　)。

A. 诚实守信是市场经济法则

B. 诚实守信是企业的无形资产

C. 诚实守信是为人之本

D. 奉行诚实守信的原则在市场经济中必定难以立足

12. 无论你从事的工作有多么特殊,它总是离不开一定的(　　)的约束。

A. 岗位责任

B. 家庭美德

C. 规章制度

D. 职业道德

13. 下列说法中,符合语言规范的具体要求的是(　　)。

A. 多说俏皮话

B. 用尊称,不用忌语

C. 语速要快,节省客人时间

D. 不乱幽默,以免客人误解

14. 下面关于"文明礼貌"的说法正确的是(　　)。

A. 是职业道德的重要规范

B. 是商业、服务业职工必须遵循的道德规范,与其他职业没有关系

C. 是企业形象的重要内容

D. 只在自己的工作岗位上讲,其他场合不用讲

15. 市场经济是(　　)。

A. 高度发达的商品经济

B. 信用经济

C. 是计划经济的重要组成部分

D. 法治经济

16. 以下情况属于不诚实劳动的是(　　)。

A. 出工不出力

B. 炒股票

C. 制造假冒伪劣产品

D. 盗版

二、职业道德个人表现部分(第 17 ~ 25 题)

答题指导

◆该部分均为选择题,每题均为四个备选项,您只能根据自己的实际状况选择其中一个选项作为您的答案。

◆请在答题卡上将选择的答案的相应字母涂黑。

17. 公司计划新开一个经营部,需要选拔一位经理。如果你觉得自己有能力担当这一职位,你会(　　)。

A. 找领导说明自己的意愿及理由,希望领导任命自己

B. 向领导建议,按一定的制度和程序,公开选拔

C. 利用与同事的友好关系,让同事们联名举荐

D. 静观其变,坐等领导确定

18. 上班期间,你正在参加公司的一个重要会议,突然接到公司传达室的电话,告知你的一位同学找你有事。这个同学是你上大学期间最好的朋友,已经有 5 年未见面了。这时,你会(　　)。

A. 立即离开会议室,去见朋友

B. 向会议主持人说明情况,得到许可后再去见朋友

C. 让传达室转告朋友,请他稍等,会议结束后再见面

D. 请其他同事帮你接待朋友,自己坚持参加会议

19. 假如某厂拖欠你所在公司一笔巨款,公司派你去催款,你可能(　　)。

A. 诉诸法律手段

B. 动用各种社会关系督促该厂还款

C. 坐在该厂厂长办公室内,不给钱坚决不走

D. 通过舆论手段

20. 关于稳重和敢闯的关系,你认可的是(　　)。
A. 稳重比敢闯可取
B. 有风险的敢闯比四平八稳好
C. 稳重与敢闯各有千秋
D. 敢闯第一,稳重第二

21. 单位年终要进行先进工作者评选,采取匿名投票方法。如果你是该单位职工,在下列投票行为中,你会(　　)。
A. 认为谁也不符合条件,弃权
B. 认为自己也够条件,投自己一票
C. 把票投给自己认为最符合条件的人员
D. 谁为人好,就投谁的票

22. 如果你的一位同事与你在工作中产生了矛盾,两人的关系也因此疏远起来,并在一定程度上影响了工作上的合作。对这件事,下列解决矛盾的方案中,你会(　　)。
A. 请你们两人信任的同事从中斡旋,友好地化解矛盾
B. 把矛盾告诉领导,由领导来解决
C. 等他主动来找自己解决矛盾
D. 自己主动找他,化解矛盾

23. 在工作中,你认同的是(　　)。
A. 提前完成工作的人
B. 按时完成工作任务的人
C. 保质保量完成任务的人
D. 尽快完成任务,多留一点时间学习的人

24. 你的同事在工作中取得突出成绩时,你会(　　)。
A. 认为他运气好
B. 各有专长,继续做好自己的工作
C. 认为他太聪明了,自己可望而不可即
D. 虚心请教,努力学习

25. 小刘以假文凭应聘到某公司上班,很快就成为技术骨干。假如你是该公司经理,当发现小刘的真实情况后,你将对小刘(　　)。
A. 解聘
B. 通报批评
C. 降职使用
D. 委婉批评,继续留用

·第二部分　理论知识·

(第 26 ~ 125 题,共 100 道题,满分为 100 分)

一、单项选择题(第 26 ~ 85 题,每题 1 分,共 60 分。每小题只有一个最恰当的答案,请在答题卡上将所选答案的相应字母涂黑)

26. 劳动力供给是指在一定的市场工资率的条件下,劳动力供给的决策主体(家庭或个人)愿意并且能够提供的(　　)。
A. 劳动总量
B. 劳动时间
C. 劳动力总量
D. 劳动力程度

27. 当收入差距的衡量指标—基尼系数接近( )时,收入便接近于绝对平等。
A. 0
B. 0.5
C. 1
D. 0 或 1

28. (　　)不具有法律效力。
A. 立法解释
B. 任意解释
C. 司法解释
D. 行政解释

29. 劳动法律关系是一种(　　)。
A. 劳动关系
B. 双务关系
C. 正向关系
D. 法务关系

30. 企业管理资源状况分析的内容不包括(　　)。
A. 企业文化
B. 品牌知名度
C. 领导风格
D. 组织管理水平

31. 市场营销活动是企业经营管理的(　　)。
A. 起步环节
B. 中心环节
C. 结束环节
D. 中间环节

32. (　　)是指当对一个人的某些特性形成好或

坏的印象之后，人们就倾向于据此推论其他方面的特性。

A. 光环效应

B. 投射效应

C. 首因效应

D. 刻板印象

33. (　　)是指领导者更愿意界定自己和下属的工作任务和角色。以完成组织目标。

A. 结构维度

B. 认可维度

C. 关怀维度

D. 尊重维度

34. 人力资本投资收益率变化规律不包括(　　)。

A. 人力资本投资收益的变动规律

B. 投资和收益之间的替代和互补关系

C. 人力资本投资的社会收益变化规律

D. 人力资本投资的内生收益率递减规律

35. 职业教育不包括(　　)。

A. 就业前的职业教育

B. 农村职业技术教育

C. 就业后的职业教育

D. 特殊职业技术教育

36. (　　)是将对企业内外部条件各方面内容进行综合和概括，进而分析组织的优劣势、面临的机会和威胁的一种方法。

A. 数理统计分析

B. SWOT 分析

C. 财务报表分析

D. 市场预测分析

37. 企业(　　)是指企业的声誉、人力、财力和物力。

A. 销售能力

B. 实力

C. 服务能力

D. 潜力

38. 团队生存、改进和适应变化着的环境的能力是(　　)。

A. 绩效成果

B. 成员满意度

C. 团队学习

D. 外人满意度

39. 领导者更愿意界定自己和下属的工作任务和角色，以完成组织目标的是(　　)。

A. 结构维度

B. 认可维度

C. 关怀维度

D. 尊重维度

40. (　　)用来自评价中心的信息确认潜在的新领导候选人。

A. 辅导者

B. 加速站

C. 培训者

D. 领导技能

41. (　　)是指一个人在同一心理测量中几次测量结果的一致性。

A. 信度

B. 效度

C. 难度

D. 标准化

42. (　　)假设，是史克思等在 20 世纪 60 年代末、70 年代初提出来的。

A. 复杂人

B. 社会人

C. 经纪人

D. 经济人

43. 具有中国特色的现代人力资源管理理论的三大基石不包括(　　)。

A. 定编定岗定员定额

B. 员工的绩效管理

C. 员工的引进与培养

D. 员工的技能开发

44. 员工技能开发的具体内容不包括(　　)。

A. 教育

B. 考评

C. 培养

D. 训练

45. (　　)是指对假设的调研主题展开调查，发现新问题，淘汰旧问题，探求真正的问题所在。

A. 非正式调研

B. 情景模拟调研

C. 电话调查
D. 直接观察法

46. 组织信息调研的具体要求不包括(　　)。
A. 准确性
B. 系统性
C. 开发性
D. 经济性

47. 以下不属于观察法缺点的是(　　)。
A. 调查者往往只能观察到被调查者的表面行为,难以把握其心理变化
B. 为取得理想的结果,需要长时间观察
C. 有时被调查者会觉察,引起误解
D. 被调查者易受他人影响

48. (　　)可以联合几个事业部的力量研发新产品,提供新服务,形成拳头优势,使公司总经理能够将自己的时间和精力主要集中在企业重大战略性决策上。
A. 矩阵制
B. 直线职能制
C. 职能制
D. 执行部制

49. 企业在较大的或多样化的市场上提供单一的或密切相关的产品,其组织结构通常的类型是(　　)。
A. 矩阵结构
B. 职能制结构或事业部制结构
C. 事业部制结构或矩阵结构
D. 事业部制结构或战略经营网络型结构

50. 工作岗位调查在面谈中应当注意避免(　　)。
A. 尊重被调查人
B. 根据调查目的布置面谈环境
C. 允许被调查人长篇大论,直到他自己无话可说为止
D. 发表个人的观点和看法,采取命令式提问

51. 招聘工作的实施是整个招聘活动的核心,其步骤不包括(　　)。
A. 招募阶段
B. 准备阶段
C. 筛选阶段
D. 录用阶段

52. 以下不属于企业招聘需求信息来源的是(　　)。
A. 组织人力资源自然减员
B. 组织业务的调整的需要
C. 人力资源部的决策
D. 现有人员的不合理配置

53. 招聘申请表的设计的依据是(　　)。
A. 招聘对象
B. 工作说明书
C. 招聘计划
D. 人力资源规划

54. 某一新成立的销售公司需要招聘一名具有一定经验的销售总监,那么,其最适合的招募来源是(　　)。
A. 学校招聘
B. 竞争对手与其他单位
C. 下岗失业者
D. 退伍军人

55. 以下不属于员工信息内容的是(　　)。
A. 参加党团组织的材料
B. 趣、特长、爱好等信息
C. 奖励和模范先进事迹材料
D. 劳动合同

56. 让受训者将全部时间用于分析和解决其他部门而非本部门问题的培训技术称为(　　)。
A. 案例研究法
B. 管理竞赛
C. 个案比较法
D. 行动学习

57. 企业采用三阶段岗前培训方法的前提是(　　)。
A. 企业要进行两阶段岗前培训
B. 企业要建立两级培训体制
C. 企业要建立三级培训体制
D. 企业要了解未来的发展方向

58. 关于培训方法,以下说法正确的是(　　)。
A. 网上教学的缺点是课程内容很难根据学习者的具体情况改变,不够灵活
B. 自学会影响工作
C. 个别指导法中,指导者不良的工作习惯不会影响新员工

D. 工作轮换法适用于职能管理人员

59. 企业在员工培训过程中所发生的一切费用统称为(　　)。
A. 在职培训成本
B. 人力资源费用
C. 人力资源管理费用
D. 培训成本

60. 分析企业培训成本收益的方法不包括(　　)。
A. 精确计算培训成本,衡量其是否符合收支平衡略有盈余的原则
B. 在企业大规模投入资源之前,通过实验性培训,评价一部分受训者所获得的收益
C. 可以运用专业技术的研究成果、生产实践活动的变化证实培训计划所取得的收益
D. 通过对成功的工作者的观察,可帮助企业确定成功与不成功的工作者的绩效差别

61. (　　)是指组织为使获得的人力资源达到符合具体工作岗位要求的业务水平和提高其工作技能而支付的费用。
A. 招聘成本
B. 选拔成本
C. 录用和安置成本
D. 开发成本

62. 关于绩效管理效度,以下说法正确的是(　　)。
A. 它强调不同的评价者之间对同一个人或一组人评价的结果应该大体一致
B. 绩效管理效度是指绩效考评所收集到的有关人员各个方面信息的可靠性
C. 绩效管理效度是指绩效管理方法收集到的人员绩效等方面信息的稳定性
D. 绩效管理效度是指绩效管理方法、测量员工的能力与绩效内容的准确性程度

63. 在制定绩效管理方案时,应根据(　　)合理地进行方案设计,并对绩效管理方案进行可行性分析。
A. 绩效管理目标
B. 绩效管理方法
C. 绩效管理程序
D. 绩效管理对象

64. 绩效管理制度作为绩效管理活动的指导性文件,在拟定起草时,一定要从企业(　　)出发。
A. 生产规模和管理工作水平
B. 实际生产状况和计划达到的生产要求
C. 生产规模和企业现实生产技术组织形式
D. 现实生产技术组织条件和管理工作的水平

65. 制定绩效管理制度的基本原则不包括(　　)。
A. 公开与开放
B. 反馈与修改
C. 定期化与制度化
D. 自主性与协调性

66. (　　)需要由主管事先为各工作维度搜集可描述有效、平均和无效的工作行为,选择可区分员工的关键行为并赋值。
A. 硬性分配法
B. 排队法
C. 行为定点量表法
D. 关键事件法

67. 关于绩效管理制度,不正确的叙述是(　　)。
A. 绩效管理制度是企业组织实施绩效管理活动的准则和行为规范
B. 绩效管理制度是对绩效考核的具体规定
C. 它对组织绩效管理的程序和步骤以及方法做了统一规定
D. 绩效管理制度对绩效管理的目的、性质、意义做了规范

68. 关于薪酬及薪酬管理,以下说法不正确的是(　　)。
A. 员工薪酬实质上是一种交换或交易
B. 薪酬是员工提供劳动而得到的各种货币与实物报酬的总和
C. 企业薪酬管理与其他类型企业的内部薪酬管理无关
D. 薪酬管理的目标是减少企业人工成本

69. 薪酬管理的基本原则不包括(　　)。
A. 对外具有竞争力原则
B. 对内具有公正性原则
C. 合理有效原则
D. 对员工具有激励原则

70. 根据国家法律规定,企业支付劳动者的工资不得低于(　　)。
A. 市场工资水平
B. 最低工资标准
C. 25%点处市场平均薪酬水平
D. 75%点处市场平均薪酬水平
71. 根据国家的有关规定,(　　)的费用应列入工资总额中。
A. 出差伙食补助费
B. 稿费、讲课费及其专门工作报酬
C. 支付给参加企业劳动的在校学生的补贴
D. 保健性和技术性津贴
72. 某企业中员工小张的每月收入为4800元,那么他每个月需要缴纳的个人所得税为(　　)元。
A. 240
B. 135
C. 39
D. 0
73. 采用因素比较法进行岗位评价时,其操作的第一步骤是(　　)。
A. 确定评价要素
B. 确定要素的权重
C. 获取岗位信息
D. 选择关键基准岗位
74. 使用排序法进行岗位评价包括四个步骤,分别是:获取岗位信息、(　　)、选择报酬因素、对岗位进行排序。
A. 对岗位进行分类
B. 选择等级参照物并划分等级标准
C. 确定薪酬评价标准
D. 收集岗位信息
75. 公司为每个员工提供的福利项目,包括带薪年假和(　　)。
A. 额外津贴
B. 各种保险
C. 单身公寓
D. 免费工作餐
76. 按国家最新规定,国家建立城镇职工基本医疗保险制度,基本医疗保险费由用人单位和职工共同缴纳,其中职工缴纳费率一般为本人工资收入的(　　)。
A. 2%
B. 4%
C. 5%
D. 6%
77. 劳动关系是指用人单位与劳动者在(　　)中所发生的关系。
A. 生产过程
B. 劳动过程
C. 雇佣过程
D. 合作过程
78. 关于劳动合同的主体具有特定性,不正确的说法是(　　)。
A. 合同的一方是用人单位,另一方必定是劳动者
B. 作为劳动合同主体的劳动者,要有就业要求,具有劳动行为
C. 用人单位不可以是个体经济组织
D. 用人单位必须依法成立,能够以自己的名义承担相应的民事责任
79. 用人单位的法定代表人与劳动者协商签订劳动合同的行为是(　　)。
A. 法定代表人个人的行为
B. 法人职能部门的行为
C. 经营者个人的行为
D. 法人组织的行为
80. 劳动合同的成立必须以双方当事人就劳动合同的条款达成一致意见为前提。如对具体条款意见不一致,劳动合同不能成立。这体现了劳动合同订立的(　　)。
A. 自愿原则
B. 协商一致原则
C. 全面履行原则
D. 合法原则
81. 关于劳动合同的续订与变更,说法错误的是(　　)。
A. 提出劳动合同续订要求的一方应在合同到期之前15日书面通知对方
B. 劳动者在同一用人单位工作满10年,双方同样续延劳动合同,劳动者有权提出订立无固定期限的劳动合同

C. 订立劳动合同所依据的法规发生变化应变更相应的内容

D. 提出劳动合同变更的一方应书面通知对方

82. 用人单位濒临破产进行法定整顿期间或者生产经营状况发生严重困难，确需裁减人员的，应当提前（　　）日向工会或者全体职工说明情况，听取工会或者职工的意见，经向劳动行政部门报告后，可以裁减人员。用人单位依据本条规定裁减人员，在（　　）个月内录用人员的，应当优先录用被裁减的人员。

A. 60；12

B. 30；12

C. 30；6

D. 90；6

83.（　　）是国家为了保护劳动者在生产过程中的健康，防止和消除职业危害而制定的各种法律规范和技术标准的总和。

A. 工厂安全技术规程

B. 劳动卫生规程

C. 劳动安全技术规程

D. 建筑安装工程安全技术规程

84. 订立 4 年期的劳动合同，双方约定了 6 个月的试用期，则劳动合同期限为（　　）个月。

A. 42

B. 48

C. 50

D. 54

85. 劳动合同变更第一前提要求是（　　）。

A. 共同协商

B. 提前书面通知

C. 到期前 3 日

D. 到期向劳动者变更劳动合同

二、多项选择题（第 86 ~ 125 题，每题 1 分，共 40 分。每题有多个答案正确，请在答题卡上将所选答案相应字母涂黑。错选、少选、多选，均不得分）

86. 政府实施货币政策的主要措施包括（　　）。

A. 调整贴现率

B. 调整税率

C. 公开市场业务

D. 调整政府转移支付

E. 调节法定准备金率

87. 女性劳参率呈上升趋势的主要原因是（　　）。

A. 女性教育水平普遍提高

B. 制度劳动时间缩短

C. 人口出生率下降

D. 科学技术进步

E. 经济结构升高

88. 下列属于劳动法律渊源的有（　　）。

A. 国务院劳动行政法规

B. 劳动法律

C. 宪法中关于劳动问题的规定

D. 个案判例

E. 我国立法机关批准的相关国际公约

89. 企业采购中心的成员通常包括（　　）。

A. 生产者

B. 影响者

C. 采购者

D. 决定者

E. 信息控制者

90. 亨利·明茨伯格认为管理者的角色主要有（　　）。

A. 计划类角色

B. 人际关系类角色

C. 信息类角色

D. 改革创新类角色

E. 决策类角色

91. 群体决策的优点有（　　）。

A. 能比个体决策需要更少的时间

B. 能提供比个体决策更为丰富和全面的信息

C. 能提供比个体决策更多的不同的决策方案

D. 能增加决策的可接受性

E. 能增加决策过程的民主性

92. 人力资本是（　　）共同投资的结果。

A. 国家

B. 厂商

C. 社会

D. 家庭

E. 个人

93. 企业为赢得经营战略上的先机，要占领的制高点包括（　　）。

A. 政策制高点
B. 资本制高点
C. 技术制高点
D. 市场制高点
E. 法律制高点

94. 人力资源管理行为不当所导致的成本一般表现为(　　)。
A. 直接成本
B. 间接成本
C. 原始成本
D. 重置成本
E. 标准成本

95. 核算人力资源管理费用时应注意(　　)。
A. 采用适当的核算方法
B. 控制成本和节约能耗
C. 总体控制和个案执行
D. 正确划分各种费用的界限
E. 加强费用开支的审核和控制

96. 进行工资项目的预算,要从前期工作着手,前期工作的内容包括(　　)。
A. 分析当地本年度最低工资标准
B. 分析当年同比的消费者物价指数
C. 分析当地的经济发展水平
D. 分析公司生产经营状况
E. 分析人工成本预测预警信息

97. 根据人力资源费用预算的合法合理原则,人力资源管理人员应当关注(　　)。
A. 国家相关部门发布的各种相关政策和法律法规信息
B. 涉及员工权益资金、社会保险等方面规定标准的变化情况
C. 各预算项目之间的内在联系
D. 可能发生的劳动争议处理费用
E. 本企业对下一年度工资调整的指导思想和要求

98. 人力资源费用预算的原则有(　　)。
A. 合法合理原则
B. 客观准确原则
C. 整体兼顾原则
D. 严肃认真原则
E. 公平公正原则

99. 人力资源管理费用中,培训费用包括(　　)。
A. 培训预算
B. 培训前费用
C. 培训中费用
D. 培训后费用
E. 培训评估费用

100. 企业在招聘人员选拔中常用的方法有(　　)。
A. 笔试
B. 面试
C. 情景模拟
D. 心理测试
E. 体检

101. 下列各项属于编写公司简介原则的有(　　)。
A. 感召性
B. 真实性
C. 详细性
D. 唯一性
E. 可信性

102. 应聘申请表的设计要求包括(　　)。
A. 申请表要从申请者角度出发设计
B. 申请表要从招聘岗位角度出发设计
C. 应聘申请表所采集的资料应当便于存储、处理和检索
D. 申请表应采取多种形式,按不同人员类型分别设计
E. 申请表的设计应考虑企业的目标

103. 背景调查内容应以(　　)为原则。
A. 简明
B. 实用
C. 详细
D. 全面
E. 可信

104. 在校园招聘过程中,筛选应聘人员相关材料应关注的基本问题包括(　　)。
A. 拒绝应聘学生
B. 过分看重专业
C. 年龄歧视
D. 淘汰大多数投档者
E. 性别歧视、生源歧视等

105. 培训所需的有形资本费用包括(　　)。
A. 场所的租赁费
B. 资料购买或印刷费用
C. 外请培训师的聘用费用
D. 设备器材的租赁费用
E. 受训人员在受训期间的工资、奖金、补贴

106. 人力资源的开发成本是企业对人力资源进行的投资，主要包括(　　)。
A. 需求分析成本
B. 人员定向成本
C. 在职培训成本
D. 培训评估成本
E. 脱产培训成本

107. 企业可以通过在互联网上建立网页，开设网上课程的方式帮助员工自学，这种方式的优点在于(　　)。
A. 学习者不受时间和空间的限制
B. 学习内容易于保存
C. 经济性
D. 便于学习者与指导者交流
E. 课程内容可以根据学习者的具体情况改变，灵活多样

108. 下列各项属于适应性现场培训程序的有(　　)。
A. 制定个别指导计划书
B. 确定现场培训的指导者
C. 颁发上岗证
D. 编写现场培训指导书
E. 培训结束后对受训者进行考试或考核

109. 根据培训的目的，企业现场培训可以分为(　　)。
A. 以增强企业内部凝聚力为目的的现场培训
B. 以提升管理层的管理能力为目的的现场培训
C. 以提高企业生产效益为目的的现场培训
D. 以让员工适应新岗位为目的的现场培训
E. 以培养人才、改善绩效为目的的现场培训

110. 工作指导法的培训要点包括(　　)。
A. 关键工作环节的要求
B. 改善员工间的合作
C. 做好工作的原则和技巧
D. 增加对企业工作的了解
E. 须避免、防止的问题和错误

111. 为了加强企业人力资源管理，对绩效管理进行的定期总结主要应围绕(　　)展开。
A. 为企业提供薪酬方面的相关信息
B. 为员工晋升、调动等人事计划的制定提供依据
C. 对员工士气和工作氛围进行评估，完成企业文化建设
D. 对部门及员工的业绩做出评估，提出改进的方针和措施
E. 挖掘员工的潜力，探索实现员工与企业共同发展的途径和方法

112. 为了区分员工的绩效水平，很多企业往往会将最终的绩效考评结果划分为不同的等级。从具体的划分方法来看，可以分为(　　)。
A. 绝对定级法
B. 相对定级法
C. 顺序法
D. 综合分析法
E. 常模分析法

113. 强制分布法属于相对定级的主要方法，下列说法正确的有(　　)。
A. 强制分布法是按事先确定的比例将被考评者分别分配在各个绩效等级上，有时还称为硬性分布法
B. 强制分布法容易引起员工不满
C. 强制分布法等级清晰、操作简便
D. 在使用强制分布法时，应平均分配给每个部门相同的比例
E. 强制分布法刺激性强

114. 绩效管理中集中归档的优点有(　　)。
A. 避免绩效管理资料的重复和浪费
B. 只需要一种存档的程序
C. 工作人员能提供质量更好的服务
D. 集中管理档案能满足各部门的需求
E. 不会出现积压等待归档的资料

115. 下列各项中，(　　)可以避免绩效信息失真现象的发生。
A. 科学构建绩效考评指标体系
B. 不断完善绩效信息收集方式

C. 健全绩效信息资源开发质量保障体系
D. 采用本企业人力资源管理部门自己编制的绩效考评表格
E. 不断提高绩效信息提供者的职业道德和责任意识

116. 根据我国有关法律、法规规定,劳动者不必缴纳的保险费用有(　　)。
A. 养老保险费
B. 工伤保险费
C. 失业保险费
D. 生育保险费
E. 医疗保险费

117. 养老保险具有的特点包括(　　)。
A. 由国家立法强制实行
B. 企业单位和个人都必须参加
C. 由国家、单位和个人三方面或单位和个人双方共同负担
D. 具有社会性,影响很大,享受人多且时间较长,费用支出庞大
E. 企业必须向当地社会保险经办机构办理社会保险登记,参加社会保险

118. 下列项目属于经济性福利的有(　　)。
A. 工作环境保护
B. 交通性福利
C. 津贴和补贴
D. 住房性福利
E. 培训性福利

119. 工资总额体系可以分为(　　)。
A. 高弹性模式
B. 低弹性模式
C. 高稳定模式
D. 折中模式
E. 低稳定模式

120. 合理的工资总额可以用(　　)的方法来推算。
A. 工资总额占附加值比例
B. 盈亏平衡点
C. 损益表
D. 资产负债
E. 工资总额与销售额

121. 下列对劳动法律关系主体的阐述,正确的有(　　)。
A. 是劳动法律关系的参加者
B. 包括劳动者和用人单位两方面
C. 包括劳动行政部门和劳动者两个方面
D. 就主体而言,一般一方的权利即是另一方的义务
E. 主体一方义务的履行即是另一方权利的实现

122. 劳动法律行为包括(　　)。
A. 合法行为
B. 违约行为
C. 行政行为
D. 仲裁行为
E. 司法行为

123. 下列对劳动者权益的保护表现为优先保护的是(　　)。
A. 对企业裁员进行严格限制
B. 保护女职工的劳动安全卫生条件
C. 优先录用原企业被裁人员或下岗人员
D. 企业贴有“安全第一,生产第二”的标语
E. 为了扩大就业,尽量保证企业的经营效益

124. 下列属于劳动权的有(　　)。
A. 最低工资权
B. 劳动报酬权
C. 自由择业权
D. 休息休假权
E. 职业培训权

125. 劳动法的基本原则包括(　　)。
A. 物质帮助权原则
B. 适用性原则
C. 劳动关系民主化原则
D. 灵活性原则
E. 保障劳动者劳动权的原则

国家职业资格考试

押题试卷（二）

职　　业：企业人力资源管理师
等　　级：国家职业资格四级
卷 册 二：专业能力

注意事项：1. 请按要求在试卷的标封处填写您的姓名、准考证号、身份证号和所在地区。
2. 请仔细阅读各种题目的回答要求，并在规定的位置填写您的答案。
3. 请保持卷面整洁，不要在试卷上做任何与答题无关的标记，也不得在标封区填写无关的内容。

姓　　名：____________________

准考证号：____________________

卷册二：专业能力

一、简答题(本题共3题,第1小题14分,第2小题14分,第3小题15分,共43分)

1. 说明人员录用的原则,办理员工录用的具体程序和步骤。(14分)

2. 实施在岗培训之前应做好哪些准备工作?(14分)

3. 简述员工绩效考评的类别。(15分)

二、计算题(本题共2题,每小题12分,共24分。先根据题意进行计算,然后进行必要分析,只有计算结果没有计算过程不得分)

4. 某企业职工王鹏。7月实际上班天数25天(制度工作时间为22天),其中10天时间由于业务繁忙,每天工作时间为11个小时。
请计算7月份该职工的加班比重指标、加班强度指标和平均加班长度。(12分)

5. A单位2013年7月份员工变动情况为:7月1日有56人,6日2人调出,15日调进3人,22日又招进1人,26日4人退休。而B单位7月12日建立,在职员工人数为80人,7月份以后各日人数没有变动。
试求A单位、B单位7月份的月平均人数。(12分)

三、综合分析题(本题共2题,第1小题16分,第2小题17分,共33分)

6. 图1显示了某地多家企业行政人员、专业人员、管理人员和保洁人员的招聘信息发布渠道使用情况:

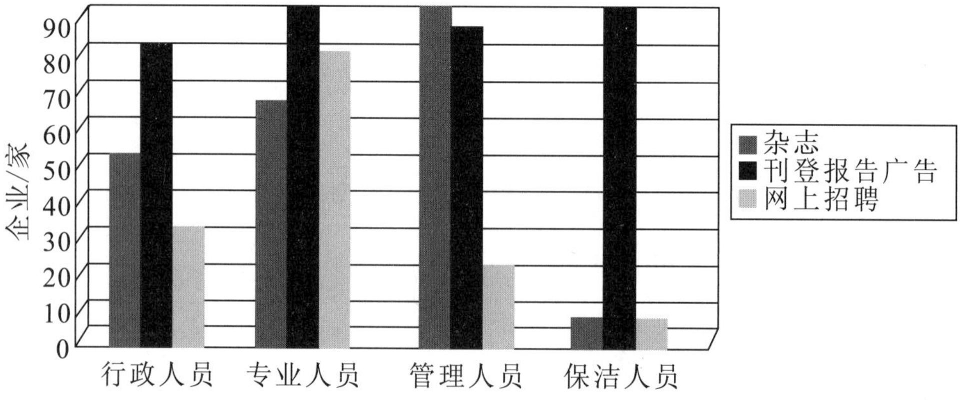

图1 招聘信息发布渠道使用情况

(1)简要分析图表中所提到的三种招聘信息发布渠道以及其他你所知道的招聘信息发布渠道的优缺点。(10 分)

(2)请说明图中所示四类人员的主要招聘渠道。并结合四类人员的特点加以分析。(6 分)

7. 某单位 2007 年 10 月招聘员工,明确要求中专以上学历,并要求应聘者如实填写个人情况表,如有隐瞒,一经发现立即辞退,解除劳动合同。赵某与王某是中学同学,赵某中专未毕业,但托人领取了某中专的毕业证;王某是大专毕业,她们同时被单位录用。该单位与她们签订了劳动合同,期限是四年,试用期半年。两人在试用期工作都很认真。

2008 年 2 月,单位发现赵某的中专毕业证是伪造的,要解除与赵某的劳动合同,赵某声称自己已怀孕,并持有医院证明,单位并不理会,解除了赵某的劳动合同。同月,王某经常出现呕吐、恶心、全身不适等症状,经医院诊断为“妊娠反应”。王某持医院开具的证明到单位请假。单位认为王某在应聘时没有如实填写个人情况登记表,隐瞒了自己怀孕的事实,欺骗了单位,也解除了王某的劳动合同。3 月,赵某和王某以怀孕期间单位不能解除劳动合同为由向劳动争议仲裁委员会提出申诉。

请问该单位的行为是否正当合法?为什么?(17 分)

押题试卷(二)参考答案及解析

卷册一:职业道德　理论知识

·第一部分　职业道德·

一、职业道德基础理论与知识部分

(一)单项选择题

1. A　2. A　3. D　4. B　5. C　6. D　7. C　8. D

(二)多项选择题

9. AD　10. BCD　11. ABC　12. ACD　13. BD　14. AC　15. ABD　16. ACD

二、职业道德个人表现部分

17 ~25(本部分为主观题,无标准答案,请根据自己的价值观作答。)

·第二部分　理论知识·

一、单项选择题

26. B　27. A　28. B　29. B　30. B　31. B　32. A　33. A　34. C　35. D　36. B
37. B　38. C　39. A　40. B　41. A　42. A　43. C　44. B　45. A　46. C　47. D
48. D　49. B　50. D　51. B　52. C　53. B　54. B　55. D　56. D　57. B　58. A
59. D　60. A　61. D　62. D　63. A　64. D　65. D　66. C　67. B　68. D　69. C
70. B　71. D　72. C　73. C　74. B　75. B　76. A　77. B　78. C　79. D　80. B
81. A　82. C　83. B　84. B　85. B

二、多项选择题

86. ACE　87. ABCD　88. ABCE　89. BCDE　90. BCE　91. BCDE
92. ABDE　93. BCD　94. AB　95. ADE　96. ABD　97. ABE
98. ABCD　99. BCD　100. ABCDE　101. ABCE　102. ACDE　103. AB
104. BCDE　105. ABCDE　106. BCE　107. ABCD　108. BCDE　109. DE
110. ACE　111. ABCDE　112. AB　113. ABCE　114. ABCE　115. ABCE
116. BD　117. ABCD　118. BCDE　119. ACD　120. ABE　121. ABDE
122. ABCDE　123. AD　124. BCDE　125. ACE

卷册二:专业能力(略)

扫右侧二维码,查看详细解析。

劳动关系管理经典案例分析

一、就业歧视引发的劳动争议案

案情简介

北京某高校的应届毕业生张云(化名)通过某报业集团招聘网站应聘该报日报记者一职,并很快收到该报业集团的面试和笔试通知。在该报业集团人事劳资部工作人员的组织下,张云与其他应聘者一起,去山东某医院参加体检,体检内容违规地包括了“乙肝五项”。后该报业集团人事劳资部工作人员告知张云该报业集团不能与其签约,因为体检结果显示其为乙肝病毒携带者(俗称“小三阳”)。为了争取自己应得的工作权利,张云多次与人事劳资部交涉,自己应聘的岗位根本不是法律限制从事的行业,不应被拒绝,但是该报业集团最终还是因为这个体检结果决定对其不予录用。为维护自己的权利,张云提起了对该报业集团的民事诉讼。在起诉书中张云请求法院:依法确认被告以原告为乙肝携带者为由不予聘用行为违法;请求依法判令被告就原告造成的损害公开道歉;请求依法判令被告赔偿原告精神损害抚慰金50000元。法院判决被告该报业集团向原告公开赔礼道歉,并赔偿原告16万元人民币的物质与精神损失。

案例评析

乙肝携带者享有平等工作的权利,完全能够正常地学习和工作。国家法律法规也已经明确保护乙肝携带者的权利:劳动和社会保障部与卫生部2007年5月颁布的《关于维护乙肝表面抗原携带者就业权利的意见》(劳社部发[2007]16号)已经明确禁止用人单位在招用工过程中进行乙肝体检。2008年1月开始实施的《就业促进法》也规定,用人单位招用人员,不得以是传染病病原携带者为由拒绝录用。本案中该报业集团的做法明显违背法律规定。

二、劳动合同仅约定试用期,该试用期不成立

案情简介

刘先生于2010年10月到A公司工作,该公司未与其签订劳动合同。2010年12月,A公司与其签订试用人员协议书,约定试用期自2010年12月2日至2011年2月1日,月薪6000元等。2011年2月1日试用期到期后,其要求与A公司签订劳动合同,遭到拒绝。刘先生便于2011年5月26日提出离职,A公司表示同意,双方办理了有关离职手续。后刘先生于2011年6月向当地劳动争议仲裁委员会申请仲裁,要求A公司支付未签订劳动合同期间的2倍工资。仲裁委员会裁决A公司支付刘先生未签订劳动合同期间的2倍工资。后A公司对仲裁不服起诉到法院。法院经审理后认为,因法律规定劳动合同仅约定试用期的,试用期不成立,该期限为劳动合同期限,故法院认定A公司与刘先生签订的为期2个月的试用人员协议书实际是期限为2个月的劳动合同。劳动合同到期后,刘先生继续为A公司工作,A公司依法应当与刘先生签订劳动合同。因A公司未与刘先生签订劳动合同,依法应支付未签订劳动合同期间的2倍工资。

案例评析

依照《中华人民共和国劳动合同法》的规定,劳动合同仅约定试用期的,试用期不成立,该期限为劳动合同期限。建立劳动关系,应当订立书面劳动合同。已建立劳动关系,未同时订立书面劳动合同的,应当自用工之日起一个月内订立书面劳动合同。用人单位自用工之日起超过一个月不满一年未与劳动者订立书面劳动合同的,应当向劳动者每月支付2倍的工资。法院的判决完全正确。

三、员工依法自愿辞职的劳动争议案

案情简介

2008年1月18日，某航空公司湖北分公司与张某签订无固定期限劳动合同，合同期限到法定退休年龄之日止。公司出资对张进行专业培训，先后将他送入北京航空航天大学飞行学院等单位进行培训，交费172万余元。2011年7月24日，张某突然向航空公司提出辞职申请。4天后，航空公司出具书面复函，认为张某提出的辞职原因及理由不充分，经公司研究决定不同意其辞职。此后，双方协商数次，未能达成一致，公司未安排张某飞行任务8月25日后，张某再未上班。航空公司提起诉讼，认为张某单方面解除合同属违约行为，要求其支付违约金、培训费、损失共计350余万元。法院审理后认为，张某递交辞职报告于1个月后正式离职，其解除劳动合同的行为符合法律规定；航空公司要求张某赔偿培训费用的请求合情合法。张某被判赔违约金154万元，双方解除劳动合同，航空公司转出张某的飞行档案。

案例评析

依照《中华人民共和国劳动合同法》的规定，用人单位为劳动者提供专项培训费用，对其进行专业技术培训的，可以与该劳动者订立协议，约定服务期。劳动者违反服务期约定的，应当按照约定向用人单位支付违约金。违约金的数额不得超过用人单位提供的培训费用。用人单位要求劳动者支付的违约金不得超过服务期尚未履行部分所应分摊的培训费用。法院的判决完全正确。154万元是这样计算的：因双方签订的是无固定期限劳动合同，张某达到法定退休年龄时服务期限为38年，现已服务4年，尚未履行的服务期限为34年，即按总培训费用172万余元除以38年再乘以34年等于154万元。

四、员工伪造学历证书导致劳动合同无效

案情简介

甲公司人力资源部经理在仔细复查小赵学历证书等证件的复印件时，发现小赵的学历证书编号比其他员工提交学历证书编号位数明显要短。甲公司人力资源部经理遂致电小赵学历证书上所显示学校（以下称乙大学）的毕业生就业指导中心，经乙大学毕业生就业指导中心以及乙大学教务处查询，乙大学从无此人。甲公司方知，小赵提供的学历证书是伪造的。

甲公司人事部经理遂向甲公司总经理汇报。甲公司向小赵下发书面决定：因小赵通过欺诈手段与甲公司订立劳动合同，性质恶劣，系无效劳动合同；从即日起，小赵与甲公司不存在劳动关系，小赵须于当天办理好工作交接；以前发放的两个月工资就算了，但是，两个月后近三个星期的工资，不予发放。

对此，小赵表示不予接受，并坚持自己的学历证书是真实的。小赵依然如往常一样，来到甲公司上班。但是，到发放工资日时，其他员工均领到了相应的工资，唯独小赵没有。小赵去甲公司财务处理论，甲公司财务处告知，公司早就和他没有劳动关系了。

半个月后，小赵向某市劳动争议仲裁委员会提起劳动仲裁，要求甲公司恢复与其劳动关系，并支付所拖欠的工资。

劳动仲裁期间，经对小赵的学历证书进行鉴定，小赵学历证书确系伪造。劳动仲裁委员会认为，小赵与甲公司之间的劳动合同确因小赵实施欺诈所签订，因此该份劳动合同无效，要求恢复劳动关系的请求不予支持。但是，对于劳动合同无效有争议的，应当由劳动争议仲裁委员会或人民法院确认，甲公司应当向小赵支付所拖欠的全部工资。

■ **案例评析**

如果员工自己承认学历系伪造，公司可让该员工签字确认（签收）相关书面通知（通知中应有相关虚假学历的表述），此时，用人单位可以直接宣布劳动合同无效。

如果劳动者与用人单位对于学历的真伪（即是否存在欺诈、劳动合同是否无效）发生争议，用人单位便不能直接宣布劳动合同无效或解除劳动合同。须经劳动仲裁机构或人民法院确认，方可认定。《中华人民共和国劳动合同法》在第二十六条也做了如此规定："对劳动合同的无效或者部分无效有争议的，由劳动争议仲裁机构或者人民法院确认。"

尽管劳动合同被确认为无效，用人单位应当支付一定的报酬。在《中华人民共和国劳动合同法》第二十八条明确规定："劳动合同被确认无效，劳动者已付出劳动的，用人单位应当向劳动者支付劳动报酬。劳动报酬的数额，参照本单位相同或者相近岗位劳动者的劳动报酬确定。"

五、企业单方面变更劳动报酬标准引发的劳动争议案

案情简介

李某于2009年6月19日入职某公司，双方签订了劳动合同，约定李某在业务部担任工程师，合同期至2010年6月18日。2009年10月8日该公司下发了《聘任书》，聘任李某为业务部经理，任期为一年。2009年该公司制定《业务提成办法》，规定业务提成基数为合同总价款，提成比例为3%，并写入双方订立的合同。2010年1月李某参加了该公司召开的例会，会议提出修改公司规章制度并在2010年实行新的业务提成办法。2010年3月该公司贴出《通告》，变更业务提成标准：提成基数为工程净利润，提成比例为5%～10%。

2010年5月，某公司根据新的业务提成办法，支付李某经手的业务提成3000元。李某因不同意《通告》中的业务提成标准而未领取上述业务提成。2010年6月1日，该公司书面通知李某合同期满不再续约，李某于6月18日离职。李某离职前12个月的月平均工资为3500元。2010年7月李某向当地劳动争议仲裁委员会提出仲裁申请：一是业务提成按合同总价款3%的标准支付，二是该公司支付解除劳动合同的经济补偿金3500元。

■ **案例评析**

李某上述两条主张应得到仲裁委的支持。

第一，订立和变更劳动合同都必须遵循平等、自愿、协商一致的原则。劳动合同的任何一方当事人都无权把自己的意志强加于对方，无权单方变更劳动合同。用人单位单方变更业务提成（属于劳动报酬）办法非法。用人单位的规章制度不能变更劳动合同的内容。故业务提成应按合同约定的办法即合同总价款3%的标准支付。

第二，本案中，双方签订的劳动合同虽然到2010年6月18日期满，但合同期内，该公司以《聘任书》形式调整李某的工作岗位和任职期限，李某未有异议，视为双方对劳动合同内容的变更。合同期应延续到聘任期满即2010年10月7日。2010年6月1日该公司以合同期满为由提出终止劳动关系，劳动者同意，应属于双方协商一致解除劳动合同。因解除劳动合同由用人单位提出，根据《中华人民共和国劳动合同法》第四十六、四十七条之规定，用人单位应依法支付解除劳动合同的经济补偿金。经济补偿按劳动者在本单位工作的年限，每满1年支付1个月工资的标准向劳动者支付。月工资是指劳动者在劳动合同解除或者终止前12个月的平均工资。李某离职前12个月的月平均工资为3500元，故公司应支付解除劳动合同的经济补偿金3500元。

六、用人单位辞退违纪员工需要提供充足证据

案情简介

小求是一家啤酒公司的业务员，由于刚学会开车，见了车就想开，于是他偷偷配置了一把公司车的钥匙，于2011年7月中午趁司机师傅不在，与同事一起开车出去，被公司的领导发现，小求与同去的同事遭到公司的扣工资处理。8月的一个周六，他又开着公司的车出去兜风，回来的路上小求为了不让公司发觉，就将油箱里的汽油加满，又到路边的一个修车铺里让人家把计程器往回调。就在他偷偷送车回单位时恰恰碰上了公司的一个副总经理，公司以小求偷开公司车辆，屡教不改、弄虚作假为由，与小求解除了劳动合同。小求对此不予接受，遂以公司从未向他宣传过规章制度、处理过重为由，向劳动仲裁委员会提出仲裁申请，要求撤销公司的处分决定。

公司在答辩中称：公司有严格的管理制度，即《业务管理规定》。除员工进公司培训时明确告诉这些管理制度外，在平时也郑重告诫每位员工，非司机人员不得驾驶公司的车辆，但是小求却屡屡违反。根据《中华人民共和国劳动合同法》第三十九条之规定，公司解除了与他的劳动合同。

本案应当怎样处理呢？显然小求私配公司车辆的钥匙，在管理人员不知情的情况下开车外出办私事的行为，在任何一个单位都是不允许的，已经违反了劳动纪律这没有问题。但是这种违纪行为是否就一定要引起解除劳动合同的后果呢？这需要公司就这种处罚后果有一个事先的公示，也就是要告诉职工这种行为可能带来的处罚后果。是否履行了公示程序，成了本案的争议焦点。公司为了证明它履行了公示程序，找来了一位证人，他与小求一样也是公司的业务员，他证明在他来公司之初，公司人力资源部门的人曾在与他谈话时讲过，公司使用的车辆不允许非司机人员驾驶，否则将被公司解除劳动合同，当时办公室里只有他和那位人力资源部门的负责人。此外公司一方再没有其他证据证明曾向小求公示过私开公司车辆属严重违纪要解除劳动合同的规定。仲裁委认为：首先，证人现在仍是公司的职工，公司有可能对证人施加压力影响他客观作证，该名证人属于与本案有利害关系；其次，即便是证人所陈述的都是事实，那也只能证明公司向证人本人宣讲过有关规定，而不能证明公司向其他员工宣讲过规定，更不能证明向小求本人公示过有关规定，所以公司证据不够充分，不能证明向小求公示过有关的规章制度，只能裁决公司败诉。

■ 案例评析

合法有效的企业规章制度可以作为企业处分职工和劳动争议处理的依据。《中华人民共和国劳动合同法》第三十九条规定：劳动者严重违反用人单位规章制度的，用人单位可以解除劳动合同。《最高人民法院关于审理劳动争议案件适用法律若干问题的解释》第十九条明文规定：用人单位根据《劳动法》第四条之规定，通过民主程序制定的规章制度，不违反国家法律、行政法规及政策规定，并已向劳动者公示的，可以作为人民法院审理劳动争议案件的依据。

根据《中华人民共和国劳动合同法》第四条规定，合法有效的企业规章制度必须具备以下3个条件：

(1)民主协商程序。可以通过会议形式征求意见或分别向全体员工征求意见，这两种形式都需员工签名。注意法律要求协商的过程，并不强制要求达成一致意见。单位有最终决定权。

(2)规章制度的内容要合法有效，不得违反国家法律、法规及政策的规定。由于有些企业的管理人员法制观念的淡漠或劳动法律知识的缺乏，企业的规章制度内容违法的不可胜数。例如，有的企业规定劳动者在劳动合同期内不许结婚或生育；在同一企业工作的夫妻，若骨干一方要求调离，另一方也要限期强制调离，否则予以辞退。有些企业忽视国家对劳动者医疗期的规定，与医疗期不满的生病劳动者强行解除劳动合同。与国家法律、法规及政策相冲突的规章制度自然无效。企业以无效的规章制度处理职工，引发劳动争议，败诉的肯定是企业。

■ 案例评析

(3)有效公示。在实践中,用人单位不能证明就有关的规章制度已向劳动者公示,从而导致败诉的案例比比皆是,究其根本原因:一方面是对有关的法律不够了解,而另一方面则是不知道如何向劳动者公示,实际上履行公示义务并不难。例如,将公司的规章制度作为劳动合同的附件,明确地写在劳动合同当中(但这种公示方式将来想修改规章制度就很困难),或者在给职工送达规章制度时让职工签字,或者组织职工学习规章制度并让其签字留档等,都是向职工履行了公示的义务。

七、孕期女工严重违纪,用人单位可否与其解除劳动合同?

案情简介

邓小姐是某商场的售货员,丈夫是个体户。一天中午,丈夫给正在商场上班的邓小姐打去电话:"我今天晚上为了一笔生意,要请几个客人到饭店去吃饭,饭后还得请他们游泳。你得帮我买四条游泳裤送到饭店来。"下班时,邓小姐趁别的售货员不注意,悄悄从柜台里拿出几条游泳裤装进自己的手提包,带出了商场。

酒席宴间,客户因贪杯醉倒,原定的游泳计划只好取消了。第二天上班时,邓小姐把手提包里几件原封未动的游泳裤又带回了商场,准备乘人不注意时放回原处。但是就在她把游泳裤从手提包里拿出,往柜台里放时,被本柜台的组长发现了。商场领导得知此事后,非常重视,认为邓小姐的行为,属于商场规章制度里规定的"私自将商品拿出商场"的行为。按规定此行为属严重违纪,应当给予其解除劳动合同的处罚。邓小姐在承认了错误以后,却坚持认为商场不能与自己解除劳动合同,原因是她现在怀有身孕,属于特殊保护时期。

■ 案例评析

商场有权依法与邓小姐解除劳动合同。《中华人民共和国劳动合同法》第四十二条规定:劳动者有下列情形之一的,用人单位不得依照本法第四十条、第四十一条的规定解除劳动合同:①从事接触职业病危害作业的劳动者未进行离岗前职业健康检查,或者疑似职业病病人在诊断或者医学观察期间的;②在本单位患职业病或者因工负伤并被确认丧失或者部分丧失劳动能力的;③患病或者非因工负伤,在规定的医疗期内的;④女职工在孕期、产期、哺乳期的;⑤在本单位连续工作满15年,且距法定退休年龄不足5年的;⑥法律、行政法规规定的其他情形。也就是说,如果劳动者存在孕期、产期、哺乳期等特殊情形,用人单位不能依据《中华人民共和国劳动合同法》第四十条、第四十一条的规定与其解除劳动合同。但是,如果该劳动者有过错,存在《中华人民共和国劳动合同法》第三十九条所规定的情形,用人单位也有权解除劳动合同。

在本案中,邓小姐虽处在孕期,但其严重违反了商场的规章制度,依据《中华人民共和国劳动合同法》第三十九条规定,商场有权立即与其解除劳动合同,而且不用支付经济补偿金,即法律对劳动者特殊保护是有限度的。

八、用人单位单方面调整岗位造成员工收入降低引发的劳动争议案

案情简介

王女士是一家合资公司的职员。劳动合同上规定王女士的工作岗位是推广部经理,月薪7000元。合同中还规定公司有权根据员工的工作能力和表现调整其工作岗位和报酬。2011年6月至9月王女士休产假,其职位被别人代替。10月上班后公司通知王女士由于公司内部机构调整,推广部被撤销,王女士工作岗位调整为秘书,月薪变为3000元。王女士坚决不同意公司的做法,她有证据证明自己的工作能力和表现都很优秀。

■ **案例评析**

公司的做法是违法的。按照我国劳动法规定:订立和变更劳动合同都必须遵循平等、自愿、协商一致的原则。劳动合同的任何一方当事人都无权把自己的意志强加于对方,无权单方变更劳动合同。虽然合同中规定公司有权根据员工的工作能力和表现调整其工作岗位和报酬,但本案中王女士坚决不同意公司调整工作岗位和报酬的做法,因她有证据证明自己的工作能力和表现都很优秀。所以,公司调整王女士的工作岗位和报酬是单方变更劳动合同的行为,是违法的。

九、用人单位违法违规裁员引发的劳动争议案

案情简介

2006 年,某公司软件事业部分布在北京、上海和深圳的员工突然接到裁员通知,被要求 4 小时内离开公司,公司给予被裁员工“N+1”的经济补偿。该公司裁员,一开始是没有理由,后来说是经济性裁员,最后说是因软件事业部被撤销,劳动合同订立时的客观情况发生了重大变化而裁员。原属该产品推广部门的穆某于 2006 年 5 月被裁员,穆某认为公司裁员程序不适当,同时自己目前有 2000 多股约百万元人民币期权被取消,遂向北京市劳动争议仲裁委员会提请仲裁,要求撤销该公司的裁员决定,与该公司恢复劳动关系。2006 年 7 月,北京市劳动争议仲裁委员会在穆某和某公司劳动争议仲裁案中裁决某公司败诉。

■ **案例评析**

我国劳动法对用人单位单方解除劳动合同采用的是严格的法定主义,即用人单位必须符合法律规定的条件和程序,才可以不经劳动者同意单方解除劳动合同,而并非只要用人单位提前一个月通知或支付解除劳动合同的通知金、经济补偿金等就可以解除。此外,如为经济性裁员,还需看是否符合经济性裁员的法定条件、工会意见及劳动局报批等手续。此次某公司裁员,先是没有任何理由,显然是不合法的;后来主张属于经济性裁员,但又不符合经济性裁员的条件和程序;最后公司再以“客观情况发生了重大变化无法履行原先劳动合同”为理由,但又违反了“经当事人协商不能就变更劳动合同达成协议的”才能解除劳动合同的程序规定。因此,可以说该公司此次裁员是完全违反劳动法规定的。本案引起了社会各界的广泛关注,既是因为此次事件的社会影响较大,也是因为该公司所采取的裁员方式在实务中被很多企业所认可,而这种方式恰恰是没有法律依据的。

十、“三期”女工的劳动保护

案情简介

2010 年春节后的一天,某公司的女职工林某到医院检查,医生出具的检查结果表明,林某已怀孕 7 个月。为此,医生建议林某停止夜班劳动,并在工作时间内安排中间休息,以免影响胎儿健康。从医院回来后,林某持医院的检查证明,向公司要求停止安排其每 3 天 1 次的夜班劳动,并允许其在工作过程中离岗休息,被公司拒绝,而且提出要么继续上夜班,要么就要扣发工资、奖金甚至安排下岗。林某认为该公司的这种做法不合情理,并属于违法行为,因此找到劳动保障监察机构投诉,请求制止公司安排其夜班劳动的行为。劳动保障监察大队经调查确认,林某反映的问题属实。但是公司却向劳动保障监察人员诉苦说,最近该公司的产品市场需求量比较大,林某所在的车间又是任务最重,因此实行每 3 天上 1 个夜班,同时由于车间女职工较多,不能安排林某只上白班。劳动保障监察

大队对公司申辩的理由未予采纳，并依据《劳动保障监察条例》第二十三条的规定，对公司安排怀孕7个月以上的女职工夜班劳动的行为，做出责令改正并处罚款的决定。

案例评析

为保护女职工怀孕期间的合法权益，《女职工劳动保护特别规定》第六条规定：女职工在孕期不能适应原劳动的，用人单位应当根据医疗机构的证明，予以减轻劳动量或者安排其他能够适应的劳动。对怀孕7个月以上的女职工，用人单位不得延长劳动时间或者安排夜班劳动，并应当在劳动时间内安排一定的休息时间。如果企业违反，上述规定，《劳动保障监察条例》规定了应负的法律责任：安排怀孕7个月以上的女职工夜班劳动或者延长其工作时间的，由劳动保障行政部门责令改正，按照受侵害的劳动者每人1元以上5000元以下的标准计算，处以罚款。劳动保障监察大队对公司进行的调查处理完全正确。

十一、员工的工资不得低于国家规定的最低工资标准

案情简介

王某2009年5月到当地一家民营服装加工厂从事服装缝纫工作，由于生产任务需要，工厂经常要求工人加班。可是几个月下来，月底结算的工资加上加班费也只有800多元，刚刚够当地的最低工资标准。王某找到工厂劳资管理人员询问，劳资管理人员的答复是："工厂发给工人的工资没有低于国家规定的最低工资标准，没有违反劳动法律规定。"王某又到当地劳动保障监察机构咨询。劳动保障监察机构经过调查，认定该厂在工资支付上每月支付工人的工资低于最低工资标准，于是依法责令其限期补发劳动者工资，支付赔偿金。

案例评析

为了维护劳动者取得劳动报酬的合法权益，国家建立了最低工资制度。2004年，劳动和社会保障部制定发布了《最低工资规定》，进一步保护劳动者依法取得最低劳动报酬的权益。《最低工资规定》第十二条规定：在劳动者提供正常劳动的情况下，用人单位应支付给劳动者的工资在剔除下列各项以后，不得低于当地最低工资标准：①延长工作时间工资；②中班、夜班、高温、低温、井下、有毒有害等特殊工作环境、条件下的津贴；③法律、法规和国家规定的劳动者福利待遇等。也就是说用人单位支付给劳动者的工资必须是在剔除以上各项的情况下不低于当地的最低工资标准，否则就要承担法律责任。《劳动保障监察条例》第二十六条规定：用人单位支付劳动者的工资低于当地最低工资标准的，由劳动保障行政部门责令限期支付劳动者工资低于当地最低工资标准的差额；逾期不支付的，责令用人单位按照应付金额50%以上1倍以下的标准计算，向劳动者加付赔偿金。本案中，王某所在服装加工厂支付给工人的工资虽然在总数上不低于当地的最低工资标准，但是其中包含了工人的加班工资，而加班工资是不应计算在内的，所以该服装加工厂违反了国家最低工资制度的规定，故当地劳动保障行政部门依法责令其限期补发王某工资，并责令其向王某支付赔偿金是完全正确的。

十二、不得安排女职工在哺乳未满一周岁婴儿期间延长工作时间

案情简介

朱某是某图片社的职工,2010 年 9 月生育一女。产假期满后,由于要哺乳小孩,直到“五一”节前,朱某都能每日只工作 7 小时。但“五一”节后突然大幅增加的业务量让经理有些不知所措,由于图片社人手少,经理不得不要求所有职工都要加班。朱某因需要有更多时间照顾小孩,不同意经理的安排,坚持每天只上 7 个小时的班,拒绝加班和上夜班。经理见无法安排朱某加班,就对其做出了扣发工资的处理。朱某于是去本地区劳动保障监察部门投诉,请求依法处理图片社的违法行为。该区劳动保障监察部门经过调查后,依据《劳动保障监察条例》第二十三条的规定,对图片社安排女职工在哺乳未满 1 周岁的婴儿期间延长其工作时间的行为,做出了责令改正并处罚款的决定。

案例评析

该区劳动保障监察部门对女职工朱某的投诉所进行的处理完全正确。为保护女职工哺乳期间的合法权益,《中华人民共和国劳动法》第六十三条规定:“不得安排女职工在哺乳未满 1 周岁的婴儿期间从事国家规定的第三级体力劳动强度的劳动和哺乳期禁忌从事的其他劳动,不得安排其延长工作时间和夜班劳动。”《女职工劳动保护特别规定》第九条再次强调:“对哺乳未满 1 周岁婴儿的女职工,用人单位不得延长劳动时间或者安排夜班劳动。用人单位应当在每天的劳动时间内为哺乳期女职工安排 1 小时哺乳时间;女职工生育多胞胎的,每多哺乳 1 个婴儿每天增加 1 小时哺乳时间。”用人单位在安排女职工延长工作时间或夜班劳动时,应考虑女职工是否存在国家规定不得延长工作时间或夜班劳动的情形,否则就要承担相应的法律责任。